KB265618

일제하 경제정책과 일상생활

Economic Policy and Daily Life
in Colonial Period

Hong, Sung-Chan · Woo, Dae-Hyung ·
Shin, Myoung-Jik · Lee, Sang-Euy

이 저서는 2003년도 한국학술진흥재단의 지원에 의하여 연구되었음
(KRF-2003-005-A00004)

연세국학총서 99
일제하 한국사회의 근대적 변화와 전통 1

일제하 경제정책과 일상생활

홍성찬 · 우대형 · 신명직 · 이상의 공저

혜안

책머리에

연세대학교 국학연구원은 2001년 한국학술진흥재단의 중점연구소 지원사업에 선정되어, '근대화·세계화와 한국사회의 발전논리'라는 대 주제 아래 그 후 3단계, 6개년에 걸친 연구를 진행하였다. 각 단계의 연구는, 시기를 개항 전후, 일제하, 해방 후로 나눈 가운데, 한국 근현 대 사회경제와 사상 분야에서의 핵심 화두인 근대화와 세계화, 민족통 일의 문제를 검토하는 것으로 기획되었다. 그간의 연구는 1단계 '개항 전후 한국 전통사회의 변동과 근대화의 모색', 2단계 '일제하 한국사회 의 근대적 변화와 전통', 3단계 '분단 체제하 남북한의 사회변동과 민 족통일의 전망'을 주제로 진행되었다.

이 가운데 제1단계 연구를 통해서는 개항 전후 전통질서의 해체 과 정에서 나타난 근대화의 모색을 사회경제적 측면의 사회변동, 사상적 측면의 전통의 계승·변용과 서구문화 수용의 세 분야로 나누어 살펴 보았다. 그 연구 결과는 『전통의 변용과 근대개혁』(태학사, 2004. 12), 『서구문화의 수용과 근대개혁』(태학사, 2004.12), 『개항전후 한국사회 의 변동』(태학사, 2006.1) 세 권의 단행본으로 출간된 바 있다.

제2단계에서는 '일제하 한국사회의 근대적 변화와 전통'이라는 총괄 주제하에 일제하의 사회경제적 변동, 전통과 근대 인식, 근대성 형성의 문제를 검토하였다. 3개의 세부과제로 구성된 제2단계 연구는 제1부

'일제하 한국의 사회경제 구조와 일상생활', 제2부 '일제하 한국사회의 전통과 근대 인식', 제3부 '일제하 신사조·신문물의 수용과 근대성'을 주제로 진행되었다. 제1부에서 일제하의 사회경제적 변화와 각 계층의 사회적 존재형태를 그들의 일상생활을 중심으로 살펴보고, 제2부와 제3부에서는 일제하의 사상사·지성사의 변화와 그 특질을 전통의 계승과 신문화의 수용이라는 양 측면에서 고찰하도록 구성하였다.

21세기 한국사회는 정보화와 세계화로 특징되는 엄청난 변화의 한가운데 서 있다. 민족국가·국민경제를 기본단위로 하는 기존의 근대적 세계질서와 그 패러다임에 대한 근본적인 재검토를 요구받고 있는 것이다. 때문에 세계화의 한국적 코드를 찾아내는 작업은 우리가 세계화의 추세에 능동적으로 대처하기 위해, 식민지와 분단으로 귀결된 개항 이래의 시행착오를 되풀이하지 않기 위해, 없어서는 안 될 중요한 학문적 과제라 할 수 있다. 일제하 한국사회의 발전논리와 근대화 경험에 대한 진지한 역사적 반성과 성찰이 필요한 까닭이 바로 여기에 있다.

한국근현대사에서 일제강점기는 식민지적 근대가 한국사회 전반으로 확산되어 나간 시기였다. 그러나 이 시기에 본격적으로 발현되기 시작한 근대성은 일제에 의한 근대의 단순한 이식은 아니었다. 조선후기 이래 근대 지향의 내재적 발전 논리가 식민지 체제에 의해 왜곡 굴절되는 속에서도 여전히 미약하나마 그 명맥을 유지하고 있었고, 일본적 근대와 대비되는 서구적 근대 지향 역시 사회 일각에 엄연한 흐름으로 자리잡고 있었다.

따라서 제2단계 연구는 일제하 식민지적 근대와 서구적 근대, 그리고 내재적 발전의 연장선상에서의 근대에 대한 모색이 상호 맞물리고 엇물리는 가운데 형성해 나간 한국사회 근대성의 실체를 오늘날의 문제의식 속에서 객관적으로 조망하는 데 목적을 두고 진행되었다. 이를 위해 본 연구진은 다음과 같은 점에 특히 주목하면서 연구과제를 수행하였다.

첫째, 일제에 의해 이식된 자본주의와 내재적 발전 사이의 맞물림과 엇물림의 관계이다. 일제하 한국경제를 '개발' 또는 '수탈'만으로 전일적으로 보는 기존의 시각은 개발과 수탈의 상관관계라는 중요한 측면을 간과하고 있다. 식민지 민중의 궁핍 위에 이루어진 식민지적 경제성장이 곧 한국경제의 성장을 의미하는 것은 아니었다. 반면 제국주의의 수탈이 개발과 짝을 이뤄 진행되었던 것 또한 사실이었다. 그런데 여기서 문제가 되는 것은 양자 모두 조선후기 이래 내재적 발전의 흐름을 고려의 대상에 넣지 않고 있다는 점이다. 일제의 이식자본주의가 경제체제 전반에 걸쳐 확립된 1920년대 이후에도 내재적 발전의 흐름은 비록 왜곡·굴절된 형태이긴 하였지만 끈질기게 그 명맥을 유지하고 있었다.

둘째, 전통과 근대의 연속과 단절의 측면이다. 일제하 한국사회에서 전통과 근대의 맞물림과 엇물림은 단지 '낡음'과 '새로움', '보수'와 '혁신'의 대립이라는 통상적인 시각만으로는 설명될 수 없다. 민족적 정체성을 형성하는 데 없어서는 안될 공통의 문화·언어·경험을 보존하는 일이 반제국주의의 과제와 복잡하게 얽혀 있었기 때문이다. 이에 본 연구에서는 일제하 근대화의 흐름 속에서 전통이 지속되어 나가는 과정과, 다른 한편으로 근대적 의미에서의 전통 인식을 통해 전통을 새롭게 재해석해 가는 과정에 주목하였다.

셋째, 일제하에 근대성이 형성되어 나가는 다양한 경로와 그 맥락의 문제이다. 일제하 서구사회의 신사조와 신문물은 주로 일본을 매개로 해서 받아들여졌다. 그러나 근대성 형성의 경로가 일제의 프리즘을 통한 신사조·신문물의 수용에만 국한된 것은 아니었다. 대표적으로 구미유학생들처럼 서구세계와 직접 대면하는 가운데 서구의 프리즘을 통해 근대성을 내면화해 간 경우도 있었다. 일제하 신사조·신문물 수용의 다기한 경로에 대한 총체적인 조망이 요청되는 까닭이 바로 여기에 있다.

더불어 감안해야 할 것은, 당시 신사조·신문물이 무매개적으로 한국사회에 단순 이식된 것이 아니라 한국적 풍토에 걸맞게 번역되어 뿌리를 내렸으며, 그 번역의 언어 내지 내용은 주체의 사회적 조건에 따라 하나같지 않았다는 점이다. 요컨대 일제하 한국사회에서 발현된 근대성은 서구적 근대와 일제에 의해 이식된 근대, 그리고 한국사회의 내적 조건이 서로 착종된 가운데 이루어지고 있었다. 따라서 그같은 근대성 발현의 다양한 맥락에 대한 계통화가 필요한데, 그것은 동시에 근대화·세계화의 한국적 코드를 찾아나가는 작업이기도 하다.

이 책은 지난 6년의 사업 중 제2단계 제1부의 연구결과를 묶은 것이다. 본 연구원에서는 앞서 제1단계의 작업에서 "개항기 한국사회의 구조적 변동과 그 특질"을 주제로 하여, 개항 전후 조선사회 내부에 내재적 근대화에 필요한 조건들이 어떻게 외압에 의해 왜곡, 좌절되었으며, 그 외압을 극복하고자 하는 시도는 어떻게 전개되었는지를 살펴본 바 있다. 그 작업의 연장선상에서 이 책에서는 일제시기를 대상으로 일제하 한국사회에서 이식적 근대화가 어떻게 전개되었으며, 그 과정에서 나타난 식민지적 특질은 무엇이고, 식민지적 근대화는 한국인의 일상생활을 어떻게 변화시켰는가 하는 문제를 살펴보았다.

이 시기를 보는 기존의 연구는 해방 이후 각 시기별 상황과 시대정신을 반영하여 몇가지 연구경향으로 대별되었다. 우선 해방 이후에서부터 1960~70년대에 이르는 시기의 일제하 사회경제사 연구는 가난의 극복과 민족주의라는 시대적 과제를 반영하여, 가난의 근원을 일제의 수탈에서 구하고, 연구의 초점을 제국주의 수탈과 이에 대항하는 조선민중에 두어 왔다. 한편 1970년대 이후 근대화론의 연장에서 1980년대

NICs로 상징되는 한국의 고도성장에 힘입어 가난의 문제가 어느 정도 해결되고 또 민족주의 대신 세계화가 새로운 시대적 화두로 등장하는 것을 반영한 연구경향도 등장하였다. 여기에서는 식민지시기를 경제성장사의 관점에서 바라볼 필요성을 제기하면서, 가난의 근원이 아니라 성장의 근원이 일제시기에 있다고 주장하였다. 요컨대 같은 식민지 시기가 전자에 따르면 궁핍의 기원이 되는 반면 후자에서는 성장의 기원이 되는 셈이다.

이러한 견해 차이에도 불구하고 위와 같은 두 가지 연구경향은 공통적인 문제점을 지니고 있다. 먼저 후자의 경우 개발과 성장에 초점을 둔 나머지 지역경제와 민족경제의 구분이 없이 식민지에서 개발과 수탈의 결과로 양화된 경제성장은 곧 한국 경제의 성장이라고 보는 오류를 범하고 있으며, 나아가 식민지적 경제성장이 식민지 민중의 궁핍 위에 이루어졌음을 간과하고 있다. 반면에 전자는 제국주의의 수탈을 강조한 나머지 근대 제국주의의 수탈이 개발·성장과 동반되면서 이루어지고 있음을 간과하고 있다. 그 결과 양자는 공히 성장과 수탈이 상호 어떻게 연계되어 있으며, 어떤 메커니즘을 통해 민중의 궁핍화로 귀결되는지를 밝혀내는 데까지 이르지 못하였다.

둘째, 전자의 경우에는 수탈과 저항의 대상인 식민지 민중이라는 이름으로, 후자의 경우에는 화려한 양적 성장의 숫자 속에 왜소화되어 당시의 한국인이 식민지 체제하에서 구체적으로 어떠한 삶을 영위하고 있는지에 대해서는 충분히 논의되지 못했다. 즉 두 연구경향에 따르면, 한국인은 수탈의 대상으로서 혹은 성장의 주역으로만 자리매김됨으로써 정작 그들에게 식민지적 근대화는 과연 어떠한 의미였는가 하는 문제는 진지하게 검토되지 못했다.

이러한 측면에서 1960~70년대부터 제기된 내재적 발전론과 그 연장선에서 제기된 두 가지 길 이론에 기초하여 조선후기 이래 한국 근현대사의 발전방향을 연구해 온 경향에 주목할 필요가 있다. 이러한 연구는 한국 사회 내부에서 계급적 이해와 지향점을 달리하는 다양한 그룹들이 어떻게 생성, 공존, 분화하였고, 또 그들이 장차 어떤 형태의 근대국가, 경제체제를 만들려고 노력했던가에 초점을 두고 진행되어, 일제하와 해방후의 다양한 갈래의 국가건설론에 대한 천착으로 이어졌다. 이번 공동연구도 바로 이러한 문제의식에서 출발하였다.

이 책이 일제시기 사회경제사를 연구하면서 '근대화'와 동등한 비중으로 '식민지성'의 문제를 강조하는 것, 그리고 식민지적 근대화 속에서 나타나는 각 계급의 존재형태와 그들의 일상생활에 주목하는 것은 기왕의 연구사적 문제점을 염두에 두었기 때문이다. 이상과 같은 문제의식을 가지고 이 책에서는 다음과 같은 두 가지 주제를 보다 집중적으로 검토하고자 하였다. 첫째, 성장과 빈곤은 식민지적 근대화의 동전의 양면이라는 사실에 주목하여, 양자가 상호 어떻게 연결되었으며 확대 재생산되었는지를 구명하고자 한다. 이를 통해서 근대화 과정은 식민모국의 이해가 우선적으로 반영될 수밖에 없으며 제국주의와 식민지는 애초부터 화해할 수 없음을 살펴보았다. 둘째, 식민지적 근대화가 식민지 주민에게 과연 어떠한 의미였는지를 농민, 노동자, 상인, 도시 소시민으로 나누어 그들의 사회적 존재형태와 일상생활을 중심으로 모색하였다.

이 책의 특징에 대해 언급하자면, 우선 경제학, 역사학, 국문학 전공자가 참여하여 학제간의 학문적 교류를 통해서 각 주제별 특성을 살리고자 하였다. 또한 학제간 공동연구의 장점을 살리고자 각 학문 고유의 다양한 분석단위와 방법론을 동원하여 전통적인 공간 자료 외에 개인의 일기, 촌락문서, 기업경영문서, 만화와 삽화 등 다양한 자료를 활용하였다. 특히 연구방법에 관해서는 전통적인 역사방법론 외에 미시사와 일상사, 계량경제사 등 다양한 분석방법을 시도하였다.

둘째, 이 책에서는 그 동안 많이 연구된 주제는 피하는 한편, 기존의 주제라 하더라도 새로운 접근방식과 자료에 입각하여 연구하고자 하였다. 일제하 식민지 농정의 현실과 모순을 일반론적 차원에서 다루는 것이 아니라 당시 총독부의 소작관이었던 히사마 켄니치(久間健一)를 통해서 살펴본다거나, 식민지 공업정책의 핵심기관임에도 불구하고 그 동안 연구되지 않은 총독부 殖産局을 통해서 공업정책을 살펴보고자 한 것이 그 예이다.

셋째, 이 책은 보다 구체적인 실증연구를 통해 공통 테마를 살펴보는 데 주안점을 두었다. 기업과 상인 내부의 경영문서를 발굴하거나, 도시소시민의 경우처럼 자료적 제약으로 인해 접근하기 힘든 주제의 경우 만화나 삽화 등 그 동안 주목받지 않은 사료를 적극적으로 활용하였다. 요컨대 공통적인 테마를 공유하되 이를 거대담론을 통해서가 아니라 그 동안 연구되지 않은 분야를 보다 구체적인 실증연구를 통해 살펴보고자 하였다.

이상과 같은 문제의식을 가지고 이 책은 일제하의 경제정책과 사회경제 구조에서 나타난 식민지성에 대한 3편의 연구논문과 계급의 존재형태와 그들의 일상생활에 대한 3편의 연구논문, 전체 6편으로 구성하였다. 당초에는 책의 제목을 '일제하 한국의 사회경제 구조와 일상생활'로 구상하였으나, 공동연구의 진행과정에서 논문의 구성이 크게 보아 경제정책과 일상생활의 두 부분으로 나뉘었기에 책의 내용을 그에 맞추어 '일제하 경제정책과 일상생활'로 조정하였다. 각 논문의 내용을 간단히 소개하면 다음과 같다.

우대형의 「일제하 久間健一의 농업 인식과 식민지 농정의 모순」은 히사마 켄니치(久間健一)의 조선농업론을 통해 식민지농정의 모순을 드러내는 데 그 목적이 있다. 히사마는 1910년대 조선에 건너와 수원농림학교를 졸업한 이후 種苗場 道技手를 시작으로 수원농림학교 조

교수를 거쳐 충청도, 황해도, 경기도 등지에서 소작관으로 지낸 인물이다. 그는 또 자신의 경험을 바탕으로 수십편의 논문과 3권의 저서를 출간하였는데 『朝鮮農政の課題』가 출간되자마자 그 책이 문제가 되어 공직에서 쫓겨난 인물이기도 하다. 평범한(?) 농정공무원으로서 조선 농촌의 일선에서 그가 보고 느낀 글의 어떤 부분이 총독부의 비위를 건드렸을까. 이 논문은 바로 이러한 의문에서 출발하고 있다.

이상의의 「1930년대 조선총독부 殖産局의 구성과 공업화정책」은 조선총독부 식산국의 기구와 구성원 분석을 통하여 1930년대 공업화정책의 성격을 살펴본 논문이다. 식산국은 조선의 제반 산업정책을 담당하던 부서이고, 그 중 상공과는 공업화정책 추진의 핵심부서로서 그 역할이 점차 확대되어 갔다. 식산국장과 상공과장은 대개 동경대 졸업생과 고시출신이라는 공통점을 지니고 있었다. 식산국에 의해 주도된 공업화정책은 조선총독부의 官權에 의해 자본가, 특히 독점자본 위주로 추진되었다. 이러한 경제정책은 해방과 분단을 거치면서 한국사회에서 자본가 위주의 官 주도 공업화정책의 모델로 제시되었음을 이 글에서는 보여주고 있다.

우대형의 「일제하 '개량농법'의 보급과 농촌의 양극화」에서는 일제하의 주요 농업정책이었던 '개량농법'의 보급에 힘입어 농업생산성은 비교적 빠르게 성장하였지만, 그럼에도 불구하고 농촌의 양극화가 오히려 심화된 배경이 어디에 있는지를 살펴보고 있다. 이러한 의문을 풀기 위해 이 논문에서는 촌락 레벨의 자료인 『農村經濟調査成績』(1934)을 토대로 회귀분석 방법을 이용하였다. 분석 결과에 따르면 일제 시기 급속한 인구 증가가 농촌의 양극화를 초래한 하나의 요인이었지만, 이것과 더불어 재래농법에서 개량농법으로의 교체가 농촌의 소득분배를 악화시킨 또 하나의 요인이었다.

홍성찬의 「한말 일제초 서울 鐘路商人의 일상 활동」은 늦어도 19세기 말부터 서울 종로에서 壽南商會라는 포목상점을 운영하였던 金泰熙 집안의 문서와 여타 자료를 통해서 당시 서울상인들의 일상적 삶을 다각적으로 검토한 글이다. 그간 문명개화와 일제침략, 근대화와 식민지화의 소용돌이 속에서 부침을 거듭하였던 이들의 일상적 활동과 거기에 응축되어 있던 생존전략, 생활의식을 추적한 연구가 많지 않았던 점에서 흥미 있는 소재이다.

이상의의 「일제하 조선인 '중견노무자'와 노동규율」은 일제가 중일전쟁 이후 조선인 노동자를 대상으로 황국신민화를 추진한 과정에 대해 살펴본 논문이다. 총독부는 일부 노동자에게 '中堅勞務者'의 지위를 부여하면서 노동현장의 말단 협조자로 흡수하는 동시에, 반장 직위를 주어 일반노동자에 대한 통제를 직접 담당하게 하였다. 총독부는 이들을 통해 각 사업장을 군대식 조직으로 재편하고, 노동자들이 최대한의 생산성을 발휘하게 하는 전면적인 노동통제를 일상적으로 실시하고 있었다. 곧 이 글에서는 전시하 일제의 조선인 노동력 동원은 효율과 국가주의를 내세우면서 상층 노동력을 회유하고 훈련시키는 방식으로도 진행되고 있었음을 밝히고 있다.

신명직의 「일제하 도시 소시민의 일상에 관한 소고찰」은 일제하 도시 소시민의 결혼문화와 가족관계의 변화과정을 당대의 만문만화를 통해 살펴본 글이다. 당시 신학문을 습득한 신여성에게 엘렌 케이(Ellen Karolina Sofia Key)나 구리야가와(廚川白村)의 근대연애론이 크게 유행했으며, 결혼의 상품화 역시 광범위하게 유전되었다. 콜론타이식 사회주의 자유연애론은 이같은 결혼풍토를 비판하였지만, 일반 소시민에게 콜론타이식 붉은 결혼은 '동지사상'적 결합이 제거된 육체결합의 '무정부성'으로 받아들여졌다. 이 글에서는 또한 신여성 아내는 결혼 후 전근대적 윤리관·가족관계로부터 일탈을 꾀하지만, 조혼제도 등으로 제2의 아내가 될 수밖에 없었고, 제한되거나 왜곡된 여성성을 얻는데 만족할 수밖에 없었음을 고찰하고 있다.

　연구과정에서 필자들은 많은 분들의 도움을 받았다. 제주대 조성윤 교수, 신세계상업사박물관 배봉균 박사, 수남기업 김영주 대표, 김신배 선생은 자료수집 과정에서 도움을 주었다. 고려대 정태헌 교수, 전북대 정승진 연구교수, 동북아역사재단 배성준 연구위원, 연세대 이경란 연구교수는 필자들이 마련한 토론회에 참석하여 예리한 지적과 귀중한 조언을 해주었다. 고전강독회의 최원규, 서정익, 이준식, 이인재, 최윤오, 오영교, 이승렬, 왕현종, 김성보, 이종민 교수 등은 이 책에 실린 몇 편의 논문 초고를 읽고 비평과 조언을 아끼지 않았다. 고려대 유경순 강사, 국사편찬위원회 정병욱 박사, 연세대 오진석 연구교수는 논문작성 과정에서 큰 도움을 주었고, 연구보조원으로 참여한 박현, 이희재, 안대회 등 연세대 석박사생들은 온갖 궂은 일을 마다하지 않았다. 혜안출판사의 오일주 사장과 편집진 여러분은 매끄럽지 못한 원고를 깔끔한 책으로 만들어 주었다. 끝으로 이 연구의 기획 단계에서부터 참여하여 많은 도움을 준 연세대 김도형, 방기중, 김동노 교수와 연세대학교 국학연구원 당국, 특히 전 원장 전인초 교수와 백승철 교수께 깊이 감사드린다.

2007년 9월

CONTENTS

일제하 久間健一의 농업 인식과
식민지 농정의 모순

우 대 형[*]

1. 머리말

久間健一이란 인물은 일제시기 농업사 전공자에게 그리 낯설지 않다. 그가 쓴 여러 논문들과 저서가 일제하 연구자 사이에 꾸준히 인용되고 있기 때문이다. 특히 그의 일제하 地主制 類型論은 일제시기 지주제의 生産關係 성격을 둘러싼 논쟁과 관련하여 크게 주목받기도 하였다.[1] 그렇지만 久間健一이 어떠한 인물이며, 그의 식민지 조선에 대한 농정관은 어떠한지에 대해서 본격적으로 검토되지는 못했다. 저명한 고위 관리나 농학자도 아닌 일개 하급 관리에 불과한 그의 처지가 주목받지 못하게 한 주된 이유일 것이다. 그렇지만 그는 매우 흥미로운 인물로써 몇 가지 주목할 만한 이유가 없지 않다.

그는 水原農林學校를 졸업한 이후 종묘장 技手와 모교의 조교수를 거쳐 1930년부터 1944년까지 약 15년간 충청도, 황해도를 거쳐 경기도

---

* 친일반민족행위자재산조사위원회 조사연구관.

1) 宮嶋博史, 「植民地下 朝鮮人 大地主의 存在形態에 관한 研究」, 『朝鮮史叢』 5-6, 1982 ; 홍성찬, 「日帝下 企業家的 農場型地主制의 性格에 관한 研究」, 『동방학지』 63, 1989 ; 장시원, 『日帝하 大地主제의 存在形態에 관한 연구』, 서울대 박사학위논문, 1989.

20

의 小作官으로 근무했다. 東畑精一이 그의 책 서문에서 쓴 바와 같이 "小作官이란 역할은 책상위에서만 일하는 것이 아니라 농촌을 돌아다니면서 농민을 만나고 地主, 舍音(마름)과 대화하고, 그들의 생활 사정과 심리까지를 이해하지 않으면 일을 제대로 할 수 없는" 직업이었다.[2] 그는 1930년대 농업공황 이후 피폐된 농촌의 현장에서 조선 농업의 현실과 식민농정의 모순을 보고 느낀 인물이었다. 더구나 그는 이러한 자신의 경험을 바탕으로 3권의 저서와 40여 편에 달하는 논문을 발표하였으며, 이로 인해 印貞植으로부터 "조선농업문제 최고의 권위"라는 평가를 받기도 하였다.[3]

久間健一과 관련하여 또 하나 주목할 것은 그의 두 번째 저서인 『朝鮮農政の課題』가 출판되자마자 그 책이 문제가 되어 판매 금지되고 나아가 사법처리의 위기에 몰렸다가 결국 小作官의 자리에서 물러나게 되었다는 사실이다.[4] 15년간 조선 농촌의 일선에서 그가 보고 느낀 어떤 부분이 총독부의 비위를 건드렸을까. 궁금증을 자아내는 사실이 아닐 수 없다.

그 동안 일제하 농업 농촌문제에 대해서는 민족주의와 사회주의 계열, 그리고 관변 계열 등 세 계열의 입장에서 적지 않은 연구가 축적되어 있다.[5] 이런 점에서 식민지 농촌의 최일선에 서 있었던 久間健一을

---

2) 久間健一, 『朝鮮農業の近代的樣相』, 西ヶ原刊行會, 1935, 1쪽.

3) 印貞植, 『朝鮮の農業地帯』, 생활사, 1940, 3쪽.

4) "1943년에 간행된 논문집 『조선농정의 과제』가 전면적으로 당국의 忌緯에 저촉되어 발매금지가 되면서 나의 지위가 문제가 되어……1944년 3월 나는 군부와 관헌의 탄압으로 행정·사법 양 처분을 받지 않으면 안될 사태로 몰렸지만, 겨우 의원면직의 형식으로 관직에서 물러났다."(久間健一, 『朝鮮農業經營地帯の研究』, 農林省農業總合研究所, 1950, 2쪽).

5) 세 계열의 농업론에 대해서는 金容燮, 「일제 강점기의 농업문제와 그 타개방안」, 『한국근현대농업사연구』, 일조각, 1992 ; 이수일, 「일제하 박문규의 현실인식과 경제사상연구」, 『역사문제연구』 1, 1996 ; 홍성찬, 「한국 근현대 이순

통해 조선 농업의 현실과 식민 농정의 문제점을 살펴보는 것은 그렇게 무의미한 일은 아닐 듯하다.

2. 小作官으로서의 久間健一

1902년 일본 愛媛縣에서 태어난 久間은 그의 나이 19세인 1920년 水原農林專門學校에 입학하였다. 1906년 농업 개발의 기술자와 농촌 지도자의 양성을 목적으로 개설된 수원농림학교는 1918년 산미증식계획이 수립되면서 각지에 중등과정의 농업학교가 설립됨에 따라 3년제인 조선총독부 수원농림전문학교로 승격하였다.[6] 이때부터 日帝는 일본인 학생에게도 입학을 허가하고, 게다가 입학하는 일본인 학생에게 징집유예의 특전까지 부여하였는데 久間健一은 이 제도에 따라 동기생 9명과 함께 수원농림학교에 입학하게 된 것이다.

당시 수원농림전문학교의 교수진은 거의 대부분이 일본인으로 이루어져 있으며, 교과목은 작물학, 농학 등 자연과학의 실습 위주로 짜여져 있었다.[7] 또한 졸업 이후에는 교원 자격증과 文官 임용이 보장되는 특전을 부여받고 있었다.[8] 久間健一은 1922년 수원농림전문학교가 수원농림고등전문학교로 다시 바뀌면서 高農 1회로 졸업하여, 같은 해 강원도 種苗場 道技手로서 춘천으로 첫 발령을 받았다.[9]

    탁의 정치경제사상연구」, 『역사문제연구』1, 1996 ; 방기중, 「일제하 이훈구의
    농업론과 경제자립사상」『역사문제연구』 1, 1996 ; 장용경, 「일제 식민지하
    인정식의 전향론」, 『한국사론』49, 2003 등을 참조.
  6) 수원농림학교의 연혁에 대해서는 『水原高等農林學校要覽』(1923)과 서울대학
    농과대학, 『수원농학70년』, 1976, 15~38쪽 참조.
  7) 이 시기 수원농림학교의 학풍에 대해서는 방기중, 앞의 논문 참조.
  8) 『수원고등농림학교요람』(1923) ; 『수원농학70년』(1976).
  9) 같은 해 졸업생은 모두 15명으로 이중 일본인은 久間健一을 포함하여 9명이

잘 알려진 바와 같이 종묘장은 권업모범장의 支場으로서, 권업모범장에서 선발된 改良種의 현지 적응시험과 육성, 그리고 배부를 목적으로 설립되었다가 그 업무가 점차 늘어나 일반 농민을 대상으로 하는 단기 농사강습 및 순회강연 등의 농사지도의 업무가 추가되었다. 1908년 설립 당시에는 진주와 함흥 두 곳이었지만, 그 후 점차 숫자가 늘어나 久間이 부임하던 1920년에는 전국 13개도에 하나씩 종묘장이 설치되고 있었다.[10] 그는 춘천 소재 강원도 종묘장에 도기수로 부임한 이후 주로 일반 농민을 대상으로 하는 농사지도를 한 것으로 보이는데,[11] 이 시기 그의 활동은 자신의 모교에서 발행하는 『水原學報』에 실린 「江原道に於ける農業教育の一般と其の批判」(1925)과 「農村に於ける經濟的團體の活動率に就て」라는 글을 통해 대략 살펴볼 수 있다.

첫 번째 글에서 그는 기존의 일제의 농업교육이 기술위주 교육으로 흐르고 있음에 우려를 표명하고, 농촌의 경제상황의 개선 방향과 관련하여 경제교육과 함께 智力과 식견을 두루 갖춘 농촌지도자의 양성에 초점을 둘 필요가 있음을 역설하고 있다. 두 번째 글은 미국의 사회학자 엘마(C. Elmar)가 제시한 '경제단체의 활동율'이라는 지표를 이용하여, 자신이 관할하고 있는 강원도내 2곳의 里를 대상으로 농사개량실행조합의 가입 정도, 우량종 재배 농가의 비율 등을 종합하여 일반 농

었다. 이들 졸업생의 진출 현황을 보면 9명이 技手 등 총독부 농업관련 하급 관리로 진출하여 가장 많고, 농림학교 교사가 3명, 나머지는 회사취직 1인, 상급학교 진학 1명 순이었다. 『교우회보』 36호, 1923. 7, 15쪽.

10) 일제하 종묘장의 연혁과 그 역할에 대해서는 김도형, 「勸業模範場의 植民地支配」, 『한국근현대사연구』 3, 1995 참조.

11) 久間健一이 근무하던 강원도 종묘장은 다른 종묘장과 마찬가지로, 1인의 장장(도기사)과 5인 전후의 기수, 그리고 조수 5인 전후로 구성되어 있다. 기수는 다시 종묘장 기수와 도기수로 나누어지는데, 전자가 주로 시험 재배를 전담하는 반면 도기수는 강습강화, 실지지도, 농사시찰과 조사 등을 주로 담당하였다.

민들의 농사개량 참여 정도를 계측해 본 글이다.[12]

또한 이 시기『校友會報』의 문예란에「處世의 眞諦」라는 수필을 발표하였다. 현재 남아 있는 유일한 수필인 이 글에서 그는 "가난하지만 올바른 길을 걷는 자는 부정한 부자보다 낫다" "부정하게 자신의 물질적 욕망을 채우는 것보다 가치를 추구하는 것이 인생의 목적"이라고 썼다. 24세의 사회 초년병으로서의 久間健一 자신의 인생관을 드러낸 것으로 보인다.

久間健一은 도기수로써 춘천 근무를 마치고 1926년 10월 수원고등학교 조교수로 발령받았다.[13] 그가 수원고등농림학교로 발령받게 된 배경에 대해서는 현재 알 수 없지만, 농학사도 아닌 전문학교 출신인 그가 모교에 교수로 부임한 것은 매우 이례적임에는 틀림없다. 그의 재임 시기는 이른바 '수원고농교사건'이 일어나 조선인 학생이 다수 검거되는 등 어수선한 시기였다.[14] 그렇지만 근무기간이 길지 않아서였는지, 일본인 학생이 기숙사였던 동관의 사감을 지냈다는 지엽적인 것을 제외하고,[15] 유감스럽게 이 시기 그에 관한 기록은 찾아볼 수 없다.『水原農林學校要覽』에는 그가 작물학을 가르친 것으로 기록되어 있다.[16]

조교수로 근무하던 시절 그는「소농의 저항성에 관한 차아노프의 이론」,「농민가족경제와 경영규모에 관한 연구」,「勞動隊제도와 雇只

---

12) 久間健一은 이후에도 로렌츠곡선을 이용하여 도별 농지의 분배상태를 비교하는 글을 썼으며,「小作地の經濟的諸量に關する統計的研究」에서는 각 소작방법별로 소작료의 평균과 표준편차, 상관계수 등을 계산하는 등 통계에 매우 능통하였다.

13)『수원학보』75, 1926, 31쪽.

14) 수원고농교사건에 대해서는『조선일보』1926. 6. 25 참조.

15) 植木生,「二十五を一期とする寄宿舍生活」,『교우회보』85, 1932.

16)『수원농림학교요람』, 1929 참조.

隊제도」 등 매우 학구적인 세 편의 논문을 썼다.[17] 첫 번째 논문은 농업에서에서도 공업과 마찬가지로 대경영의 우위가 관철되는지 여부를 둘러싼 맑스주의자와 수정주의자간의 치열한 찬반논쟁 과정에서[18] 1923년에 출간된 차아노프의 책『소농경제의 원리』의 내용을 소개한 글이다.[19] 잘 알려진 바와 같이, 이 책은 농업에서의 소농의 우위를 이론적, 실증적으로 고찰한 명저로서, 현재도 이 분야의 고전으로 남아 있다. 두 번째 논문은 이러한 차아노프의 가설을 바탕으로, 전북 옥구군 대야면 500여 농가를 대상으로 가족규모와 경영규모의 관계를 실증적으로 살펴본 논문이다. 이 논문은 자료수집의 어려움은 물론, 통계처리에도 많은 시간이 투여된 방대한 작업으로, 그가 통계처리에 밝음을 잘 보여주는 글이다. 마지막 세 번째 논문은 조선의 雇只隊와 영국

---

17) 마지막 두 편의 논문은 1932년 간행된『수원농림학교30주년기념논문집』에 실려 있지만, 久間에 따르면 이 글은 그의 재직 중에 쓰여졌다. 특히「勞動隊제도와 雇只隊제도」는 단행본으로 출간할 의도가 있었지만, 여의치 않은 차에 기념논문집의 간행 소식을 듣고 축하하는 의미와 재직 기념으로 발표한다고 적고 있다(『수원농림학교30주년기념논문집』, 172쪽).

18) 이에 대해 보다 자세한 것은 한정숙,「알렉산드르 차야노프의 농민경제론과 농민협동조합론」,『서양사론』47, 1995 참조.

19) "자본주의사회에서 대소농의 경영우열론은 과거 수십 년에 걸쳐 치열한 논쟁을 계속해 왔지만, 대체로 거의 모든 학자가 농업맑스주의의 견해(대농우위론 : 인용자)를 부정하는 것처럼 보인다.……그렇지만 자본주의사회조직 하에 이처럼 소농이 완강하게 생존을 계속하여 공업에서처럼 대경영으로 집적되지 못한 이유는 무엇일까. 이에 대해 그동안 경제조직과 경제 심리의 특수성에 기초하여 명쾌한 설명을 하지 못했다. 그런데 최근 한 일파가 나타나 소농이 몰락하지 않은 이론적 근거를 명쾌하게 지적하였는데, 그들이 일본의 橫井박사(橫井時敬 : 인용자)와 지금 여기에 소개하는 러시아의 차아노프(Alexander Tschajanov)이다. 특히 차아노프의 소농경제에 관한 이론은 매우 획기적인 연구로써, 우리들의 전통적인 소농경제관에 중대한 전환기를 제공하였다고 생각되어, 나는 이해가 불충분함에도 불구하고 여기에 그 일부를 소개하려고 한다."(43~44쪽).

의 노동대(gang system)를 비교한 글로서, 조선의 고지대와 영국의 노동대의 각각의 발생 시기와 발생 배경, 번창 지역과 그 지역의 사회경제적 특징, 조직의 구성과 임금구조 등을 일대일로 비교, 검토하고 있으며, 결론에서는 영국에서 노동대의 폐해와 소멸의 과정을 통해서 향후 조선에서 고지대의 향방을 예측하고 있다. 그 당시에 조선의 雇只를 연구함에 있어 영국의 노동대와 비교해 보고자 한 그의 학구적 탐구열과 연구 스케일은 놀랍다. 이처럼 그가 이 시절에 쓴 글들을 보면, 하나 같이 매우 이론적이면서도 실증 특히 통계학에도 정통하여 학자로서의 상당한 능력이 있음을 알 수 있다. 그런 그가 재직 시절 작물학을 가르쳤다는 것은 다소 의아스럽다.[20]

어쨌든 그의 나이 29세인 1930년 새롭게 신설된 제도인 小作官補(1932년 소작관으로 승진)로 충청도에 부임하면서 짧은 강단의 경험을 마감했다. 이후 그는 황해도(1934~36)를 거쳐 경기도(1937~44)에서 1944년 강제 퇴직할 때까지 줄곧 소작관으로서 공직생활을 보냈다.[21] 또한 그가 학교에서 일선으로 옮겨감에 따라 그의 관심도 자연스럽게 조선의 농촌문제, 소작문제, 농정책 등으로 확대되었다. 久間健一의 많은 글들은 이 시기에 쓰여진 것으로서, 따라서 그의 농업론을 이해하기 위해서는 우선 일제하 소작관의 역할 그리고 소작관 제도가 나타나게 된 당시 소작쟁의에 대해 살펴볼 필요가 있을 듯하다.

일제하 소작쟁의는 1920년 1件을 기록한 이후 해마다 증가하여 그가 부임하던 1930년에는 700여 건으로 늘어났으며, 참여 인원도 4천여 명에서 1만여 명로 증가하는 등 악화 일로를 걸었다.[22] 이처럼 소작쟁

---

20) 그가 수원농림학교 시절에 배운 과목은 사회과학보다는 작물학 등 이과에 가까운 것이 대부분이다. 따라서 그가 누구로부터 경제학이론을 배운지 흥미롭다. 東畑精一은 『朝鮮農業の近代的樣相』(西ケ原刊行會, 1935)의 발문에서 "독학한 久間君은……"이라고 쓰고 있다.

21) 이 글 마지막 그의 약력을 참조.

의의 빈발과 집단화에 따라 일찍부터 소작관행의 개선이나 소작입법의 제정의 필요성이 산발적으로 제기되긴 했지만, 일제는 일선 행정부서의 개입이나 조선농회 등 외곽 단체를 통한 상호 타협이나, 경찰력의 동원에 의존하는 등 소극적인 태도를 견지해왔다.[23] 산미증식계획의 실시와 농업 증산을 위해서는 지주의 협조가 불가결하다는 것을 잘 알고 있는 일제의 입장에서는 엉거주춤한 상태에 있을 수밖에 없었을 것이다.

그러던 일제는 1927년에 들어와 5년간의 계획으로 소작관행의 조사에 착수하고,[24] 1928년에 들어와 임시소작조사위원회(위원장 식산국장)를 설치하여 소작에 관한 종합대책 수립을 마련토록 하는 등 소작쟁의에 보다 적극적인 개입으로 선회하기 시작하였다. 작금의 소작쟁의가 점차 단순한 지주와 소작인간의 대립을 넘어서 "사상운동과 민족운동과 결합하여, 일거에 구래의 관행을 타파하고 신천지를 여는 것 같은 급진적 운동으로 전화"될 가능성이 있으며, 이로 인해 더 이상 방치하는 경우 "생산을 저해하고 국부의 증진에 역행할 뿐 아니라 국가의 존립을 위협할 우려"가 있다는 판단에 따른 것이었다.[25]

---

22) 이처럼 이 시기에 들어와 소작쟁의가 빈발하게 된 것은 구래의 지주 본위의 소작관행이 일제시대에 그대로 이어져 온 가운데, 1920년대에 들어와 사회주의운동의 발전과 계급의식의 고양 등이 결합된 결과였다. 1920, 30년대 소작쟁의의 확대 배경과 성격에 대해서는 김동노, 「일제시대 식민지 근대화와 농민운동의 전환」, 『한국사회학』 41-1, 2007 참조. 특히 노동공제회, 소작인단체 노동총동맹 등의 사회주위운동의 영향에 대해서는 김명구, 「1920년대 전반기 사회운동 이념에 있어서 농민운동론」, 장시원 외, 『한국근대 농촌사회와 농민운동』, 열음사, 1988 ; 지수걸, 『일제하 농민조합운동연구』, 역사비평사, 1993 참조.

23) 이에 대해 보다 자세한 것은 정연태, 『일제의 한국 농지정책』, 서울대 박사학위논문, 1994, 147~149쪽 참조.

24) 吉田正廣, 『朝鮮に於ける小作に關する基本法令の解說』, 1934, 20쪽.

25) 小早川九郎編, 『朝鮮農業發達史 : 政策篇』, 539쪽.

이후 일제는 1928년 7월 임시소작위원회에서 제시한 보고를 바탕으로, 소작문제에 대한 최초의 행정지침이라 할 수 있는「소작관행에 관한 건」이란 문건을 각도에 내려 보냈다.[26] 이어서 이듬해인 1929년에는 이 문건에서 언명한 바대로[27] 소작문제의 연구와 소작쟁의를 전담하는 소작관 제도를 신설하였다.[28] 이러한 소작관의 설치에 대해 지주 측은 그렇게 달가워하지 않은 모양이다. 당시『동아일보』의 보도를 보자.[29]

전북 각 군의 대지주로만으로 구성된 소위 全北農友會에서는……제반 의사를 토의하던 도중 금번 전북도에 소작관을 임명하기로 결정한 당국의 처사에 대해, 自來로 전북지방은 소작쟁의라고 할 만한 일이 없고 혹시 한 두 가지가 있으면 그것은 민족쟁의인 것임에도 불구하고, 소작관을 둔다는 것은 평지파란을 일으키는 것이라 하여 소작관을 둘 필요가 없다.……철회를 요구키로…….

이들에게는 소작문제를 연구하고 나아가 소작쟁의를 조사한다는 것

---

26) 이 통첩에는 서면계약의 장려, 소작기간의 정기화, 마름의 폐해시정 등 소작 관행의 폐해를 개선하는 내용을 담고 있는데 그 전문은 朝鮮總督府農林局,『小作ニ關スル法令及參考事項摘要』, 1933, 64~86쪽 참조. 이 통첩이 갖는 의미와 한계에 대해서는 정연태, 앞의 논문, 146~147쪽 참조.
27) 위 문건 말미에는 "소작쟁의가 빈발하는 도에서는 적당한 관리로 하여금 소작문제의 조사와 소작쟁의의 해결에 노력하게 할 것"이라 언명한 바 있는데, 그 적당한 관리가 곧 소작관이 된 것이다.
28) 소작관 설치 전후의 경과에 대해서는 다음의『동아일보』기사를 참조. '소작관 설치를 금년내로 전부 임명될 듯, 목하에는 수속 중'(1929. 10. 26) ; '조선 소작관 불원간에 결뎡 발표될 터, 소작쟁의 등 담당'(1929. 11. 3) ; '소작관 설치 금년 내 결정, 인선은 이미 종료'(1929. 12. 7).
29)『동아일보』1929. 12. 27, '小作官不必要論과 農會撤廢說高唱, 전북대지주회의 일치한 의견, 當局의 慰撫도 空論에 不過'.

자체가 부담스러웠던 것이다. 소작관 부임 직후 쓴 글에서 久間健一은
이러한 움직임에 대해 이는 소작관의 역할에 대한 오해에서 빚어진 것
으로써, 소작관의 역할을 다음과 같이 규정하고 있다.[30]

조선의 소작농은 중대한 전환기에 있다. 右로 가느냐 左로 가느냐
기로에 선 그들의 행방이야말로 끊임없이 疑視를 요한다. 이에 따라
총독부에서도 작년 이래 소작문제의 중요성을 인식하고 7도에 소작관
을 배치하여 이 문제에 전념하는 조치를 취하였는데, 시의적절한 시설
이라 하지 않을 수 없다. 소작관의 설치는 여러 사람의 주목을 끌었는
데……대체적으로 이 조치에 찬성을 표하는 것으로 생각된다. 그런데
일부에서는 소작관의 설치를 시기상조 등 기타 이유를 들어 반대하는
그룹도 있는 모양이다. 全北農友會 같은 경우가 그 일례이다. 일반사
람들은 소작관은 쟁의 조정만을 한다고 생각하거나 혹은 오로지 소작
인을 보호하려는 사람이라고 생각하는 경향이 적지 않다. 그러나 소작
관의 임무는 일반 지주, 소작인이 생각하는 것처럼 단순한 것이 아니
고, 소작관의 임무는 많지만 이를 간단하게 정식화하여 말하면 다음과
같은 일이 중심이 될 것이다.

1. 관할 내를 지배하는 소작제도를 과학적으로 조사 연구하는 것.
2. 이렇게 확정된 소작제도를 사회 이상의 입각점에서 분석 음미하고,
   현행제도 중 존속 장려해야 할 점과 개선되어야 할 점을 확정하고,
   제도의 조정 개선에 노력하는 것.
3. 위 두 가지 과정에 의해 얻어진 결과를 그 지역 내의 농업사정과 사
   회경제상의 여러 조건과 관련시켜, 장래 발생할지 모를 위험을 방
   지하고 농민의 평화에 노력하는 것.
4. 만일 쟁의가 발생할 때는 공평한 입장에서 조정하는 것. 이때 판단
   의 기초가 되는 것은 사회 이상이 될 것임은 말할 필요가 없다.

---

30) 久間健一, 「小作問題の重要性に就て」, 『朝鮮農會報』 제4권 9호, 1930.

즉 久間에 따르면, 소작관은 소작사정을 조사하고 소작조건의 개선에 노력하여 쟁의가 일어날 소지를 사전에 없애며, 그럼에도 불구하고 소작쟁의가 일어날 때는 공평한 입장에서 신속히 개입하여, 확대·장기화되는 것을 막는 역할을 담당하도록 하였다.31) 久間健一은 총독부로부터 이러한 역할을 부여받고 수원에서 충청도 대전으로 내려갔다.32)

---

31) 한편 朝鮮總督府 農林局,『小作官及小作官補の事務內容』(1938)에는, 소작관이 해야 할 일을 다음과 같이 규정하고 있다. 1. 지주 소작인을 지도하여 소작사정의 개선을 도모하고 소작쟁의를 미연에 방지한다. 쟁의가 발생할 경우 법외 조정에 종사한다. 2. 도내 각지의 소작관행, 소작쟁의, 지주 소작인 경제 작황 등 소작사정 전반을 조사해 둘 것. 3. 군수, 읍, 면장, 경찰관 등과 연락을 유지하여 쟁의가 발생할 때는 기회를 놓치지 말고 조정을 하여 적당히 해결할 것. 4. 소작쟁의의 조정이 성립된 후 상황에 유의하고 그 실적을 거두도록 힘쓸 것. 이것과 久間健一이 말하는 소작관의 역할과는 대동소이하지만, 위 사무내용이 소작쟁의의 방지, 신속해결 등 소작쟁의에 초점이 있는 반면, 久間健一은 쟁의보다는 소작문제의 조사에 더 강조점을 두고 있는 것처럼 보인다. 이것은 소작관의 역할을 그가 다르게 이해했던 것이 아니라, 이 글이 지주 측의 반대 움직임을 무마하기 위해 쓰여졌다는 점과 관련이 있을 것이다. 아니면 부임 직후 久間 자신의 농촌관이 후일의 소작인 중심, 농민 중심의 농업론과 달리 비교적 중립적인 위치에 있었던 것은 아닌가 생각된다.

32) 참고로 이때 久間과 함께 초대 소작관으로 임용된 7인의 이력을 보면, 군수(市野澤酒之助 : 경남담당, 安秉春 : 황해도 담당), 경찰(岡崎敏明 : 경기도 담당, 소작관보), 농업기사(長曾我部健男 : 경상북도 담당), 판사(一杉藤平 : 전남 담당), 총독부속(鳥山進 : 전북 담당) 등이다. 여기에서 알 수 있듯이, 소작관은 다양한 분야에서 차출하였는데, 특히 농업 관련 전공자가 2명인 것에 비해 판사와 경찰이 포함되어 있는 것이 눈에 띈다. 이로 인해 소작관 설치 초기에는 지주가 아니라 오히려 농민의 단속을 목적으로 하는 것이 아닌가 하는 우려도 있었던 것으로 보인다. 예컨대 '산업발달보다 농민사상단속? 소작관회의 풍경'(『동아일보』 1930. 2. 6) 기사를 참조. 또 하나 특기할 것은 이들은 모두 조선 강점 25주년 기념으로 공훈을 받거나 아니면 그 후 다른 공훈 기록이 있는데, 유일하게 久間健一만 아무런 공훈 기록이 남아 있지 않다. 아마 이 점이 그의 이력에 관한 기록이 많지 않은 이유 중의 하나인 것으로 보인다.

30

그가 부임하던 1930년대 초는 농업 공황의 여파로 농촌이 궤멸 상태에 빠진 시기로서, 소작관 제도의 신설에도 불구하고 소작쟁의는 수그러들기는커녕 "집단화하고 계급투쟁의 성격"을 띠는 등 악화 일로를 걷고 있었다.[33] 이에 위협을 느끼던 일제는 '농가갱생계획'(1932), '自作農創定政策'(1932) 등 일련의 사회정책적 농정을 통해 농촌구제에 나서는 한편, '조선소작조정령'(1932), '소작위원회'(1933), '조선농지령'(1934) 등 소작관련 법규와 제도를 마련하여 쟁의의 진화에 나섰다.[34] 조선소작조정령은, 久間健一의 표현에 따르면 종래의 통첩이 "지주와 소작인의 자각을 촉진하고 오로지 장려적 방법에 의한 것"[35]이었다면, 이에서 벗어나 쟁의를 법원에 조정을 신청하게 함으로써 행정뿐 아니라 새롭게 사법적 틀 내에서 해결할 수 있는 길을 마련한 제도였다.[36] 또한 이 법령에 따르면 소작관은 법원에 의견을 진술할 수 있을 뿐 아니라, 법원이 소작관에게 사실 조사를 의뢰할 수 있게 되어 있어, 쟁의에서 담당하던 소작관의 역할은 종래 보다 증대되었다. 이에 따라 일제는 1933년 각도의 소작관보를 증원하고 새롭게 겸임 소작관을 신설하였다.[37] 1934년에는 지주 측의 조직적인 반대에도 불구하고 그 동안 준비해왔던 '조선농지령'을 공포하였다. 久間健一에 따르면 조선농지령은 "오랫동안 소작쟁의의 원인이 되었던 지주 본위의 소작관행 그 자

---

33) 小早川九郎, 앞의 책, 651쪽.

34) 1930년대 농업정책에 대해서는 정문종,『1930년대 농업정책에 관한 연구』, 서울대 박사학위논문, 1993 참조.

35) 久間健一,「朝鮮小作令を繞する諸運動の展望」,『朝鮮農業の近代的樣相』, 1935, 40쪽.

36) 吉田正廣,『朝鮮に於ける小作に關する基本法令の解說』, 1934 ; 사법협회,『朝鮮農地令及朝鮮小作調整令解說』, 1936 참조.

37) 자세한 것은 조선총독부 농촌진흥과,『朝鮮農村振興關係例規』, 1939 ;『동아일보』1933. 1. 14, '겸임소작관 각도에 배치' 참조. 久間健一도 이때 소작관보에서 소작관으로 승진하였다.

체에 메스를 가한 조치"로써 의미가 있으며, 이 조치로 인해 소작쟁의의 숫자는 늘어났지만 참여 인원도 줄고 개별화되면서 쟁의를 체제 내로 끌어들이는 데 일정 정도 기여한 것으로 평가받고 있다.38) 그렇지만 소작쟁의 증가에 따라 소작관의 숫자와 업무는 오히려 더 많아지고 있었다.39)

이처럼 공황의 여파로 농촌이 매우 어려운 시기에 소작관으로 부임한 그는 매우 분주한 나날을 보냈을 것으로 짐작된다. 관할 도내 소작문제와 소작관행을 조사하는 한편,40) 크고 작은 소작쟁의에 관여하면서 중재에도 나섰을 것이다.41) 서론에서 언급한대로 관할 내 지주, 소

---

38) 조선농지령의 제정배경과 그 경과, 의의와 한계에 대해서는 宮田節子, 「朝鮮農地令 - その虛像と實體」, 『季刊現代史』 5, 1974 ; 정문종, 『1930년대 조선에 있어서 농업정책에 관한 연구』, 서울대 박사학위논문, 1993 ; 정연태, 「조선농지령과 일제의 농촌통제」, 『역사와 현실』 4, 1990을 참조.

39) 『동아일보』 1935. 7. 30, '小作人의 自覺反證, 今年爭議 例年의 卅倍, 此種爭議를 敏速히 解決코저 當局 小作官等을 增員'.

40) 久間健一이 1932년 『水原高等農林學校創立25周年紀念論文集』에 발표한 「忠淸南道에 於ける小作制度의 硏究」는 그가 충청남도 소작관으로 근무할 때 자신의 조사경험을 바탕으로 쓰여진 글이다.

41) 이러한 그의 활동은 단편적이지만 당시의 신문 기사에 부분적으로 남아 있다. 예컨대, 『동아일보』 1933. 8. 10, '立秋已過한 掛鋤期에 작권문제로 쟁의, 지주의 진사로 해결된 것을 惡舍音의 이간으로 재발, 충남 農界의 大문제, 惡舍音 전부 철저히 조처, 그런 것은 잇는 대로 조처, 충남 久間 소작관談' ; 『동아일보』 1934. 10. 26, '小作官의 交涉結果 田垈作料增額契約取消, 興業會社 大田管理所 小作問題' ;『조선일보』 1935. 2. 7, '농장측 책임자를 호출 說諭하겠소 久間 소작관 談' ;『조선일보』 1935. 6. 12, '소작쟁의 95%는 작권 이동이 원인/ 횡포 無雙한 악질 마름에 철추/ 금후 일제 단속할 터, 久間 소작관 談' ;『조선일보』 1939 7. 21, '久間 소작관을 마저 소작사정을 협의, 강화군의 주체로 개최' 등 참조.
다른 소작관의 활동에 대해서는 다음의 기사들을 참조할 수 있다. 『동아일보』 1931. 6. 5, '金海小作爭議 代表四人 또 陳情, 군수가 잘 조정을 못해, 小作官도 頭痛中' ;『동아일보』 1931. 4. 20, '惡地主 跋扈로 勸善懲惡方針, 너머 무리한 행동이 만하 市野澤小作官談' ;『동아일보』 1934. 4. 5, '小作權의

작인, 마름 등을 두루 만나며 그들의 생활상과 심지어 그들의 심리까지도 꿰뚫어 보고 있었을는지도 모른다. 그는 또한 농촌진흥운동과 조선농지령 등 중앙에서 발표되는 일련의 농정책들이 실제 어느 정도 효과를 거두고 있는지를 현장 가까이에서 확인할 수 있었을 것이다. 예컨대 그는 농촌진흥운동에 대해서 "그 성과에 대해 만족할만하고 계획의 가능성을 만족시켜주는 보고서가 있지만, 분식적 색채가 다분한 관료적 보고가 아니라 실체적으로 접근할 필요가 있다"[42]고 꼬집고 있다.

久間은 이러한 "激職에 있음에도 불구하고 연구적 태도를 지속"[43]하여 『조선농회보』와 『지방행정』, 『농업경제연구』, 『농업과 경제』 등에 논문들을 꾸준히 발표하였다. 그는 또 발표한 글들 중 일부를 묶어 1935년과 1943년에 각각 『朝鮮農業の近代的樣相』과 『朝鮮農政の課題』라는 제목으로 출판하였다. 책의 제목에서 알 수 있듯이, 久間健一의 글들은 1930년대 중반까지만 해도 "조선 농업의 근대적 발전의 諸相"[44]에 초점을 두고 있지만, 1937년 이후부터는 '근대적 양상'보다는 근대적 양상이 가져온 문제점과 이의 개선과 관련된 농정책으로 관심이 옮겨져 왔다.[45] 총독부 농정에 대한 비판의 강도도 이때부터 점차 강해지고 있었다.

無理移動과 作料增率을 防止, 今日 總督府에서 通牒을 發附, 全朝鮮小作官에 指示, 農地令發表前의 鐵棒' ;『동아일보』 1936. 6. 21, '安岳同和農場 小作爭議解決, 소작관과 검사까지 출동, 十一人은 作權復舊'.

42) 久間健一, 『朝鮮農政の課題』, 成美堂書店, 1943, 51쪽.

43) 東畑精一, 『朝鮮農業の近代的樣相』, 1935의 序, 2쪽.

44) 久間健一, 『朝鮮農業の近代的樣相』, 1935의 「自序」, 3쪽.

45) 『朝鮮農業の近代的樣相』은 그가 수원농림학교 조교수 시절에 쓴 논문에서부터 1935년 사이에 발표된 논문 8편과 새로 쓴 「朝鮮農業經濟論」 등 모두 9편이 수록되어 있으며, 『朝鮮農政の課題』는 1937년부터 1943년까지 쓴 논문 중 17편이 수록되어 있다.

久間健一은 1937년 이후부터 『朝鮮農政の課題』에 실린 일련의 글들을 집필하는 한편으로, 조선농업의 전 지역을 지대별로 분류하고 이를 비교 분석하는 저서를 준비하였다. 그는 이 책이 "기존 농업 정책의 다분히 비과학적이고 농업경영의 실태와 상관없는 획일적 시책과 병렬적인 개별지도를 개선하고, 과학적인 기초 위에 각 지역의 실태에 입각한 종합적인 시책의 기본"[46]이 될 것으로 기대했었다. 이를 위해 그는 3년 예정으로 자료 수집군을 섭렵하고 정리, 가공에 착수하였지만 책의 출판은 해방후 그가 일본으로 돌아간 이후인 1950년에 이루어질 수 있었다. 이렇게 출간이 늦어지는 동안 印貞埴은 재빠르게 이 책의 집필에 쓰고자 정리한 '농업경영지대조사표'를 빌려다 『조선의 농업지대』란 책을 먼저 출간하기도 하였다.[47]

이렇게 출간이 늦은 이유에 대해 久間은, 태평양전쟁의 발발로 관청에서의 담당 사무가 급격하게 繁忙해지면서 늦추어졌고, 1944년 『조선 농정의 과제』가 문제가 되어 소작관을 사직하면서 다시 늦춰져 이듬해인 1945년에 들어와서 겨우 인쇄에 들어갈 수 있었지만, 일본의 패망으로 다시 한번 무산되어 결국 "나의 전 재산이라 할 수 있는 많은 도서와 문헌 자료를 조선에 둔 채" 이 책의 연구의 초고와 자료만을 갖고 일본으로 돌아올 수 있었다고 적고 있다. 이렇게 어렵게 완성된 책이 그의 세 번째 저서인 『朝鮮農業經營地帶の研究』(1950)이다. 필자가 보기에도 이 책은 그의 연구 중에서 시간과 노력이 가장 많이 투입되고, 또 그의 학자적 능력이 가장 잘 드러난 역작임에 틀림없다. 결국 그는 이 저서로 일본 농학계의 대부라 할 수 있는 東畑精一의 주선으로 九州대학에서 농학박사 학위를 받았다. 해방 이후 일본으로 돌아간 久間健一은 사가현 농림부장(1946~1953)을 거쳐 농림성총합기술연구

---

46) 久間健一, 『朝鮮農業經營地帶の研究』, 農林省農業總合研究所, 1950, 1쪽.

47) 印貞植, 『朝鮮の農業地帶』, 生活社, 1940, 서문 참조.

소(현재는 농업환경기술연구소) 技官으로 1960년대까지 근무한 것으로 보이는데,[48] 이 책 출간 이후 그는 더 이상 조선농업에 관한 글은 쓰지 않았다.[49]

3. 久間健一이 본 일제하 조선농업의 현실과 식민지 농정의 모순

1) 개발과 빈곤의 두 주역 : 권력과 자본

그는 일제하 조선 농업·농촌의 분석을 권력과 자본의 작용에서부터 출발하고 있다. 외래적인 '권력'과 '자본', 이 양자가 '수레의 두 바퀴'처럼 함께 작용하여 '재래적인' 조선농업을 변질시키는 과정, 이것이 분석의 기본틀이다. 그의 말을 그대로 빌리면, "조선 농민의 모습을 진실로 이해하기 위해서는 이 두 가지 외래적인 힘이 어떻게 농민생활에 침윤, 지배해 왔는가를 주목할 필요"[50]가 있으며, 나아가 "이 두 가지 힘이 작용한 농민생활의 지배의 실상을 명확하게 하는 것이야말로 금일 조선농민의 모습을 파악하는 관건"이라고 그는 생각한다. 즉 그에게 있어 자본과 권력은 일제하 농업문제로 들어가는 키워드이다.

그러면 자본과 권력이 가해기 전의 조선 농촌의 모습은 어떠한가. 그에 따르면, 구래의 조선사회는 "明治 전반기 일본농민의 모습과 흡사하여"[51] "하등 자본의 축적도 없고 기업적 정신으로 훈련된 계급도

---

48) 久間健一, 『農業經營の構造 : 佐賀段階の構造』, 東京 : 養賢堂 1956, 序文.

49) 이 논문 말미의 久間健一의 저술목록 참조. 위의 책 제목에서 알 수 있듯이 이 책은 사가현의 농업구조에 관한 책이었다. 그리고 이 책 어디에도 그가 패망 전 조선에서 근무했다는 사실을 알 수 있는 표현은 발견할 수 없다.

50) 久間健一, 「朝鮮農業の基底を流れるもの」, 『朝鮮農政の課題』, 4쪽.

51) 위의 글, 4쪽.

없으며, 대규모 생산을 가능케 하는 기계도 기술도 없었다. 아니, 이들의 전제를 희망하는 사정도 나타날 조건도 거의 구비되지 못했다. 거기에 있는 것은 단순한 농노적 생산농민과 여가노동에 가까운 수공업자, 잉여생산물과 사치품의 중개자인 상인 그리고 이들 위에 군림하여 권리를 향유하고 그 잉여를 착취하는 관리와 양반뿐이었다."[52] 우리에게 매우 친숙한 '조선사회정체론'의 반복이다.

이러한 논의의 연장선에서 다음의 주장 역시 익히 예상되는 바와 같다. "이처럼(인용자) 조선 자본주의는 그 생성과 정반대의 요소만을 가지고 있으며, 스스로 추진력이 결여되어 있기 때문에 그 출발점에서 그리고 생장의 과정에서 외래의 자본과 지식, 기술에 의존하지 않을 수 없었다.……자발적 발전의 힘이 없는 것은 좋든 싫든 외래적인 힘의 지도 하에 들어갈 수밖에 없었다. 여기에 조선 농민의 숙명적인 근대적 발족점이 있다."[53] 요컨대 久間健一은 조선 재래의 농촌사회가 외래적인 권력과 자본에 의해 개발될 수 밖에 없었던 이유를 조선사회의 정체론과 타율성론에 기대어 설명하고 있는 것이다.[54] 다만 그는 후술하듯이 이것이 조선 농민에게 축복이 아니라 '불행'[55]이라고 보는 점에서 기존의 조선사회정체론과 그리고 최근에 유행하는 식민지근대화론과도 구별된다.

그러면 권력과 자본은 조선 농촌을 어떻게 변질 혹은 개발하였으며 그 목적은 무엇인가. 久間에 따르면 일제의 개발 방식은 이른바 우량품종의 보급과 정조식 등으로 대표되는 일본농법의 조선 버전인 '개량농법'의 이식이었으며, 그 이식 과정은 '지시와 명령'을 동반한, 대단히

---

52) 久間健一, 「朝鮮農業經濟論」, 『朝鮮農業の近代的樣相』, 2쪽.

53) 『朝鮮農政の課題』, 4쪽.

54) 실제 그는 이 대목에서 四方博의 논문, 「朝鮮に於ける近代資本主義の成立過程」(『朝鮮社會經濟史研究』)을 인용하고 있다.

55) 久間健一, 『朝鮮農業の近代的樣相』, 2쪽 ; 『朝鮮農政の課題』, 71쪽.

강압적이었다. 그는 그 강압성의 정도가 "경찰권과 맞먹을 정도"의 수준이었으며, 또한 "조선의 농업으로부터 강제적인 관청적 觸擊을 제거하면 장래 생산력의 발전은 멈출 것"56)이라고 보았다. 총독부 권력의 개량농법 보급과정에 관한 그의 묘사는 매우 구체적이며 신랄하다.

금일 조선을 여행하는 사람들 눈에는 수리조합 구역 내는 물론 상당 오지까지 우량품종이 보급되고 개량 못자리가 만들어지고, 정조식이 철저히 행해지고 있어 피뽑기가 엄격하게 시행되고 있어서 조선 논농사의 약전적인 발전을 경이의 눈으로 보게 된다. 그러나 그 발전의 이면에는 관헌의 놀라운 강권적 농업지도의 역사가 깔려 있다. 지도자의 올바른 지시에 따르지 않는 못자리는 짓밟혀 부서지고, 정조식에 응하지 않는 묘는 뽑아버리고 다시 심도록 강요된다. 피뽑기는 수없이 통일적인 계획 하에 농민을 동원하여 강행한다. 소위 '관의 지도'를 따르지 않는 자는 경찰의 협박을 받아 강제적으로 행하여진다.……정해진 품종 이외의 재배는 금지되어 농민의 의욕과 관계없이 강력하게 실시된다. 다시 수확기에 이르러서도 경쟁하듯이 적기에 수확이 강행되고, 수확한 이후에는 건조에 대하여, 건조 이후에는 조제에 대하여 탈곡기의 사용이나 멍석 사용이 강제된다. 벼의 탈곡 조제에 멍석을 깔지 않는 것은 道令이나 과료에 처한다고 하는 간단한 법령으로 이의 실행이 강요된다. 그 위반자가 처벌된 사례는 쌀농사 지대의 각 도에서 경험한 바 그대로이다.……농민은 관청의 명령 그대로 배급된 종자를 정해진 못자리에 심고, 주어진 새끼줄에 따라 정조식을 행하고 정해진 날에 비료를 뿌리고 제초를 하고, 명령된 날에 피를 뽑고 김매기를 하고, 주어진 방법에 따라 건조 조제를 행할 뿐이다. 여기에는 오로지 감시와 명령밖에 없다.57)

---

56) 『朝鮮農業の近代的樣相』, 9쪽.
57) 『朝鮮農政の課題』, 6~8쪽.

그렇다면 총독부의 개발방식이 이렇게 "內地보다도 훨씬 더 강압적인,"58) "국권적이면서 무단적"59)인 성격을 띤 이유는 무엇인가. 그는 "일본인의 특유의 성급성"(『朝鮮農政の課題』, 9쪽)도 작용하였지만 이것 외에 "조선 농민들의 낮은 민도와 지식, 자포적인 방관자적인 생활 전통 때문에 새로운 합리적 농업기술을 이해시키고 실행에 옮기기 위해서는 끊임없는 지도와 감독, 아니 '감시와 명령'이 불가피"60)하였다고 보았다. 그러나 무엇보다 그는 "협애한 일본의 국내시장을 타파하고 팽창하는 인구에 대한 식량을 충족시키는 필사의 욕구가 조선 농민의 이해를 고려할 수도, 고려할 여유도 없게 만들었다"고 파악했다. 미작과 면작에 대해 총독부의 강압성이 크게 나타난 것은 바로 이것 때문이라는 것이다.

총독부 권력과 함께 조선농업을 변질시킨 또 하나의 주역은 일본자본이었다. 병합 이후 처음으로 진출한 일본자본은 낮은 지가와 고율소작료, 그리고 개발의 잠재성을 노리고 진출한 "약탈적인 고리대 상업적인 중소 개인자본"이었지만, 그 후 "자본주의 장치의 완비와 더불어 자본의 활동 형태가 발전하여 농업기구 내에 깊숙이 침입하여 스스로 자본가적 기업가의 창립자가 되거나 이윤의 원천인 생산과정 그것을 지배하면서 점차 산업자본의 발전형태를 보여주는데 이르렀다."61) 산미증식계획 이후에는 "국가적 배경을 지닌 內地 은행자본의 침입은 지본의 집중 발전과정에서 결정적 힘을 가지면서, 산업자본에 자금을 공

---

58) 『朝鮮農業の近代的様相』, 9쪽.

59) 「農業指導情神の展開」, 『朝鮮農政の課題』, 72쪽.

60) "움직이지 않는 것, 움직일 수 없는 것을 움직이게 하기 위해서는 도저히 내발적인 것을 기대할 수 없다. 따라서 이것을 타동적으로 움직이게 하는 방법 밖에 없다. 이 움직이게 하는 힘이야말로 지도에 필연적으로 가해지는 강제이다."(『朝鮮農業の近代的様相』, 11쪽).

61) 『朝鮮農業の近代的様相』, 7쪽.

38

급, 원조하거나 지배하는 데 이르러, 자본은 마침내 금융자본의 발전형태를 취하는 데까지 도달하였다.”(『朝鮮農業の近代的様相』, 7쪽).

그리고 이들 금융자본의 지배 하에 들어가 있는 일본자본의 전형이 바로 기업가적 지주들이었다. 그에 따르면 이들은 오로지 이윤의 획득 이외에는 관심이 없으며, 東畑精一이 표현한 대로, “휴식을 모르는 경제적인 동물정기로 가득 찬 자들”이었다. 그렇지만 이들은 자신의 이윤의 획득을 위해 스스로 “내지에서 농업개발을 위해 경험 이용할 수 있는 지식과 기술을 수입하여 증산 경영을 대규모로 실시”한다는 점에서, “농업개발에 아무런 능동적인 역할을 못하고 주어진 소작료를 단지 소비만 하는”[62] 조선의 재래지주와 그 성격이 다르며, “또한 내지의 일본지주보다 훨씬 더 농업자적 색채가 강하다”[63]고 보았다. 조선에 진출한 자본에 나타나는 이러한 ‘동물적 정기’를 그는 東畑精一의 의견에 따라 “식민지 개발에 진출한 자본에 공통적으로 나타나는 멘탈리티”[64]로 설명하고 있다. 요컨대 그에 따르면, “조선 농민 자신의 요구와는 아무런 관계없이, 강권적인 내지 자본에 의해 강제 동원되어 급격히 자본주의적 개발의 충격을 받아, 농업기구가 현저하게 자본제적으로 바뀐 것, 이 점 또한 조선농업 개발과정의 또 하나의 특이성이었다.”[65]

이처럼 권력과 자본의 궁극적인 진출 목적은 서로 다르지만—전자는 “일본 내지의 긴급한 식량문제의 해결”을, 그리고 후자는 “개발에 따르는 경제적 이익의 확보”—久間에 따르면, “관청의 권력적인 농산 증식과 지주의 증산 욕구와 열의는 완전 일치”(『朝鮮農政の課題』, 16

---

62) 久間健一, 『朝鮮農政の課題』, 337쪽.
63) 위의 책, 16쪽.
64) 東畑精一, 『日本農業の展開過程』, 東洋出版社, 1936, 82쪽.
65) 『朝鮮農業の近代的様相』, 8쪽.

쪽)하였다. 나아가 "관청은 자본과 지식이 없는 농가에 직접 강제를 가하는 것보다……다수의 예속적인 소작인을 거느리고 있는 기업적 지주를 동원하여 그 지주의 소속 농가를 간접적으로 강제하는 것이 자신의 목적을 달성하는 데 지름길이었으며, 반면 기업적 지주 역시 관청의 지도를 명분으로, 자기에 예속된 농민에게 개발적 觸擊을 강제함으로써 보다 많은 이윤을 확보할 수 있었다." 즉 久間健一에 따르면, 이들 권력과 자본은 서로가 서로를 필요로 하는, 문자 그대로 '脣齒輔車의 관계'였던 것이다.

그렇다면 이 양자의 주도하에 진행된 조선농업 개발이 결과한 것은 무엇인가. 자신들이 목적하던 바를 획득하였는가. 久間에 따르면 "증산의 목적은 달성되었으며, 아니 사람들이 예상하는 것 이상으로 비약적 달성"(『朝鮮農政の課題』, 31쪽)에 성공하였다. 지주 역시 여타 수익률을 상회하는 고율의 수익률을 얻는데 성공하였다.[66] 반면에 양자에 의한 개발이 조선 농촌·농민에 끼친 후유증은 그 이상으로 심각하였다. 久間健一의 표현을 그대로 빌리면, "개량증식정책은 농산의 비약적 증식을 결과하여 내지의 식량문제는 해결되었지만 그것과 동시에 조선에서는 토지 없는 농민의 비약적 증식에도 성공"[67]하였으며, "내지의 식량문제는 해결되었지만, 이로 인해 조선에 새로이 식량문제가 생겨났다." 왜 이러한 모순이 발생했는가.[68] 개발과 빈곤이 동시에 진

---

66) 『朝鮮農政の課題』, 442쪽.

67) 위의 책, 33쪽.

68) 久間健一은 소작농민들의 '부정수단'의 구체적인 방법을 일일이 설명하면서, 그 원인을 다름아닌 빈곤 때문이며 또 이러한 물질적 궁핍이 결국 의심, 欺罔, 공갈, 狹智, 怨恨, 陰謀 등 농민들의 각종 도덕적 廢頹를 야기하는 데까지 이르렀다고 보았다. 久間健一, 「農民の貧窮と不正 : 巨大米作農場を中心して」, 『農業と經濟』 5-7, 1938. 이러한 생각은 앞에서 소개한 바 있는, 그가 1920년대 중반 도기수로 부임한 직후 쓴 「處世の眞諦」에서 "부정을 가난 탓으로 돌리는 것은 핑계"라는 그의 젊은 시절의 자기 인생관에서 다소 벗어나

행된 이유는 무엇인가. 그에 따르면 이러한 모순은 '동물적 정기로 가득 찬' 일본자본이 조선의 농촌·농민을 지배하면서부터 이미 예견된 일이었다. 자본은 처음부터 농가경제의 향상 따위에는 관심이 없었으며, 그들의 관심은 오로지 자신의 이윤증식 뿐이었다.[69] 久間健一은 자본이 어떻게 생산, 분배와 유통과정을 지배하면서, 소작농민을 '기아수출'의 상태로 내모는지를 다음과 같이 매우 세밀하게 묘사하고 있다.

지주는 먼저 소속 소작인에 대해 극히 지주주의적인 精緻 嚴重한 경작방법을 강제한다. 그들은 우선 농민에 대해 재배할 품종을 지정한다. 이 품종의 지정은 물론 판매시장에서의 유리성에 의해 결정된다. 여기서 농민의 생산과정에서 자본 지배의 제1보가 시작된다. 품종의 지정이 끝나면 모든 재배기술은 질서있게 명령, 감시되어 일체 다른 것은 용납되지 않는다. 농민은 오로지 농업노동자와 같이 유순하지 않으면 안된다. 정해진 시기에 植付하고, 정해진 날에 김을 매고 처방전처럼 비료를 사용한다. 허락되는 것은 자본의 이익에 관계없는 매우 사소한 일뿐이다.

施用되는 비료의 종류와 용량도, 사용해야 할 농구도, 지주에 의해 배급되고 이에 따르지 않으면 불량소작인으로 낙인찍혀 퇴출된다. 지주는 이들 생산기술과 수단을 소작인을 대신하여 결정하고 배급한다. 이 때문에 多額의 저리 자금이 관청에 의해 지주 경제에게 알선, 공급된다. 비료대금, 농구자금 등등.

작물이 성숙기에 도달하면 추수 시기가 결정되고 지주는 단독으로 소작료를 결정 통보한다. 打租制의 경우 타작과 탈곡에 일일이 감시인이 따라붙는다. 소작인이 운반한 소작미는 건조, 조제 용량, 중량 포장 등 세세한 부분까지 엄중한 검사가 이루어지고, 여기에 합격되는 것만 수령한다. 만일 품질이 불량하면 再選의 명령이 떨어지거나 보상금을

있어 흥미롭다.

69) 『朝鮮農政の課題』, 353쪽.

거두는 경우도 있다.

지주가 수취하는 벼는 단지 소작료만 아니다. 소작료의 납입고지서에는 여기에 부수하여 前貸資本도 함께 청구된다. 비료대, 농구대, 대부금, 농량곡, 종자대 등등. 이것은 추수 시 벼로 환산되어 남김없이 회수된다. 결국 농민은 전 수확의 7할 내지는 8할을 어김없이 지주의 창고에 납입하게 된다.……

소작농민에 대한 이러한 자본지배는 단지 자신이 속한 지주의 자본에만 한정되지 않는다. 지주에게 모두 납부하고 다행히 잉여미가 남는다 해도 다시 지주 이외의 자본에 의해 다시 지배받는다. 농촌에서의 상업자본, 고리대자본의 지배가 그것이다. 다행히 이러한 자본의 지배를 받지 않는다 해도 식량부족 때문에, 얼마 되지 않은 잉여미마저 화폐로 교환되어 시장으로 유출되어 나간다. 조선미의 눈부신 內地수출은 바로 이러한 강력한 자본지배의 결과이며, 농민의 입장에서 보면 '기아수출' 그것이다. 그것은 결코 삼시 세끼 배불리 먹고 남아 돌아 수출하는 것이 아니다. 이처럼 농민경제 깊숙이 모세관적으로 침투한 자본의 촉수는 에누리 없이 생산과정은 물론 유통과정까지 전면적으로 지배하여 농산물을 상품시장으로 강제 동원해 나간다.[70]

2) 농촌갱생의 길 : 가짜와 진짜

그러면 물질적, 도덕적으로 황폐해진 조선 농촌을 구제하는 방법은 무엇인가. 1930년대 공황으로 궤멸된 농촌을 구제하기 위해 제시된 일련의 관변 정책들 예컨대 전작개량증식사업(1931), 농촌진흥운동(1932),

---

70) 그가 이 과정을 보다 세밀하게 보여주기 위해 쓴 글이 훗날 많은 사람들에 의해 자주 인용되는 「巨大資本の農民支配」이다. 이 글은 그가 이른바 동태적 지주의 자본가적 성격을 밝히기 위해 쓴 글이 아니라 자본이 얼마나 철저하게 농민을 지배하는지를 보여주기 위해 쓴 글이다. 그의 글에서 자주 나타나는 이러한 미시적 레벨에서의 세밀한 분석은 그가 소작관으로서 오랫동안 농촌 현장을 지켜보았기 때문에 가능하였을 것이다.

조선농지령(1934)이 그 대안이 될 수 있을까.

잘 알려진 바와 같이, 전작개량증식사업은 일제가 "사회정책상 긴급을 요하는" "鮮內 식량부족을 해결"하기 위해 1931년부터 12년간 예정으로 우량종 보급, 지도원 배치와 시험연구기관의 확충을 통해 민중의 식량인 맥류, 대두 등 전작물의 증산을 목적으로 시행되었다.[71] 久間健一의 지적대로 그 동안 아무런 정책이 취해지지 않다가 갑자기 1931년에 이러한 계획을 발표한 것은 농민의 식량 결핍을 더 이상 방치할 수 없음을 스스로 인정한 것이다. 그렇다면 이 계획이 농민의 식량결핍을 해소할 수 있을 것인가. 산미증식계획이 조선내 식량문제의 해결을 목표로 내세웠지만 결국 실패한 것과 달리, 이번에는 성공할 수 있을 것인가. 久間에 따르면, 이 계획 역시 다음과 같은 이유로 성공할 것 같지 않다.

증산을 위해서는 구래의 기술 대신 신기술이 필요하고, 또 이 신기술을 농민에게 도입하기 위해서는 미곡개발과정에서 보여주었듯이 또다시 관의 강압성이 불가피하다. 또한 새로운 기술의 도입에는 많은 자본이 필요한데 가난한 농민들에게 자본을 스스로 조달하기를 기대할 수는 없다. 그렇다고 정부가 이를 감당하기에는 재정상 불가능하고 결국 방법은 외부 자본을 참여시키는 방법밖에 없다. 그런데 이들은 그 속성상 이윤이 보장되지 않으면 참여하지 않으므로 결국 이들에게 일정 정도―혹은 개발이 성공하기 위해서는 최대한 많이―이윤을 보장해줄 수밖에 없게 되는데, 이 방식이 가져다 준 결과는 산미증식계획에서 본 바와 같이 농민을 기아수출로 내모는 것이다. 단 차이점은 이번에는 쌀이 아니라 잡곡이란 점뿐이다. 그의 표현을 그대로 빌리면, "이와 같이 농민의 식량으로 남아 있는 전작농업마저 저 미작농업에

---

71) 전작개량증식계획의 내용에 대해서는 小早川九郎, 『朝鮮農業發達史 : 政策篇』, 486~489쪽.

가해진 바와 같이 상품화가 강력하게 전개된다면 농민은 도대체 어디에서 식량을 구해야 할 것인가."[72] 그가 전작개량증식사업에 큰 기대를 걸지 않은 것은 이러한 이유에서였다.[73]

그렇다면 1932년 농민갱생이야말로 "통치상 최선 최급"이란 판단 하에 추진된 이른바 농촌진흥운동은 농민생활의 안정을 기할 수 있을 것인가. 久間健一에 따르면, 부족식량의 충실, 현금수지의 개선, 부채의 근절을 3대 목표로 설정한 이 운동으로 "농민갱생이 가능할 것으로 보는 것은 피상적인 위험한 견해"이다. 그는 앞서 인용한 바 있듯이, "그 실적에 대해 상당 정도 이 계획의 가능성을 보여주기에 충분한 보고가 있지만, 우리들은 이러한 粉飾적 색채가 다분한 관료적 보고가 아니라 실체적으로 접근할 필요가 있다"[74]고 꼬집고 있다. 久間은 이 운동이 스스로 내세운 목표를 달성하기 어려운 이유를 다음과 설명하고 있다.

먼저 식량의 충실도 기하고 현금도 충실히 하려면 땅이 어느 정도 있어야 하는데, 전 농가의 70%가 1정보도 안되는 토지를 갖고 있는 현실에서, 이처럼 작은 땅으로 이 두 가지를 모두 충족하는 것은 불가능하다. 식량의 충실을 기하려면 현금수입이 줄 수밖에 없고, 현금수입을 위해 환금작물을 심으면 식량생산이 부실해지기 때문이다. 즉 그에 따르면, 이 모순을 해결하지 않고 이 두 가지 목적을 달성하고자 하는 운동은 처음부터 이율배반적일 수밖에 없다. 이 점이 바로 실패가 예상

---

72) 『朝鮮農政の課題』, 41쪽. 그는 또 "만일 전작개량사업이 이윤이 많이 남는 개발이라면 미곡농업의 개발에서 그러했듯이 지주, 가공업자 상인들이 떼로 몰려올 것인데, 그렇게 되면 이들에 의한 지배의 大道가 열려 농민의 궁핍은 일층 심각해질 우려가 있다"고 내다 보았다.

73) 더욱이 그는 소위 農工竝進의 새로운 '南이즘'과 더불어 田作농업에 대해 근대적 공업의 원료공급의 역할이 부여될 것으로 예상했는데, 이렇게 되면 그나마 농민적인, 사회정책적인 목적으로 추진되는 식량충실이란 목표는 더욱더 기대하기 힘들 것으로 예측했다.

74) 『朝鮮農政の課題』, 51쪽.

되는 첫 번째 이유이다. 두 번째는 소작문제이다. 그에 따르면 "농민의 약 75%가 소작농이고 경지의 약 60%가 소작지이기 때문에 갱생계획은 곧 소작문제"이다. 그럼에도 불구하고, 현재의 가혹한 소작조건과 고율소작료는 그대로 둔 상태에서 이루어지는 갱생운동은, 설사 이를 통해 소작인의 경제갱생이 이루어졌다 하더라도 그것은 "결국 지주에 대한 지불능력의 향상이며 소작료의 유지, 증징"에 기여하는 것밖에 되지 않는다. 久間健一은 이 점에서 이 운동이 "지극히 농민적이고 또 그 동안의 증산정책의 기저에 흐르는 것과 그 성격을 현저히 달리"하는 것처럼 보이지만, 실상은 "종래의 농업정책과 마찬가지로 단순히 증산을 기조로 하는 지주 본위의 것이라 하지 않을 수 없다"고 보았다. 농촌진흥운동이 종종 '관제 농촌운동'[75]으로 불리거나 지주들이 이 운동을 '강 건너 불구경하듯'(『朝鮮農政の課題』, 356쪽) 보는 이유는 바로 이 때문이라는 것이다.

그렇다면 '조선농지령'은 어느 정도 농민의 갱생에 도움을 줄 것인가. 久間健一은 "조선농지령이야말로 증산정책의 치명적인 결함인 분배문제를 해결하는 시정이래의 善政"이며, "농업정책에서 중대한 전환, 즉 지주적인 것에서 농민적인 것으로의 일대 전향"[76]이라고 일정 정도 의미를 부여를 하고 있다. 특히 농지령이 '소작권의 확립'과 중간 착취의 배제에 기여하여, 소작농에게 어느 정도 경제적 안정을 부여한 것은 부인할 수 없는 사실이라고 평가한다. 그렇지만 그는 현행 농지령이 농민경제의 갱생을 가장 어렵게 만드는 장애요인인 고율소작료에 대한 규제가 미흡하다는 점이 가장 커다란 문제점이며, 바로 이 점 때문에 "경작권의 확립에 의해 증대된 이익은 지주의 소작료 증징의 기회만을 증가시켜, 결국 지주적 이익의 확보로 이어짐으로써 소작농

---

75) 『朝鮮農政の課題』, 355쪽.
76) 위의 책, 53쪽.

의 진정한 안정과 향상을 기대하기 어렵다"고 파악한다. 이러한 이유로 일련의 관변 농정책들이 농가갱생을 위한 타개책이 되지 못한다면, 久間健一이 생각하는 진정한 농촌갱생의 방도는 무엇인가. 우리는 여기에서 그가 농업문제의 근원을 권력과 자본에서 구하고 있음을 상기할 필요가 있다. 특히 자본이 어떻게 농민을 지배하여 그들을 '기아수출'로 내몰고 있는지, 그리고 '가혹한 소작조건' 위에 전개되는 농정은 아무리 농민 본위의 농정이라고 선전해도 결국 지주농정일 수밖에 없음을 지적한 사실을 상기할 필요가 있다. 이로부터 우리는 그가 생각하는 진정한 갱생의 길이 자본의 농촌지배의 배제와 소작관계의 시정일 것임은 충분히 짐작할 수 있다.

농촌갱생정책은 현재의 농촌기구 하에 주어진 조건 하에서 소기의 성과를 기대할 수 있을까. 우리들은 그 정책의 전제로서 무엇보다 우선 조선 농촌경제에서 자본지배를 통제 조화함과 동시에 이러한 지배에 대한 공동방어의 조직을 농민에게 부여하고, 다른 한편 완고한 흡착성을 가지고 있는 봉건유제를 철폐할 필요성을 통감한다. 이를 위해 관청에 의해 행해지는 권력적인 개발과정은 그 방향을 전환하고, 자본지배의 수정과 이에 대한 방어, 그리고 봉건유제의 배제를 향하여 권력적인 觸擊을 농민 정책적 견지 하에 강력하게 가해야 한다고 확신한다. 이러한 전제 하에서만 진정한 농민갱생의 목적을 달성할 수 있다고 생각한다. 권력적인 것은 현재 손잡고 있는 '자본제적인 것'과 '봉건적인 것'을 재음미하여, 통제, 조화와 폐지를 향해 매진해야 한다. 이것은 종래 답습해 온 자본주의적 농업정책의 수정과 농민적이면서 농촌적인 새로운 정책의 재편성을 필요로 하는 이유이다. 요컨대 조선농업의 기저에 흐르고 있는 것으로부터의 전면적인 방향전환, 이것이야말로 현하 조선 농촌에 있어서 기본적인 救命策이다.[77)]

---

77) 『朝鮮農政の課題』, 26쪽.

그에 따르면 자본이 농촌을 지배하는 한, 농가갱생은 불가능하며 자본의 지배와 농촌구제는 서로 화해할 수 없다.

농업개량증식이 반드시 그만큼 농민의 복지는 아니라는 사실을 잊어서는 안된다. 오히려 지주적 직능이 강렬한 지방일수록 農産의 발달은 현저하지만, 반대로 농민생활은 궁핍의 도는 심하다. 이것은 지주적 직능이 작용하는 바, 당연한 귀결이다. 지주적 직능의 현재의 성격은 본질상 농민의 경제생활 향상과 서로 양립할 수 없다. 그것을 발전시키는 것은 농촌갱생 위에 중대한 장애물이다.[78]

그는 자본 배제의 구체적인 방안으로 '자본의 농민적 소유'와 이를 기초로 하는 협동조직에 의한 자본소유를 제시하고 있다.

이처럼 자본의 이윤에 대한 추구 욕구를 제한하고 규정을 가하는 것이 극히 필요하지만, 억제의 정도에 따라 자본의 이익이 부정되고 그렇기 때문에 농업기구로부터 자본이 퇴각할 가능성이 있다. 이 점 때문에 위정자들은 이러한 혁신 정책을 주저하고 있다. 따라서 현 상황에서 이것을 가능하게 하기 위해서는 자본의 농민적 소유의 기초를 확립할 필요가 있는데, 현재로는 농민의 협동조직에 의한 자본소유의 조

---

78) "지주적 직능의 성격은 한마디로 말하면 자본주의적이다. 이들은 농민의 경영 혹은 생활에서 안정과 향상과 같은 것은 전혀 고려할 필요가 없다. 왜냐하면 이를 고려하면 자신의 기업적 이익의 증대확보와 충돌하기 때문이다. 가령 지주가 농민의 경제적 복지에 대해 어떤 방도를 내놓아도 그것은 자신의 이익에 영향이 없는 한도 내에서 행해지거나 아니면 자신의 이익을 보호하기 위해 복지적 시설의 가면 하에 행해지고 있을 뿐이다.……농민의 갱생을 목적으로 하는 저 농촌진흥운동에 대해 지주가 왜 냉담한가를 돌이켜보라.……농민의 농촌경제의 갱생에 대해 지주의 협력을 진실로 기대하려고 하면, 지주적 직능에 근본적인 조정을 가하는 것 이외의 방도는 없다."(위의 책, 353쪽).

정을 도모하는 것 이외는 방안이 없을 것이다. 구체적으로 말하면 산업조합조직의 결성이고, 조선에서 금융조합 조직의 확충 강화이다.[79]

久間은 자본지배를 배제하기 위해 이처럼 자본의 농민적 소유를 추구하는 한편으로, 권력에 대해서는 자본 동원의 개발정책과 지주적 직능에 의존하는 증산정책의 수정을 요구하였다.

시정 이래 1/3세기의 금일까지, 조선농업의 지도자는 지주적 직능에 대해 실로 무비판적이었음을 부인할 수 없다. 오히려 增産적 개발에 급급한 나머지 이들의 협력자로서의 一面만이 강조되어, 그 직능이 농민생활에 미친 영향에 대해서는 간과해왔다. 아니 농업의 자본주의적 개발에 있어서 그 직능에 대한 비판과 음미는 강한 '禁令'이자, 언급하지 말아야 할 것으로 되어 왔다. 그러나 그 금령은 결코 허락되어서는 안된다.[80]

그는 또 이러한 조치가 "필연적으로 지주들의 기업적 이익을 제한"하게 되므로 단순히 '懇談'(지주간담회 : 인용자) 수준만으로 달성할 수 있는 성질이 아니기 때문에 "강력한 확신과 권위를 가지고 추진"할 필요성이 있음을 역설하고 있다. 즉 그는 총독부에 대해 지주들의 반대에 굴복하지 말고 농촌갱생의 대의를 위해 강력한 권위로 밀어붙일 것을 주문하고 있는 것이다.

久間健一은 이처럼 '자본지배의 배제=지주 직능의 제한'과 함께 농촌갱생의 두 번째 방안으로 '토지소유관계의 개혁'을 제시하였다. 그는 "토지소유관계의 개혁이야말로 소위 농업문제의 핵심이라고 많은 사람들에 의해 누누이 주장되고 있지만, 여기에서도 이것을 강조하지 않

---

79) 『朝鮮農政の課題』, 443쪽.
80) 위의 책, 353쪽.

을 수 없다"[81]고 지적하면서, "조선의 현재 토지소유의 불균등은 근대적 개발과정 이전부터 그 초석이 생성되었지만, 일본 투자가의 진출에 따라 점차 집적 경향에 박차를 가해온 것은 이미 많은 연구에 의해 증명"된 바 있으며, 특히 "산미증식계획의 실시 이후 수리조합 등에 의한 소유의 집적이 더욱 촉진된 것은 주지의 사실"임을 상기시키고 있다. 즉 그는 일제강점기 수많은 자작농가의 몰락과 그 귀결인 극한적인 토지소유의 불균등 발전은 자본의 농촌지배의 산물로 파악하고 있는 것이다. 또한 그는 경제학자답게 "농업에서의 경영이 자작경영보다도 소작경영에서 불리하다는 것은 하나의 정설이며, 일국의 농민조직에서 자작경영이 많을수록 강건하다는 것은 통설"이라고 주장하면서, 토지소유관계의 개혁의 필요성을 옹호하고 있다.[82] 요컨대 조선 농촌의 진정한 갱생의 길은, 久間에 따르면, '자본의 농촌지배의 배제=자본의 농민적 소유'와 '토지소유관계의 개혁=토지의 농민적 소유' 이 두 가지로 요약된다.

4. 맺음말

이상에서 보았듯이 久間健一은 일제하 참담한 농촌현실은 외래적인 자본과 권력, 이 양자가 합작하여 빚어낸 산물이라 파악하였다. 극단적인 토지소유의 불균형과 봉건적인 소작관행의 잔존 역시 그에 따르면 자신의 이윤 확보에만 열을 올리고 있는 자본의 농촌지배의 결과물이었다. 그는 이런 관점에서 조선 농촌의 진정한 갱생의 길은 농촌으로부터 자본의 지배를 배제하고 왜곡된 토지소유관계를 개혁하는 것밖

---

81) 위의 책, 429쪽.
82) 「自作農地의 生産力」, 『朝鮮總督府調査月報』 1944. 5.

에 없다고 파악하였다. 바로 이 점이 그가 총독부가 농가갱생을 내세우면서 전개하는 일련의 농정책들이 모두 似而非 농정책이며 결국 기존의 지주 본위의 농정책에 불과하다고 비판하는 근본 이유였다. 그에게 있어서 자본의 농촌지배와 농촌갱생은 결코 양립할 수 없는 불과물의 관계였던 것이다.

우리는 그의 이러한 농정론이 어느 정도 정책에 반영되었는지 알 수 없다. 총독부 내에서 그의 지위가 그렇게 높지 않고『朝鮮農政の課題』의 출판 이후 그 자리마저 물러난 것으로 보아 영향력보다는 아마 경원시되었을지 모른다. 다만 여기에서 우리의 관심은 久間健一은 자신의 농업론이 자본과 권력 양측 모두로부터 별로 환영받지 못할 것을 알면서, 심지어 '금기'라는 사실을 잘 알고 있음에도 불구하고 왜 권력에 도전하는 농정책을 제시하였는가 하는 것이다. 유감스럽게도 우리는 현재 그의 내면의 사상의 흐름을 보여주는 자료를 갖고 있지 않다.[83] 단지 여기에서 우리는 그가 쓴 논문의 다음과 같은 구절에서 대략 그 이유를 추측해 볼 따름이다.[84]

참담한 농민의 궁핍이 지도자로 하여금 언급해서는 안될 지주의 직능을 비판하고 음미하지 않으면 안되는 사태까지 몰고 왔다.

---

[83] 수원농림학교 졸업 이후 걸어온 전 과정을 보면 그는 운동가도 아니며 사상가도 아닌 것은 분명하다. 필자가 읽어본 그의 글 어디에서도 '주의자'나 이에 공감한 학자들이 인용된 적은 거의 없다. 굳이 들자면 백남운의 논문이 한번 인용된 것이 유일하다. 그가 자주 인용하는 사람은 그의 학문적 후원자였던 東畑精一과 小農주의자인 橫井時敬, 那須晧, 澤村康, 그리고 자유주의자 矢內原忠雄 정도이다.

[84]『朝鮮農政の課題』, 353쪽.

50

久間健一의 약력 및 저술 목록

약력

1902년 愛媛현 출생

1923. 4 수원고등농림학교 졸업

1923. 4~1926. 10 강원도 춘천 도종묘장 도기수

1926. 10~1930. 7 수원고등농림학교 조교수

1930. 7~1934. 7 충청남도 소작관보(내무부 농림과)

1933 소작관으로 승진

1934. 7~1937 황해도 도소작관(내무부 농림과)

1937~1944. 3 경기도 도소작관(농촌진흥과 농정과 산업부)

1944~1945. 8 의원 면직 후 조선농회 조사과장

1945. 11 渡日

1946~1953 일본 佐賀현 농림부장

1953~1960년대 농림성농업기술연구소 農林 技官

저서

『朝鮮農業の近代的樣相』, 西ケ原刊行會, 1935.

『朝鮮農政の課題』, 成美堂書店, 1943.

『朝鮮農業經營地帶の研究』, 農林省農業總合研究所, 1950.

『農業經營の構造 : 佐賀段階の構造』, 養賢堂, 1956.

『農業地域に關する文獻目錄』, 農林省農業技術研究所 土地利用剖, 1960.

수필

「處世の眞諦」, 水原高等農林學校교우회편, 『수원학보』 18-1, 1925.

논문

1. 「江原道に於ける農業教育の一般と其の批判」(1)・(2), 『水原學報』 18-9, 10, 1925.

2. 「農村に於ける經濟的團體の活動率に就て」, 『수원학보』 18-11, 1925.

3. 「小農の抵抗性に關するチヤヤノフの理論」, 『수원학보』 21-2, 1928.

4. 「小作問題の重要性に就て」, 『朝鮮農會報』 제4권 9호, 1930.

5. 「單純穀作經營組織の經濟的點檢」, 『朝鮮農會報』 제5권 3호, 1931(『朝鮮農業の近代的樣相』에 수록).

6. 「農民家族經濟と其の經營規模に關する硏究－特に小作農民の家族經濟及び其の經營に就て」, 『水原高等農林學校創立25周年紀念論文集』, 1932(『朝鮮農業の近代的樣相』에 수록).

7. 「勞動隊制度と雇只隊制度」, 『水原高等農林學校創立25周年紀念論文集』, 1932(『朝鮮農業の近代的樣相』에 수록).

8. 「忠淸南道に於ける小作制度の硏究」, 『水原高等農林學校創立25周年紀念論文集』, 1932.

9. 「朝鮮米の價格及移出量の季節的變化」, 『朝鮮農會報』 제6권 4호, 1932(『朝鮮農業の近代的樣相』에 수록).

10. 「당진지방에서 품팔이 소에 관한 연구」, 『朝鮮農會報』 6-7, 1932.

11. 「朝鮮に於ける農地の分配に就て」, 『朝鮮農會報』 제6권 9호, 1932(『朝鮮農業の近代的樣相』에 수록).

12. 「合德百姓一揆硏究」, 『朝鮮農會報』 제6권 2호, 1932(『朝鮮農業の近代的樣相』에 수록).

13. 「野の言葉：마름」, 『農業經濟硏究』 8권 4호, 1932(『朝鮮農業の近代的樣相』에 수록).

14. 「委託耕作制度の硏究」(1)~(4), 『朝鮮農會報』 제7권 1~4호, 1933(『朝鮮農業の近代的樣相』에 수록).

15. 「朝鮮小作令を繞する諸運動の展望」, 『農業經濟硏究』 제10권 2호, 1934(『朝鮮農業の近代的樣相』에 수록).

16. 「朝鮮農業經濟論」, 1935(『朝鮮農業の近代的樣相』에 수록).

17. 「小作地の經濟的諸量に關する統計的硏究」(1)~(3), 『朝鮮農會報』 11-4, 5, 6, 1937.

18. 「朝鮮農業の基底を流れるもの」, 『농업경제연구』 13-1, 1937(『朝鮮農政の課題』에 수록).

19. 「農政に於ける矛盾と調和」, 『朝鮮行政』 1937. 12(『朝鮮農政の課題』에 수록).

20. 「朝鮮にける小作問題の展開性：特に地主と農民の性格中心して」, 『農業と經濟』 4-6, 1937

21. 「檢査制度と小作問題」, 『朝鮮行政』 1938. 6(『朝鮮農政の課題』에 수록).

22. 「朝鮮農地令と耕作分散の諸問題」, 『農業と經濟』 5권 2, 3호, 1938(『朝鮮農政の課題』에 수록).

23. 「農民の貧窮と廢頹(農民の貧窮と不正：巨大米作農場を中心して)」, 『農業と經濟』 5-7, 1938(『朝鮮農政の課題』에 수록).

24. 「朝鮮に於ける農民經營の零細性」, 『帝國農會報』 제28권 11호, 1938(『朝鮮農政の課題』에 수록).

25. 「農地令第16條と民法第609條の收益は純收益と解す」, 『農業經濟研究』 14-1, 1938(『朝鮮農政の課題』에 수록).

26. 「農業指導情神の展開」, 『朝鮮行政』 1939. 2(『朝鮮農政の課題』에 수록).

27. 「朝鮮に於ける小作料減免制度の展開」, 『農業と經濟』 6-11, 1939(『朝鮮農政の課題』에 수록).

28. 「地主的職能の調整」, 『社會政策時報』 229, 1939(『朝鮮農政の課題』에 수록).

29. 「朝鮮農業の強靭性と脆弱性」, 『朝鮮行政』 1940. 10(『朝鮮農政の課題』에 수록).

30. 「朝鮮農業に於ける水利問題」, 『帝國農會報』 38-10, 1940(『朝鮮農政の課題』에 수록).

31. 「現下朝鮮農業の課題」, 『金融組合』 152, 1941. 6.

32. 「農業經營適正規模の文獻目錄」, 『朝鮮行政』, 1941. 6.

33. 「朝鮮農業に於ける增産政策の新展開」, 『農業と經濟』 8-5, 1941(『朝鮮農政の課題』에 수록).

34. 「農村再編成の課題」, 『朝鮮』 330, 1942. 11(『朝鮮農政の課題』에 수록).

35. 「朝鮮不在地主論」, 『朝鮮』 343, 1943. 12.

36. 「農民經營の零細性」, 『朝鮮』 1943. 12.

37. 「生産力擴充政策の展望」, 『朝鮮』 1943. 12(『朝鮮農政の課題』에 수록).

38. 「自作農地の生産力」, 『朝鮮總督府調査月報』 1944. 5.

39. 「開拓政策の諸問題」, 『朝鮮農會報』 18-9, 10, 1944.

40. 「零細化と土地問題」, 『朝鮮農政の課題』, 1943.

41. 「農民移出の必然性」, 『朝鮮農政の課題』, 1943.

42. 「巨大地主の農民支配」, 『朝鮮農政の課題』, 1943.

43. 「農業機構の再編成」, 『朝鮮農政の課題』, 1943.

44. 「厭農思想に就て」, 『朝鮮農政の課題』, 1943.

45. 「朝鮮農業의 展望」,『京城大學報』67, 1944.
46 「亞米利加農村社會の構造」(飜譯),『朝鮮』 1944.
47. 「ウネの經濟性について - 二つの佐賀段階」,『農業と經濟』20-11, 1954.
48. 「零細專業と零細兼業」,『農業と經濟』24-12, 1958.

1930년대 조선총독부 殖産局의 구성과 공업화정책

이 상 의[*]

1. 머리말

일제하 조선의 경제구조는 당시 사회의 내적 조건에 따라 편성될 수밖에 없었지만, 그 방향은 지속적으로 일본 본국의 이윤 증가를 위한 경제정책의 변화에 따라 규정되고 있었다. 특히 대공황 이후 일제가 경제통제를 실행하고, 조선총독부도 일본과 조선·만주를 자급적 블록으로 구성하여 일본 자본주의의 위기를 벗어나고자 했던 1930년대에는 일본 본국과 독점자본의 이해가 직접적으로 조선 내에 반영되었다.

1930년대 일본 국내의 경제정책과 관련하여 조선총독부는 조선에서 농업과 공업을 경제통제의 두 축으로 정하는 農工竝進 방침을 실현해 갔다. 일제강점 전반기 경제정책의 중심이 농업정책에 놓여 있었다고 한다면, 1930년대 이후의 경제정책은 농업에 대한 투자의 일부를 공업으로 전환함에 따라 군수산업 발흥을 위한 공업화정책의 비중이 크게 부각되었다. 당시 총독 宇垣一成은 조선 농업·농민문제에 대한 타개

---

* 연세대학교 국학연구원 연구교수.

책은 공업화에서 구해야 한다고 강조하였다. 그는 특히 일본·조선·만주를 잇는 일제의 자급적 블록경제체제 구상 속에서, 조선이 원료와 동력, 노동력, 판로 등 제방면에서 공업발전의 이점이 있다는 점에 주목하여, 朝鮮의 물적 기초로서 공업에 큰 비중을 두고 있었다.[1]

이 시기 경제정책의 전환에는 '조선공업화'를 주창하던 宇垣一成의 구상과도 관련하여 총독부 내의 殖産局, 그중에서도 商工課의 영향력이 크게 작용하고 있었다. 식산국장과 상공과장 인맥은 총독의 지원하에 공업화정책을 비롯한 경제정책, 나아가 사회정책의 결정에도 막강한 영향력을 미치고 있었다. 따라서 일제의 경제통제 과정에서 조선에서 시행된 경제정책의 성격을 고찰하기 위해서는 조선총독부의 기구구성과 관료제의 실상이 연구되어야 하고, 그중에서도 특히 상공업정책을 담당하였던 식산국 상공과의 기구적 특질에 대해 분석하는 작업이 필요할 것이다.

한편 통제경제체제 하에서 생산력을 증대시키고 시장을 확대한다는 측면에서 국가와 독점자본은 그 이해가 일치하였지만, 그것을 실현하는 과정에서는 상호간의 갈등도 드러났으며, 일본 본국과 조선 내부의

---

[1] 1930년대 조선총독부의 공업화정책에 대해서는 다음의 연구가 참조된다. 小林英夫, 『「大東亞共榮圈」の形成と崩壞』, 御茶の水書房, 1975 ; 許粹烈, 「1930年代 軍需 工業化政策과 日本 獨占資本의 進出」, 『일제의 한국 식민통치』(車基璧 엮음), 정음사, 1985 ; 朴基炡, 「1930年代 朝鮮産金政策에 關한 研究」, 『經濟史學』 12, 1988 ; 全遇容, 「1930년대 「朝鮮工業化」와 中小工業」, 『韓國史論』 23, 1990 ; 河合和男·尹明憲, 『植民地期の朝鮮工業』, 未來社, 1991 ; 堀和生, 『朝鮮工業化の史的分析』, 有斐閣, 1995 ; 이승렬, 「1930년대 전반기 일본군부의 대륙침략관과 '조선공업화'정책」, 『國史館論叢』 67, 1996 ; 裵城浚, 「日帝下 京城지역 工業 研究」, 서울대 국사학과 박사학위논문, 1998 ; 김인호, 『태평양전쟁기 조선공업연구』, 신서원, 1998 ; 平澤照雄, 『大恐慌期日本の經濟統制』, 日本經濟評論社, 2001 ; 방기중, 「1930년대 조선 농공병진정책과 경제통제」, 『일제 파시즘 지배정책과 민중생활』(방기중 편), 혜안, 2004.

총독을 비롯한 관료들과의 갈등 역시 동반되었다. 그러므로 이 시기 조선총독부의 경제정책, 나아가 일제의 조선지배정책을 고찰하기 위해서는 경제통제를 둘러싼 일본 정부와 조선총독부, 그리고 일본인 자본가와 조선인 자본가, 아울러 경제정책 실현의 담당자인 노동자 간에 드러났던 다각의 갈등구조를 면밀히 살펴볼 필요가 있다.

경제정책 입안의 과정과 입안자들의 인식이 현실정책에서 어떻게 반영되는지는 그간 대부분의 연구에서 주목되지 않았으나, 최근 그와 관련된 일부의 연구에서는 일본 중앙정부와 조선총독부의 역관계 속에서 1930년대 경제정책이 결정, 진행되는 과정을 상세히 고찰하였다.[2] 그러나 조선총독부를 구성하고 있는 각 행정기구의 역할은 구체적으로 조명되지 않았고,[3] 특히 식산국과 상공과에 대해서는 그 중요성에 비해 아직 연구된 바가 없다.

본고에서는 기왕의 연구성과에 기반하여, 1930년대의 경제정책 그 중에서도 공업화정책의 입안과 실행의 주체였던 식산국, 특히 상공과의 기구구성과 그 구성원의 경제인식을 살펴보고, 이를 통해 이 시기 공업정책의 변화상을 규명하고자 한다. 우선 조선총독부 내에서 식산국이 차지하는 위상과 그 기구 구성에 대해 살펴본다. 이어 松村松盛, 渡邊忍, 穗積眞六郎으로 연결되는 식산국장과 土師盛貞, 山澤和三郎, 堂本貞一, 確井忠平, 西本計三, 井坂圭一郎으로 이어진 상공과장의 인맥 구성과 그들의 이력에 대해 고찰한다. 더불어 그들의 경제인식이 조선의 공업화정책에 어떠한 변화를 가져왔는지에 대해 규명하고자 한다.

---

2) 이승렬, 앞의 논문, 1996 ; 방기중, 앞의 논문, 2004.
3) 총독부 중앙행정기구의 기능과 성격에 대해 구체적으로 고찰한 글로는 학무국에 대한 다음 연구가 있다. 이명화, 「朝鮮總督府 學務局의 機構變遷과 機能」, 『한국독립운동사연구』 6, 한국독립운동사연구소, 1992 ; 장신, 「조선총독부 학무국 편집과와 교과서 편찬」, 『역사문제연구』 16, 역사문제연구소, 2006.

본고는 총독부 관제·인물 관련 자료와 식산국장·상공과장의 저술을 바탕으로 한 기초작업으로서, 이후 보다 정밀하게 1930년대 공업화 정책의 특성을 분석하는 후속작업으로 연결되어야 할 것이다. 그러한 방향으로 작업이 진행될 수 있다면, 일제하 특히 1930~40년대의 경제정책 이데올로기가 해방 후 남한사회에서 어떻게 연속 또는 단절되는 양상을 보이는가를 살펴볼 수 있을 것이다. 곧 본 작업은 남한 자본주의의 사상적 배경을 규명하기 위한 과정이기도 하다.

2. 식산국의 구성과 위상 변화

조선 강점 후 일제는 1910년 9월 30일 조선총독부 및 소속관서 官制를 공포하고 10월 1일부터 이를 시행하였다.[4] 총독부 관제는 대한제국과 통감부의 관청을 통합하는 형식으로 진행되어, 총무부와 내무부, 탁지부, 농상공부, 사법부의 5部를 설치하고 그 아래 9개 局을 두었다.[5] 그 중 농상공부는 서무과와 식산국, 상공국으로 구성되었는데, 1912년 4월 제1차 관제 개정시 상공국을 폐지하고 농림국을 신설하였다.[6] 이후 1915년 4월 제2차 관제 개정시에 총독부는 국장제를 폐지하면서 농상공부를 농무과, 산림과, 수산과, 상공과, 광무과의 5개 課로 구성하였다.

1919년 3·1운동을 경험한 이후 총독부는 '문화통치'의 방향으로 시정방침을 바꾸고, 그 일환으로 그 해 8월 관제도 크게 변화시켰다. 기

---

4) 『朝鮮總督府官報』 1910. 9. 30. 이를 기념하여 조선총독부는 매년 10월 1일을 시정기념일이라 칭하였다(萩原彦三, 『朝鮮總督府官制とその行政機構』, 友邦協會, 1969, 47쪽).
5) 朝鮮總督府, 『施政三十年史』, 1941, 6쪽.
6) 『朝鮮總督府官報』 1912. 3. 28.

왕의 部를 局으로 바꾸어 내무국, 법무국, 식산국, 재무국과 함께 학무국, 경무국의 6개 局을 설치하였다.[7] 이 과정에서 농상공부가 식산국으로 바뀌면서, 식산국은 비로소 독립된 하나의 局으로서 기능하기 시작하였다.[8] 식산국은 이후 1943년 12월 조선총독부 관제가 행정 중심으로 완전히 개편되는 과정에서 鑛工局과 農商局으로 그 소속부서가 재편되어 폐지될 때까지 총독부 내의 중요부서로서 유지되었다.[9]

1930년대 총독부의 중앙행정기구는 1930~32년간 총독관방과 기왕의 6개국, 그리고 산림부와 토지개량부로 구성되어 있었다. 이후 1932년 7월부터 1939년 11월까지는 총독관방과 더불어 기왕의 6局 구조에

---

7) 朝鮮總督府,『施政三十年史』, 1941 ; 萩原彦三, 앞의 책, 1969.

8)『每日申報』1919. 8. 21 ;『朝鮮總督府官報』1919. 8 20.

9) 1943년 12월 총독부는 행정부문을 초중점적으로 재편하였다. 전쟁의 패배가 가시화되는 시점에서 조선에는 식량의 증산, 지하자원과 군수물자의 개발 증진, 육해 수송력 증강, 징병 등 인적자원 활용 등의 역할이 부과되었고, 이를 수행하기 위해 기구를 가능한한 일원화하고자 한 것이다. 이에 종래의 총무, 사정, 재무, 식산, 농림, 학무, 경무, 법무, 철도, 체신, 전매 11개국과 관방 기구 중에서 재무, 학무, 경무, 법무, 체신의 5개국만 남기고 나머지를 폐지하였으며, 광공, 농상, 교통 3개국을 신설하여 8개국으로 구성하였다.
기왕의 식산국 업무 중에서 상공업관계 부문은 농림국으로 이관하고, 총무국 소관의 물동관계 사무, 사정국 소관의 토목관계 사무 중 항만관계 이외의 사무와 노무관계 사무, 농림국 소관의 산림관계 사무를 종래의 식산국에 더하고 이를 개조하여 새로이 鑛工局을 신설하였다. 광공국은 물동, 노무, 토목, 목재와 농수산물 등을 망라하여 강력하게 또 일원적으로 생산력 확충을 담당하게 되었다. 또한 종래 농림국에서는 산림부문이 제외되었지만, 별도로 상공부문을 더해 농, 수산, 상업과 생활필수 물자의 생산에서 배급까지 일관하여 담당하게 하고 이를 農商局으로 칭하였다(萩原彦三, 앞의 책, 1969, 85쪽 참조).
그 결과 鑛工局은 기획과, 광산과, 철강과, 경금속화학과, 연료과, 전기과, 임산과, 토목과, 노무과, 연료선광연구소, 착암공양성소, 임업기술원양성소, 토목시험소로 이루어지고, 農商局은 농무과, 양정과, 농업자료과, 경지과, 수산과, 상무과, 농업토목기술원양성소로 구성되었다(배성준,『조선총독부 조직구조와 분류체계 연구』, 한국국가기록연구원, 2004, 105쪽).

농림국을 추가 설치한 내무국, 법무국, 식산국, 농림국, 재무국, 학무국, 경무국의 7局 구도로 유지되었다.[10]

그 중 식산국은 조선의 산업정책 제반을 담당하던 부서로서, 경제정책의 방향이 전환될 때마다 그 영향력은 이내 식산국의 부서 구성에 반영되었다. 1930년대 農工倂進의 경제정책이 강조되면서 총독부 조직은 식산국의 기능을 강화하는 방향으로 개편되었다. 식산국은 商工課, 農務課, 鑛務課, 水産課 그리고 燃料選鑛硏究所, 地質調査所, 商工獎勵館 등으로 구성되어 있었다. 만주사변 이후 총독부는 1932년 7월 식산국을 殖産局과 農林局으로 분리하여 상공업정책과 농촌진흥정책을 보다 구체적으로 추진하고자 하였다. 분리된 식산국 산하에는 상공과, 광무과, 수산과를 두어 상업, 공업, 광업, 수산업을 통괄하게 하였고, 1930년 4월 설치된 商工獎勵館과 지질조사소, 연료선광연구소를 두어 상공업과 광업 부문을 강화하였다. 또한 농림국에는 토지개량부와 산림부를 흡수 통합하여 그 산하에 農務課, 土地改良課, 水利課, 林政課, 林業課를 두고 축잠업과 임업 관련 업무를 통괄하게 하였다.[11] 이 해부터 경제갱생과 자작농창정을 내세운 농촌진흥운동이 시작되면서 1933년에는 農政課의 업무에 농촌진흥, 자작농 창설·유지 등의 업무를 추가하였고, 1936년 10월 농림국에 農村振興課를 설치하여 농촌진흥운동을 전담하게 하였다.[12]

중일전쟁 이후 전시체제가 본격화하면서 생산력 확충이 요구되자 총독부는 식산국 기구를 급속히 확대하고 그 역할을 강화하였다. 1938년 4월 度量衡所를 설치하였고,[13] 5월에는 産金課와 鑿岩工養成所를,

---

10) 京城日報社·每日申報社 編,『朝鮮年鑑』각년도판 '朝鮮總督府官制'.

11) 「彙報 - 本部事務分掌規則中改正」,『朝鮮』208, 1932. 9, 161~162쪽 ;『朝鮮總督府官報』1932. 7. 27 ;『東亞日報』1932. 7. 28 ; 京城日報社·每日申報社 編,『朝鮮年鑑』, 1934년판, 63쪽.

12) 배성준, 앞의 책, 2004, 11~12쪽.

<표 1> 식산국 소속 부서 변동 상황

課 \ 연도	10~17	18~19	20~21	22~25	26	27	28~29	30~31	32	33	34~37	38	39	40	41	42	43
상공과																ⓗ	
수산과																ⓘ	
광무과										ⓓ							
농무과									ⓒ								
산림과					ⓐ												
지질조사소																	
토지개량과						ⓑ											
燃料選鑛研究所																	
개간과						ⓑ											
水利課						ⓑ											
상공장려관																	ⓜ
광산과															ⓖ		ⓝ
度量衡所										ⓔ							
産金課																	ⓞ
鑿岩工養成所																	ⓟ
연료과																	ⓠ
임시물자조정과												ⓕ					
물가조정과																ⓙ	
전기제1과																	ⓡ
전기제2과																	ⓡ
광정과																ⓚ	
특수광물과																ⓛ	
철강과																	
물가과																	ⓢ
광업정비과																	ⓣ
岩盤工養成所																	

비고 :

ⓐ 1926년 6월 총독부 직할 산림부 설치로 산림부 임무과, 임산과, 조림과로 개편

ⓑ 1927년 5월 총독부 직할 토지개량부 설치로 각각 토지개량부 토지개량과, 개간과, 수리과로 개편

ⓒ 1932년 7월 식산국을 농림국(농무과, 토지개량과, 수리과, 임정과, 임업과)과 식산국(상공과, 광무과, 수산과, 연료선광연구소, 상공장려관)으로

---

13) 度量衡所의 역할은 度量衡器와 計量器의 製造, 販賣, 檢定, 取締를 관장하는 것으로서, 도량형의 검정, 판매는 1910년부터 상공과의 중요한 역할 중 하나였다(『朝鮮總督府官報』 1938. 8. 1 ; 萩原彦三, 앞의 책, 1969, 7쪽).

분리하면서, 농림국 농무과로 개편

ⓓ 1933년 6월 광산과로 개칭

ⓔ 1938년 9월 상공과로 통합

ⓕ 1939년 11월 임시물가조정과와 자원과를 합쳐 총독부 직할 기획부 설치

ⓖ 1941년 11월 광정과로 개편

ⓗ 1942년 6월 상공제1과, 상공제2과로 개편. 같은 해 11월 다시 상공과로 개편.

ⓘ 1942년 11월 농림국에서 식량조사과를 폐지하고 수산과를 설치하면서 식산국에서 수산과 이관

ⓙ 1942년 11월 물가과로 개편

ⓚ 1942년 11월 광산과와 철강과로 분리

ⓛ 1942년 11월 광산과로 통합

ⓜ 1943년 12월 폐지

ⓝ 1943년 12월 식산국과 농림국이 광공국과 농상국으로 개편되면서, 광공국 광산과로 개편

ⓞ 1943년 5월 광업정비과로 개칭

ⓟ 1943년 12월 광공국 착암공양성소로 개편

ⓠ 1943년 12월 광공국 연료과로 개편

ⓡ 1943년 12월 전기 제1, 2과가 광공국 전기과로 통합 개편

ⓢ 1934년 12월 농상국 상무과로 통합

ⓣ 1943년 12월 광공국 광산과로 통합

참고 :『東亞日報』; 京城日報社・每日申報社　編,『朝鮮年鑑』 각년도판 ;
　　　『朝鮮總督府官報』; 朝鮮總督府,『施政三十年史』, 1941 ; 萩原彦三,
　　　『朝鮮總督府官制とその行政機構』, 友邦協會, 1969, 付表「朝鮮總督
　　　府及所屬官署分課一覽表＝昭和18年 9월 현재」; 李太一,「식민지 통
　　　치기구의 정비와 운용」, 車基璧 엮음,『일제의 한국 식민통치』, 정음
　　　사, 1985, 46~77쪽 ; 미야타 세쓰코 해설・감수, 정재정 번역,『식민
　　　통치의 허상과 실상』, 혜안, 2002, 53~57쪽 ; 배성준,『조선총독부 조
　　　직구조와 분류체계 연구』, 한국국가기록연구원, 2004, 103~105쪽.

이어 9월에는 臨時物資調整課와 燃料課를 차례로 설치하였다. 임시물
자조정과는 물자동원계획과 생산력확충계획에 따른 물자수급 관련 업
무를 담당하였으며,[14] 연료과는 연료자원 개발과 연료정책 수립에 관

---

14) 전쟁이 장기화하면서 각 분야에 걸친 종합적인 동원계획을 수립, 시행, 조정

한 업무를 담당하였다. 또한 1940년 2월에는 물가조정과를 설치하여 각종 가격의 통제 업무를 맡게 하였다.[15] 곧 중일전쟁 이후 물자의 유통과 광업관련 부서가 식산국 내에 집중적으로 증가하였고, 1940년대 들어서도 광업관련 부서가 계속 증가하고 있었다. 전시하에 총독부의 경제정책이 조선의 광물자원 동원에 치중해 있었기 때문이다.

식산국 중에서도 상공과는 상공 일반, 상공업기구, 시장, 제조업, 회사, 도량형, 물가에 관한 업무를 담당하고 있었다.[16] 상공과는 1910년 9월 농상공부 상공국 상공과로 시작하여, 1912년 농상공부 식산국 상공과로 바뀌었다가, 1915년 局 제도가 폐지되면서 농상공부 상공과로 되었다. 이후 1919년 8월 관제 개정으로 식산국에 소속되면서 1943년 12월 농상국 상무과로 바뀔 때까지 그 체제로 조선에서의 상공업정책을 관장하고 있었다.[17]

1910년 출발 당시 상공과의 업무는 ① 상공업 ② 도량형 ③ 공업전습소에 한정되어 있었지만, 1912년에는 ① 상공업 ② 회사 ③ 박람회, 공진회와 상품진열관 ④ 도량형 ⑤ 중앙시험소 및 공업전습소로 확대되었고, 1916년에는 ② 회사 조항이 회사, 상업회의소 및 중요물산동업조합으로 확대되었다.

공업화정책이 추진되던 1930년대 상공과는 <표 2>에서 보듯이 ① 상공업 관련 사항 ② 상공회의소, 주요물산동업조합, 산업조합 및 취인소 관련 사항 ③ 박람회 및 공진회 관련 사항 ④ 도량형 관련 사항 ⑤ 중앙시험소 관련 사항 ⑥ 局內 타과의 주관에 속하지 않는 사항을 그

할 필요에서, 1939년 11월 총독부는 임시물자조정과와 자원과를 통합하여 총독부 직할로 企劃部를 설치하였다(배성준, 앞의 책, 2004, 14쪽).

15) 朝鮮總督府, 『施政三十年史』, 1941, 413쪽.

16) 배성준, 앞의 책, 2004, 47쪽.

17) 『朝鮮總督府官報』 1943. 12. 8 ; 朝鮮總督府, 『施政三十年史』, 1941 ; 萩原彦三, 앞의 책, 1969 참조.

업무로 하였다. 상공업 관련 연구, 제조, 전시, 판매, 관련단체 관리 등 전반에 관한 일을 상공과에서 관장하고 있었으며, 상공과장이 상공장려관장을 겸하였다.[18]

특히 상공과에서는 상공업 진흥에 관련되는 제반 기초자료를 조사하여 꾸준히 발표하고 이를 정책결정의 기초로 삼았다. 상공과에서 1930년대에 발간한 조사자료를 보면, 가내공업 통계, 공업생산액, 공산품 수급상황, 공장수와 종업자수, 노동시간과 임금지불액, 물가지수, 보험통계, 시장통계, 취인소 사업, 회사통계 등을 내용으로 하는 것이었다. 그리고 이러한 조사자료를 모아 『朝鮮의 商工業』, 『朝鮮工業의 現勢』, 『朝鮮工業調査』, 『朝鮮工場名簿』, 『朝鮮新興工業의 展望』, 『朝鮮度量衡關係例規』 등의 단행 저서를 출간하기도 하였다.[19]

---

18) 京城日報社·每日申報社 編, 『朝鮮年鑑』, 1934년판, 62쪽.
19) 이외 식산국에서 행한 조사를 보면, 먼저 광업에 관련된 것으로 광산물수이출입액, 광산액, 광업권설정, 광업권이전, 金地金及金鑛石移出入高, 석탄수이출입고, 주요광산금산액, 주요광산산액, 주요금산산액, 주요철광산산액, 주요탄광출탄고, 蹄鐵工, 炭田, 特種 鑛物資源 등을 조사하였다. 또한 농축잠업에 관련해서는 家蠶絲生産狀況, 農事講(傳)習所, 繭販賣狀況, 道原蠶種製造所試驗, 樹苗需給槪況, 植桑成績, 양잠상황, 原蠶種製造所試驗, 原蠶種製造所業務成績, 이입잠종, 蠶業取締所 업무성적개요, 蠶種製造者事業資金借入金利, 稚蠶共同飼育成績, 家畜家禽頭羽數, 가축두수, 養兎, 牛馬烙印, 축산동업조합업무개황, 축산업자 등에 관한 조사를 행하였으며, 수산업에 관련해서는 수산단체, 수산생산고, 水産養殖種類別面積收穫高, 水産業者用船舶, 수산제조고, 鰯油及鰯搾粕, 漁船遭難, 어시장매상고, 漁業別漁獲高, 種類別漁獲高 등을 조사하였다. 식산국에서는 이러한 조사 결과를 『選鑛 製鍊 試驗報告』, 『鑛區一覽』, 『鑛夫勞動事情』, 『特殊鑛物과 그 開發 現況』, 『滑石鑛業』, 『朝鮮의 水鉛鑛業』, 『重石鑛業螢石鑛業』, 『鑛業槪況』, 『石炭分析表』, 『炭田調査』, 『特種 鑛物資源 調査』, 『小作及管理契約證書實例』, 『沿岸의 賭地實行』, 『外國의 小作關聯 法令』, 『朝鮮의 小作關聯 法令』, 『朝鮮의 繭』, 『朝鮮의 農業事情』, 『朝鮮의 米』, 『朝鮮農業倉庫關係例規』, 『朝鮮의 蟲』, 『朝鮮의 畜産』, 『朝鮮의 水産』 등의 단행본으로 발행하기도 하였다.

<표 2> 1930년대 식산국 소속 부서의 역할

	담당 업무	설치 시기	비고
상공과	① 상공업 관련 사항 ② 상공회의소, 주요물산동업조합, 산업조합 및 취인소 관련 사항 ③ 박람회, 공진회 관련 사항 ④ 도량형 관련 사항 ⑤ 중앙시험소 관련 사항 ⑥ 局內 타과의 주관에 속하지 않는 사항	1910.10 (농상공부 상공국)	1930.4 상공장려관 설치로 ③에서 상품진열관 삭제 1937.6 ②에서 산업조합 삭제 1938.4 도량형소 설치로 ④항 삭제 1938.9 ⑤ 중앙시험소 및 도량형소로 개정
광무과	① 광업 및 광업령에 의한 토지 사용과 수용 관련 사항 ② 지질조사소 관련 사항	1910.10 (농상공부 상공국)	
수산과	① 수산 관련 사항 ② 수산조합과 어업조합 관련 사항 ③ 수산시장 관련 사항 ④ 수산시험장 관련 사항	1910.10 (농상공부 식산국)	1937.4 ④ 수산시험장 및 수산제품 검사소로 개정
지질조사소		1918.5 (농상공부)	
연료선광 연구소	① 선광 제련 시험 ② 석탄 기타 연료의 조사 연구 ③ 광물의 분석 시험, 감정	1922.10	1932년 7월 이전까지는 ① 탄전 조사 ② 석탄 이용방법 조사 연구 ③ 기타 연료 조사 연구 ④ 선광 제련 시험
상공장려관	총독부 상공장려관 규칙에 의한 상품의 개량 및 판로 확장 관련 사항	1930.4	
도량형소	① 도량형기와 계량기 제작, 판매 및 수이입 ② 도량형기와 계량기 검정, 취체 ③ 기타 도량형 관련 사항	1938.4	1938.9 상공과로 이속
産金課	① 산금 관련 사항 ② 일본산금진흥주식회사	1938.5	②는 1938.9 추가

착암공 양성소	조선총독부 착암공양성소 규정에 따른 광업에 종사하는 착암공 양성에 관한 사무	1938.5	
임시물자 조정과	시국상 긴요한 물자 수급 조정	1938.9	1939.11 총독부 직할 기획부의 설치로 자원과와 함께 이관
연료과	① 연료정책 일반 ② 연료자원의 개발 촉진 ③ 연료의 유효 이용 ④ 기타 연료	1938.9	

참고 :「彙報-本部事務分掌規則中改正」,『朝鮮』208, 1932. 9, 161~162쪽 ; 京城日報社·每日申報社 編,『朝鮮年鑑』각년도판 ; 설문원, 「조선총독부 공문서를 위한 기능분류 체계」,『조선총독부 공문서의 분류·기술 방법론』, 한국국가기록연구원, 2004 부록 ; 배성준,『조선총독부 조직구조와 분류체계 연구』, 한국국가기록연구원, 2004 부록.

1942년 6월 상공과는 상공 제1, 2과로 나뉘었다. 제1과에서는 ① 공업입지의 조사, 연구 ② 중요산업단체령 ③ 공업조사 및 중요물자 현재고 조사 ④ 상업조합 및 공업조합의 지도, 감독 ⑤ 중소상공업의 대책 ⑥ 기업 허가 ⑦ 경금속 제조사업 ⑧ 금속 및 기계공업 ⑨ 화학공업 ⑩ 섬유공업 ⑪ 상공회의소 및 중요물산동업조합 ⑫ 공업협회, 발명협회 및 조선물산협회 ⑬ 중앙시험소 및 도량형소 ⑭ 局內 타과의 주관에 속하지 않는 사항을 담당하였다. 또한 제2과에서는 ① 상업조사 ② 보험 ③ 취인소 ④ 시장 ⑤ 유가증권업의 취체 ⑥ 무역 ⑦ 박람회와 공진회에 관한 내용을 담당하였다. 그러나 이내 이 해 11월 다시 상공과로 합쳐져 ① 상업일반 ② 무역 ③ 공업일반 ④ 섬유공업, 화학공업 및 잡공업 ⑤ 경금속 제조사업 ⑥ 섬유, 피혁, 생고무, 화학약품, 화학성품류, 경금속 및 잡품 ⑦ 중앙시험소 및 도량형소 ⑧ 국내 타과의 주관에 속하지 않는 사항으로 담당 업무를 재정리하였다.[20]

---

20) 배성준, 앞의 책, 2004, 103~135쪽.

곧 대공황의 위기를 경험하면서 1930년대 일제의 경제정책이 변화하는 가운데, 조선총독부는 조선 경제정책의 방향을 農工倂進으로 설정하여 새로이 공업에 대한 투자를 적극적으로 확보하고자 하였다. 이에 제반 산업에 관한 정책 운영을 담당했던 식산국은 식산국과 농림국으로 확대 분화되었고, 식산국 내에서도 상공업 부문을 담당했던 상공과의 역할이 점차 확대되어 갔다. 다음 장에서는 이러한 식산국과 상공과를 책임지고 있었던 사람들의 이력과 특징에 대해 자세히 살펴본다.

3. 식산국 구성원의 이력과 성향

식산국과 그 중에서도 상공과의 역할이 점차 확대되고 있던 1930년대에 식산국장 자리는 3명, 상공과장 자리는 6명이 거쳐 갔다. 먼저 식산국장에는 松村松盛이 1929년 11월부터 1931년 9월까지 재임하였고, 이어 渡邊忍은 1931년 9월부터 1932년 7월까지 재임하였으며, 그 다음 식산국장이 된 穗積眞六郎의 경우 1932년 7월부터 1941년 11월까지 장기간 자리를 지켰다.

<표 3>에 정리된 식산국장 각자의 이력을 살펴본다. 松村松盛은 동경제대 법대를 졸업하고 1919년 齋藤實이 조선총독에 부임할 당시 그와 함께 조선으로 건너왔다. 1924년 총독 비서관이 된 후 명비서관으로 이름을 알렸으며, 宇垣一成이 대리총독을 지낼 때도 비서과장으로 신망을 모았다. 이후 토지개량부장과 식산국장을 지내면서 産米增殖計劃 실시에 주력하는 등 이른바 산업합리화운동에 앞장섰으며, 일본자본의 유치에도 노력하였다.

<표 3> 1930년대 식산국장의 이력

이 름	재임 기간	渡鮮 시기와 직위	식산국 이외 주요 경력	출생 연도	출신 학교, 자격
松村松盛	1929.11 ~31.9	1919 총독부 참사관 (전북경찰부장)	前 : 1921 학무국 학무과장 겸 종교과장, 1923 총독 비서관, 외사과장, 비서과장, 토지개량부장 後 : 1931 일본 귀국, 1937 대동석유(주) 이사, 1939 野村생명보험 이사	1886	동경제대 법대
渡邊忍	1931.9 ~32.7	1919 총독부 도사무관 (충북 제1부장)	前 : 1922 황해도 내무부장, 1923 평남 내무부장, 1926 전북도지사, 1929 경기도 지사 식산국장과 山林部長 겸임. 後 : 1932 農林局長, 1935 퇴관, 1935 동척 이사, 1935 조선피혁(주) 이사, 조선농지개발영단 이사장, 南洋興發 감사, 海外興業 감사	1883	동경제대 법대 獨法科
穗積眞六郎	1932.7 ~41.11	1914 총독부 시보 (탁지부)	前 : 1918 총독부 사무관(총독관방 철도국 감리과), 1923 총독부 세관장, 1926 총독관방 회계과장, 1928 재무국 세무과장, 1929 총독관방 외사과장 後 : 1942 경성상공회의소 회두·조선상공회의소 회두·경성전기(주) 사장, 1943 일본상공회의소 상의원, 1944 조선흥업(주) 사장·경기도 상공경제회 회두·조선상공경제회 회두·조선비행기공업주식회사 설립, 1945 조선무연탄(주) 이사·元山北港(주) 사장·경성 일본인世話會 회장	1889 ~ 1970	1913 동경제대 법대 정치학과 졸 1914 同 대학원 수료 1914 문관 고등시험 합격

참고 : 猪野三郎 編, 『第十二版 大衆人事錄(「朝鮮」 抄錄)』, 帝國秘密探偵社 國勢協會, 1937 ; 谷サカヨ, 『第十四版 大衆人事錄 外地·滿洲·海外篇(「朝鮮」 抄錄)』, 帝國秘密探偵社, 1943 ; 嶋元勸, 『朝鮮財界の人人』, 京城日報社, 1941 ; 高橋猛, 『昭和十六年度 朝鮮人名錄』(京城日報社·每日申報社 編, 『朝鮮年鑑』 附錄), 1940 ; 高宮太平, 『昭和十八年度 朝鮮人名錄』(京城日報社·每日申報社 編, 『朝鮮年鑑』 附錄),

1942 ; 貴田忠衛, 『朝鮮人事興信錄』, 朝鮮人事興信錄編纂部, 1935 ; 阿部薰, 『朝鮮人物選集』, 民衆時論社, 1936 ; 阿部薰, 『朝鮮功勞者銘鑑』, 朝鮮功勞者銘鑑刊行會, 1935 ; 友邦協會 編, 『穗積眞六郎 先生遺筆－わが生涯を朝鮮に』, 財團法人 友邦協會, 1974 ; 東亞經濟時報社 編, 『朝鮮銀行會社組合要錄』, 東亞經濟時報社, 각년도판 ; 『朝鮮總督府官報』 ; 『東亞日報』 ; 『每日新報』 ; 『朝鮮』.

渡邊忍은 동경제대 법대를 졸업하고, 1910년부터 일본에서 관리생활을 하던 중 1919년 12월 총독부 도사무관으로 임명되어 조선에 건너온 이후 황해도 내무부장, 평안남도 내무부장을 거쳐 전라북도 지사와 경기도 지사 등을 지냈다.[21] 1931년 9월 식산국장 겸 산림부장을 지내다가 다음 해 7월 식산국이 이분되어 농림국이 신설되면서,[22] 渡邊忍은 '당연히' 초대 농림국장을 담당하게 되었다. 농림국장을 지내는 동안 佃作 12년계획 추진, 다각영농 장려, 미곡검사 국영화, 朝鮮農地令 제정 등에 관여하였고, 특히 제65회 제국의회에서 논의된 朝鮮米需給調節問題에서 조선미를 선전하여 총독부의 주장을 관철시킨 것이 알려져 있으며, '북선개척' 사업을 통해 임업의 변화를 주도한 인물로 평가되고 있다.[23]

穗積眞六郎은 동경제대 법대 졸업 후 대학원을 수료하고 1914년 문관 고등시험에 합격하면서 곧바로 총독부 시보로서 조선으로 건너와 탁지부에서 근무를 시작한 이래 일본이 패망할 때까지 줄곧 조선에서

---

21) 『朝鮮總督府官報』 1929. 1. 26.

22) 宇垣一成의 총독 부임 후 총독부는 7월 27일 칙령 제182호로 산림부를 폐지하고 농림국을 신설하였으며, 칙령 184호로 토지개량부를 폐지하고 종래 식산국에 속해 있던 농무과를 농림국으로 이관하였다. 신설한 농림국은 농무과, 토지개량과, 수리과, 임정과, 임업과로 구성하였다(朝鮮總督府, 『施政三十年史』, 1941, 289쪽).

23) 貴田忠衛, 『朝鮮人事興信錄』, 朝鮮人事興信錄編纂部, 1935, 543쪽 ; 阿部薰, 『朝鮮人物選集』, 民衆時論社, 1936, 171~173쪽 ; 『東亞日報』 1934. 2. 17.

근무한 인물이다. 총독부의 세관장, 회계과장, 세무과장, 외사과장 등을 두루 거친 후 무려 9년 4개월간 식산국장의 자리를 지켰던 그는 宇垣一成과 南次郎 총독기의 경제정책을 추진했던 대표적인 인물이라 하겠다. 1932년 식산국이 농상국과 식산국으로 분화될 때 식산국장에 임명되었는데, 식산 방면의 경험이 부족한 인물이라는 평가 속에서 부임 초반에는 고전한 듯하다. 宇垣一成, 南次郎 총독과의 긴밀한 유대관계 위에서 장기간 식산국장을 지내면서 그가 가장 중점을 둔 분야는 일본자본을 유치하여 금을 비롯한 광업자원을 개발하고 日鮮滿 경제 블록에서 조선경제의 중요성을 드러낼 각종 시설을 구축하는 것이었다. 특히 産金獎勵를 비롯하여 군수공업 관련 광업자원의 개발에 주안을 두었는데, 그의 저술 중 반 가량이 산금 혹은 탐광에 관련된 내용임을 통해서도 그의 관심을 확인할 수 있다. 이와 더불어 對 만주, 중국 수출에 관한 생산통제 수출통제책을 강구하고, 내적으로는 부업간담회와 부업 연구를 통한 농촌갱생을 꾀하는 한편 촌락협동조합에 대해서도 관심을 두었다.24) 식산국장을 지낸 이후에도 경성상공회의소와 조선상공회의소 회장, 경기도 상공경제회와 조선상공경제회 회장, 경성전기주식회사와 조선흥업주식회사·원산북항주식회사 사장, 경성 일본인 世話會 회장을 지내는 등 조선의 경제계에서 주목할 만한 다양한 경력을 지닌 인물이다.25)

---

24) 阿部薰, 『朝鮮功勞者銘鑑』, 朝鮮功勞者銘鑑刊行會, 1935, 33쪽 ; 阿部薰, 앞의 책, 1936, 176~179쪽 ; 谷サカヰ, 『第十四版 大衆人事錄 外地·滿洲·海外 篇』(「朝鮮」抄錄), 帝國秘密探偵社, 1943, 92쪽 ; 穗積眞六郎, 『わが生涯を朝鮮に』, 友邦協會, 1974.

25) 穗積眞六郎의 조선 식민통치 당시의 인식과 해방 이후 일본에서의 활동에 대해서는 정병욱, 「조선총독부 관료의 일본 귀환후 활동과 한일교섭 - 1950」·60년대 同化協會·中央日韓協會를 중심으로 - 」, 『역사문제연구』 14, 역사문제연구소, 2005 참조.

한편 상공과장은 그 상관인 식산국장의 경우 穗積眞六郞이 장기간 재임했던 데 비해 교체가 잦았고 따라서 각 개인의 임기도 짧았다. 1929년 11월 상공과장이 된 土師盛貞은 1931년 9월까지 재임하였고, 山澤和三郞은 1931년 9월부터 1935년 2월까지 상공과장을 지냈으며, 그 후 堂本貞一은 1936년 1월까지, 確井忠平은 1937년까지, 이어 西本計三이 1939년 3월까지, 그리고 井坂圭一郞은 1942년까지 상공과장의 임무를 맡고 있었다.

 <표 4>를 중심으로 1930년대 상공과장을 지낸 각 인물의 이력에 대해 살펴본다. 土師盛貞은 동경제대 법대를 졸업하고 1920년 조선에 건너온 후 주로 경무국 소속으로 업무를 담당하였다. 1920년대 말 상공과장의 자리에 올라 당시 현안이 되어 있던 取引所法 개정문제를 해결하였고, 이후 전매국장 시절에는 염전을 확장하였으며, 평안북도지사 시절 평북산업개발계획을 실시하여 총독부에서 인정받은 인물로 알려져 있다.26) 그에 뒤이어 임용된 山澤和三郞은 동경제대 법대를 졸업하고 1919년 조선에 건너와 함경남도와 전라남도의 재무부장을 지내고 전매국에서 근무하였으며, 구미지역에 시찰을 다녀온 경험을 지니고 있었다. 그는 상공과장 중에는 3년 5개월이라는 가장 긴 기간동안 임용되어 있었으며, 조선의 상공업에 관련된 글도 가장 많이 발표하였고, 그의 글이 식산국 혹은 식산국장의 주장으로 다시 발표되기도 하였다. 日滿特定運賃의 폐지가 그의 업적으로 기려졌으며, 농림국장을 지내다가 퇴관한 이후에는 동양척식주식회사·조선광업진흥주식회사의 이사와 조선전기주식회사·조선항공공업주식회사 감사 등을 지냈다.27)

---

26) 貴田忠衛, 앞의 책, 1935, 363쪽 ; 阿部薰, 앞의 책, 1936, 184~187쪽.
27) 谷サカ키, 앞의 책, 1943, 108쪽.

<표 4> 1930년대 식산국 상공과장의 이력

이름	재임 기간	渡鮮시기와 직위	상공과 이외 주요 경력	출생 연도	출신 학교, 자격
土師盛貞	1929.11 ~31.9	1920 총독부 사무관 (식산국 산림과 겸 농무과)	前 : 1922 경무국 고등과, 1925 총독관방 겸 경무국, 1927 경기도 경찰부장, 1928 체신국 海事과장 後 : 1931 전매국장, 1932 평북지사, 1935 경남지사, 1939 매일신보사 감사	1888	1915 동경제대 법대 정치학과 재학중 문관고등시험 합격
山澤和三郎	1931.9 ~35.2	1919 총독부 시보(총독관방 철도부 감리과)	前 : 1922 경기도 지방과장, 학무과장, 1924 함남 재무부장, 26 전남 재무부장, 1927 전매국 제조과장, 1931 구미 시찰 後 : 1935 농림국 농산과장, 1939 경남 도지사, 1941 농림국장, 1942 퇴관, 1942 동척 이사, 조선광업진흥(주) 이사, 조선전기(주) 감사, 조선항공공업(주) 감사	1895	1919 동경제대 법학부 독법과 1918 고등시험 행정과
堂本貞一	1935.2 ~36.1	1920 체신국 서기	前 : 1921 부산우편국 감독과장, 1922 체신국 외사과, 1923 체신국 전기과, 1926 총독부 도사무관(충북 재무부장), 1929 경북 재무부장, 인천세관장, 1931 신의주 세관장, 1932 강원도 내무부장·총독부 사무관(관방 외사과 소속으로 만주국 신경 일본대사관에서 근무), 관동군 사령부 촉탁 後 : 南洋廳 내무부장	1893	1916 동경외국어학교 독일어과 1919.10 고등시험 행정과
碓井忠平	1936.1 ~37.	1923 총독부 속(내무국)	前 : 1925 전북 학무국장, 1927 고등농림학교 강사, 식산국 토지개량부 사무관, 1929 전북 재무부장, 1930 전매국 鹽蔘과장, 1933 총독부 사무관(농림국 토지개량과장) 後 : 1937 총독관방 인사과장·회계과장·황해도 지사	1899	1923 동경제대 법학부 독법과 1922 고등시험 행정과

西本計三	1937. ~39.3	1921.5 조선은행 입사	前 : 1922 총독부 재무국 속, 1923 총독부 경찰관강습소 교수·재무국 사무관, 1924 경북 지방과장, 1925 내무국 토목과 사무관, 1927 내무국 사무관, 1929 전매국 사업과장, 1933 구미 출장·식산국 수산과장 後 : 1939 평북 도지사. 1940 퇴관, 1942 조선광업진흥(주) 이사, 조선흑연개발(주) 대표, 朝鮮螢鑛 취체, 日本螢石주식회사 취체역	1896	1921 동경제대 법학부 독법과 1920 고등시험 행정과
井坂圭一郎	1939.3 ~42.	1926 총독부 속(식산국 상공과)	前 : 1926 경북 지방과, 1928 총독부 사무관(내무국), 1934 전북 경찰청장, 1937 총독 관방 문서과장 상공과장 겸 기획부 제3과장, 상공제1과장 겸 기획부 물자조정 제2과장. 1942 총독부 서기관 後 : 광공국 철강과장, 평남지사	1900	1923 구주제대 공학부 응용화학과 1926 동경제대 경제학과 1924 고등시험 행정과

참고 : <표 3>과 같음.

堂本貞一은 식산국 인물 중에는 특이하게 동경대 졸업생이 아니다. 그러나 1920년 조선에 건너온 후 체신국, 재무부 등 여러 부서를 거치면서 경력을 쌓았고, 특히 총독관방 외사과 소속으로 만주국 新京의 일본대사관에서 근무하는 한편 관동군 사령부 촉탁으로 지내면서 만주에 대한 식견을 넓히게 되어, 日鮮滿 블록을 주장하던 宇垣一成의 경제정책 추진을 담당할 만한 인물로 주목받은 듯하다. 체신방면, 지방행정, 세관사무 등에 종사하면서 산업무역 발전과 재정경제 충실에 노력한 인물로 평가되었으며, 이후 조선을 떠나 南洋廳 내무부장을 지냈다.[28]

確井忠平은 동경제대 법대를 졸업하고 1923년 조선에 건너온 후 식

---

28) 堂本貞一,『大公經綸論』, 拓務評論社出版部, 1937 ; 貴田忠衛, 앞의 책, 1935, 322·553쪽.

산국, 전매국, 농림국 등을 두루 거친 후 상공과장이 되었으며, 이후 총독관방 인사과장, 회계과장, 황해도지사 등을 지냈다.[29] 西本計三은 동경제대 법대를 졸업하고 1921년 조선은행에 입사하여 조선에 건너왔으나, 이내 총독부 관료가 되어 재무국과 내무국, 전매국, 식산국 등에서 경력을 쌓고 상공과장이 되었다. 퇴관 이후에는 조선광업진흥주식회사 이사, 조선흑연개발주식회사 대표, 朝鮮燐鑛株式會社와 日本螢石주식회사의 전무이사를 지내는 등 조선의 대표적인 자본가로 생활하였다.[30] 이외에 井坂圭一郎은 구주제대에서 공학을 전공한 후 다시 동경제대에서 경제학을 전공하였고, 1926년 조선에 건너와 내무국과 총독관방 문서과 등에서 근무하였다. 그는 지방행정에 관심이 많았던 인물로 알려져 있으며, 상공과장과 더불어 기획부의 물자조정과장을 겸한 전시하 경제정책 부서의 핵심 인물이었다.[31]

식산국장과 상공과장의 이력을 살펴볼 때 그들의 공통점으로 두드러지는 것은 그들 전원이 고등시험 합격자이자 대부분 동경대 법대 졸업생이라는 점이다. 유일하게 동경대 졸업생이 아닌 堂本貞一 상공과장의 경우 총독관방 외사과에서 만주국에 파견되어 근무하고, 관동군사령부 촉탁을 지낸 만주통이라는 점이 당시 宇垣一成의 통치전략과 맞물려 상공과장 등용의 이유가 되었을 것이다. 그리고 井坂圭一郎의 경우 공업기술자라는 자격을 갖춘 상태에서 다시 동경대를 졸업하고 고시에 합격하여 관리의 자격을 갖추었다. 또한 이들 중 상당수가 獨法科 혹은 독일어과 등 독일과 관련된 학문을 전공했다는 특성도 보인다. 당시의 정책 입안 과정에서 독일의 정책이 참고되기 쉬운 여건이

---

29) 谷サカキ, 앞의 책, 1943, 17쪽.

30) 高宮太平, 『昭和十八年度 朝鮮人名錄』(『朝鮮年鑑』 附錄), 1942, 109쪽 ; 貴田忠衛, 앞의 책, 1935, 356쪽 ; 谷サカキ, 앞의 책, 1943, 78쪽.

31) 谷サカキ, 앞의 책, 1943, 6쪽.

었음을 이를 통해 짐작할 수 있다.

이들 경력의 특이한 공통점은 퇴관 이후의 활동에서 찾아볼 수 있다. 松村松盛, 渡邊忍, 穗積眞六郞 등의 식산국장과 山澤和三郞, 西本計三 등의 상공과장은 퇴관 이후, 특히 1940년대 들어서 조선에서 대표적인 경제단체의 회장을 맡거나 회사의 사장 혹은 전무이사로서 실질적인 권력을 차지하고 있었다. 穗積眞六郞이 조선상공회의소와 조선상공경제회 대표를 지내는 한편, 경성전기주식회사 사장, 조선흥업주식회사 사장, 조선비행기공업주식회사 설립 참여, 조선무연탄주식회사 이사, 元山北港株式會社 사장 등을 맡았던 것이 대표적인 예이다. 이는 이 시기 경제정책 추진의 핵심 부서에 있던 일본인 관리들이 퇴직 후 각종 경제인 단체 혹은 회사의 대표로서 활동하면서, 전직 관리라는 지위를 이용해 자본가의 이익을 보장받고자 정책에 영향력을 행사했을 가능성을 보여준다. 또한 역으로 자본가의 대표로서, 자본가에 대한 조선총독부의 정책을 현장에서 수용·조정해가는 역할을 했을 가능성도 있다. 이들이 주로 전쟁이 진행되면서 중요 분야로 떠올랐던 연료, 유통, 항공 분야 등의 임원직을 장악했던 점을 고려하면 그러한 개연성은 더욱 높아진다.

한편 井坂圭一郞은 상공과장을 지내면서 기획부의 물자조정과장을 겸하였다. 기획부는 1939년 11월 임시물가조정과와 자원과를 합쳐 총독부 직할로 설치한 부서로서,[32] 상공과장이 기획부의 정책 결정에 영향력을 미치고 있었음을 알 수 있다. 곧 상공과장은 이 시기 경제정책 결정 과정의 핵심 인물로서 배치되어 있었다고 볼 수 있을 것이다.

곧 1930년대 공업화정책 추진의 담당부서였던 식산국과 그중 상공과를 구성하고 있던 인물들은 이 시기 동경대 졸업생이자 고등시험 합

---

32) 朝鮮總督府, 『施政三十年史』, 1941, 413쪽.

격자라는 공통점을 가지고 조선의 경제정책 결정 과정에서 중요한 위치를 차지하고 있었다. 또한 이들은 그러한 인맥 위에서 퇴관 이후에도 전시통제경제기 조선의 경제분야에서 핵심적인 지위를 차지하고 있었다. 따라서 식산국장과 상공과장을 비롯한 상공과 관료들이 지니고 있던 이력과 그들의 경제인식은 1930년대 조선의 경제정책, 특히 공업화정책에 그대로 영향을 미치면서 그 성격을 규정하고 있었다. 다음 장에서는 이들에 의해 추진된 1930년대 조선 공업화정책의 특징에 대해 살펴본다.

4. 1930년대 공업화정책과 식산국

1930년대 宇垣一成 총독은 이른바 '日鮮滿 블록'을 중심으로 일본 경제구조를 발전시켜 나간다는 전략을 가지고 조선에서 공업화정책을 추진하였다. 이 시기 공업화정책의 초점은 日鮮滿 블록의 허리지대인 조선을 粗工業 지대로 만들기 위해 일본 독점자본에 다양한 혜택을 부여하고, 이를 바탕으로 능률적으로 조선을 지배하는 데 있었다.[33] 따라서 식산국 상공과에 의해 주도된 공업화정책은 자본을 최대한 유치하는 한편, 만주를 새로운 무역국으로서 적극 개척하고자 하는 방향으로 진행되고 있었다.

총독부는 조선의 자본과 일본정부에서 편성하는 예산만으로는 공업화의 조건을 충족시키기 어렵다고 보고, 일본 민간자본의 유치를 통해 공업화를 달성하고자 하였다.[34] 이에 블록경제 체제 속에서 조선의 공업화가 진행되면서, 일본 내에서 진행되는 경제구조의 재편을 피해 조

---

33) 宇垣一成의 日鮮滿 블록경제론에 대해서는 이승렬, 앞의 논문, 1996 참조.
34) 일본자본의 유치 과정에 대해서는 방기중, 앞의 논문, 2004, 78~79쪽 참조.

선으로 진출한 일본인 자본가의 이윤창출을 보장하는 방향에서 생산력 증대에 중점을 둔 정책이 추구되었다.

자본유치를 위해 총독이 직접 나서서 공장설립을 추진하였고, 각 지방관청에서도 치열하게 공장유치운동을 벌였다. 식산국장과 상공과장은 수시로 일본에 가 일본인 자본가들과 상공성, 육군성, 해군성 등의 관료를 만나고 조선으로 이들을 초청하여 간담회를 마련하는 등, 이 시기 식산국의 주요 관심은 일본자본의 유입에 있었다. 특히 상공과에서는 조선은 치안이 안정되고, 자원이 풍부하고, 자본에 대한 통제가 없어 기업을 일으키기 좋은 곳이라는 선전을 되풀이하였다.[35] 식산국장 穗積眞六郎도 동경 상공회의소에 가서 일본인 자본가들을 상대로 조선을 자세히 소개하고, 조선은 만주에 비해 치안이 안정되어 있고 당장 이용할 수 있는 자원이 풍부하다는 점, 기업을 통제하지 않기 때문에 일본에 비해 사업을 하기에 유리하다는 점, 수력전기 등 동력이 풍부하다는 점, 따라서 전기공업과 맥주·섬유공업, 경금속과 금·철·석탄 등의 광업, 수산업의 채산성이 크다는 점을 강조하면서 "부디 한 번 조선을 방문할 것"을 권하였다.[36]

만주국이 설립되면서 일본의 실업가와 관료들의 관심이 만주로 집중되자 식산국 관료들은 "약진하고 있는 조선의 산업경제에 대한 인식이 결여되어, 日滿經濟統制를 외칠 때 왕왕 조선을 경시하고 日滿의 兩地 중에서 한각하고 있는 듯"[37]한 상태라고 하면서 유감을 표시하였다.[38] 그리고 조선의 자원개발은 최근에 흥하고 있고 조선의 산업계는

---

35) 穗積眞六郎, 「第七回通常會議に於ける穗積殖産局長の埃拶(速記)」, 『朝鮮工業協會會報』 36, 1936. 6, 1~3쪽.

36) 穗積眞六郎, 『朝鮮經濟事情に就いて』, 東京商工會議所, 1935. 3(商工資料 19).

37) 山澤和三郎, 「日滿統制經濟に於ける朝鮮の地位」, 『朝鮮及滿洲』 317, 1934. 4, 48~51쪽.

미개의 여지가 많이 남아있어 만주국보다 경제적으로 훨씬 더 충실하다고 강조하였다.[39] 여기에 만주국의 건설에 따른 만주지역의 치안 안정도 조선 무역의 호전 요인으로 선전되었다.[40]

조선산업의 발전 가능성을 홍보하던 식산국의 노력은 어느 정도 성과를 보았다. 상공과에서는 이에 대해 "만주국 시찰자들이 일본으로 돌아가는 길에 조선에 들러, 조선이 모든 방면에서 질서가 정돈되고, 내지보다 통제가 약하고, 농림·광산·수산·동력 등 각 방면에 무한한 자원이 존재하고, 노동력도 저렴 풍부하고, 판로에서도 鮮內의 수요가 증가하고 있으며 주변에 만몽·북지의 광범한 시장을 가지고 있어 사업상 매우 유망한 것을 보고, 이 전도양양한 반도에서 사업을 일으키고자 하는 상태"라고 하여, 만주국 건국 이래 조선의 산업경제는 획기적으로 변하고 있다고 평가하였다.[41]

---

38) 상공과장 堂本貞一의 경우도 "조선인을 한각한 바의 日滿親善은 유감스럽다. 만일 이 불행이 사실이라면 참으로 경계해야 할 것으로, 만주국 건국의 정신에도 어긋나고, 모처럼 호전된 조선의 민심에 어두운 그림자를 던져 조선통치에도 나쁜 영향을 미치고, 제국의 대륙정책을 해칠까도 염려된다"고 항변하였다(堂本貞一, 「在滿朝鮮人に就て(下)」, 『朝鮮及滿洲』 319, 1934. 6).

39) 山澤和三郎, 「最近に於ける朝鮮産業」, 『朝鮮及滿洲』 311, 1933. 10. 이 시기 상공과장이 주력했던 일이 만주로 향하는 일본 자본가들을 조선으로 끌어들이는 작업이었음은 그들의 글을 통해서도 확인된다(山澤和三郎, 「朝鮮産業の現勢」, 『朝鮮實業俱樂部』 11-10, 1933. 10, 1∼17쪽).

40) 山澤和三郎, 「朝鮮工業の勃興と滿洲國」, 『朝鮮及滿洲』 308, 1933. 7 ; 山澤和三郎, 「最近の朝鮮經濟界 : 論叢」, 『朝鮮實業俱樂部』, 1933. 1 ; 山澤和三郎, 「最近に於ける鮮滿貿易に就て」, 『朝鮮』 216, 1933. 5.

41) 조선에서 이 시기에 들어 발전이 두드러진 공업은 공중질소고정, 경화유, 대두유 및 어유의 유지, 석탄액화, 전분, 맥주, 방적, 마포, 면직물 및 인견직물 공업 등이었고, 신설 또는 확장을 계획했던 것은 이즈음 원료가 발견된 알루미늄과 마그네슘의 경금속, 제철, 세멘트, 유리, 도자기, 제분, 방적, 인견사포, 모직물, 펄프, 염색가공, 대두유 어유 면실유 등 유지, 대두가공, 정련, 화학, 콜크, 제과 공업 등이었다(山澤和三郎, 「朝鮮新興工業の展望」, 『朝鮮』 236,

실제 만주국의 성립은 조선 사업계에 약진의 기회가 되기도 하였다. 조선의 무역에서 對日 무역이 차지하는 비율은 무역 총액의 약 8할에 달하였고, 그 나머지 중에서는 對滿 무역이 7할을 차지하였다. 만주국이 세워진 이후 건국사업 등 각종 사업이 발흥하였는데, 만주와 중국 간의 무역이 두절되면서 1933년 조선의 對滿 수출은 전년에 비해 81%의 증가를 보였다.[42] 對滿 수출의 증가는 일본의 圓 위체 하락과 인플레이션의 영향이 적지 않았지만, 조선 사업계가 불황에서 점차 활황으로 옮겨가는 계기가 되기도 하였다.

이에 총독부에서는 1933년 2월 조선무역협회를 만들어 조선 물산의 소개·선전과 취인 알선, 전시회 개최 등을 추진하여 만주 무역을 활성화시키고자 하였다. 또한 압록강과 도문강의 국경교량협정, 비적토벌의 공동대책, 압록강 공동기술위원회 설립, 압록강 수력발전협정, 日滿 양국 세관의 통관협정, 우편협정, 수산협정 등을 맺었고, 북부지역에 있는 3개항의 시설을 확충하고 선만척식회사를 설치하는 등 경제시설을 갖추어 나갔다.[43]

山澤和三郎 상공과장은 "만주국과 땅을 접하여 일본과 만주의 연쇄지위를 점하고 있는 조선으로서는 각별히 유쾌한 감이 있다"고 하면서 일본 실업가와 관료의 만주에 대한 관심으로 오히려 조선의 자원경제에 대한 인식이 깊어져 공업, 광업 등이 약진하고 있다고 평하였다.[44] 또한 조선의 광업, 공업, 농업, 수산업은 각 부문에서 일본, 만주와 서로 대립하지 않고, 오히려 일본에서 부족한 것을 보충하기 위해 일본이 조선에 의존할 만한 산업이 발달하고 있다고 하였다. 조선의 산업

1935. 1).

42) 山澤和三郎, 「最近に於ける朝鮮貿易狀況」, 『朝鮮及滿洲』 315, 1934. 2.

43) 총독부 식산국 상공과, 「鮮滿一如の經濟的施設に付て」, 『朝鮮』 265, 1937. 6.

44) 山澤和三郎, 「朝鮮新興工業の展望」, 『朝鮮』 236, 1935. 1.

경제는 일본제국주의의 경제계, 특히 일만 통제경제계의 결성에서 중대한 역할을 지니고 있다는 것이다.[45]

이와 함께 일본자본의 유입을 위해서는 조선의 실정을 잘 알려야 하고, 조선을 알리기 위해서는 먼저 자원을 철저히 조사하고 경제블록에서 지위를 확립하여 조선 사업계를 발달시켜야 한다고 하였다. 자본의 범위에 대해서도 일본자본 유치에 힘쓰는 한편 조선에 있는 자본가도 좋다고 하면서, 다만 사업조건을 확실히 자본가에게 보여주고 준비하도록 해야 한다고 강조하였다.[46]

이러한 인식 위에서 조선총독부의 공업화정책은 철저히 일본자본을 우대하는 형태로 실행되고 있었다. 시가의 확장과 신시가의 창설에 중점을 둔 '朝鮮市街地計劃令'을 실시하고, 토지가격 통제정책, 보조금 정책 등을 실시하여 일본자본의 공장부지 획득과 공장건설을 용이하게 하였으며, 세금과 운반비를 내리고 보조금을 주기도 하였다.[47]

총독부는 이와 더불어 본격적으로 일본독점자본이 투자할 수 있는 환경 조성에 주력하였다. 그 일환으로 조선에서는 工場法과 重要産業統制法을 실시하지 않는 방침이 모색되었다. 일본에서는 이미 1916년부터 공장법을 시행하고 있었으며,[48] 더욱이 1931년 4월 중요산업통제법을 공포하여 정부가 지정한 중요산업에서의 기업간 카르텔, 트러스트의 결성을 법제화하고 있었다.[49] 이에 비해 식산국은 조선에서는 공

---

45) 山澤和三郎, 「日滿統制經濟に於ける朝鮮の地位」, 『朝鮮及滿洲』 317, 1934. 4, 48~51쪽. 나아가 1936년에는 동남아 지역의 신판로를 개척하기 위해 부산 상공회의소 시찰단에서 실지조사를 하고 직통항로의 개발도 꾀하였으며, 지리적 우위를 이용해 중국 무역에도 힘써야 함을 강조하였다(穗積眞六郎, 「朝鮮に於ける産業經濟に就て」, 『朝鮮工業協會會報』 43, 1937. 1, 1~5쪽).

46) 山澤和三郎, 「朝鮮産業の現勢」, 『朝鮮實業俱樂部』 11-10, 1933. 10, 1~17쪽.

47) 河合和男 · 尹明憲 著, 앞의 책, 1991, 23쪽.

48) 矢野達雄, 『近代日本の勞働法と國家』, 成文堂, 1993, 7~8쪽.

49) 安藤良雄 等 編, 『昭和經濟史』, 日本經濟新聞社, 1976, 63~66쪽.

장법과 중요산업통제법의 시행을 유예하고 경제정책의 방향을 자본가 중심으로 실시해 갈 것을 분명히 하였다.

조선에서 공장법 적용에 관한 논의가 본격화한 것은 대공황 이후 산업합리화 정책의 추진 과정에서 일방적으로 노동자들의 희생을 요구하자 이에 저항하는 노동쟁의가 격증하여 사회문제로 대두하면서부터이다.[50] 그런데 공장법 도입을 둘러싸고 총독부 내에서는 警務局 保安課와 學務局 社會課, 그리고 殖産局 商工課 사이에 공장법의 적용 여부와 적용 대상, 실시 시기를 둘러싸고 커다란 견해 차이를 보였다.[51]

경무국에서는 노동쟁의가 급증하는 상황에서 일정하게 노동조건을 보장하여 파업의 폭발과 노동운동에 대한 사회주의자들의 영향력 확대를 방지하자는 견해를 보였고,[52] 내무국 사회과는 공장법 적용에 기본적으로 소극적인 입장이면서도 통제경제의 범주 속에서 안정적이고 장기적인 노동력수급을 위해서는 공장법을 시행해야 한다고 보았다.

이에 비해 식산국은 조선의 자본이 부족한 상황에서 급속히 공업화를 행하기 위해서는 공장법 미적용 등을 조선의 이점으로 최대한 활용하여 일본의 기업진출을 촉진해야 한다는 방침을 세우고 있었다. 식산국에서는 "공장법은 사회정책상의 문제만이 아니라 현실 산업상의 문제"라고 인식하면서, 공공복리는 고정된 관념이 아니라 산업발달의 정도 여하에 따라 변경되어야 한다고 하였다. 공장법을 시행할 경우 수준이 낮은 조선 산업의 발달을 저해하게 되어 오히려 노동자 보호의 목적도 달성할 수 없게 된다는 논리였다.[53] 총독부 내부에서 식산국

---

50) 『東亞日報』 1934. 4. 11.

51) 조선에서의 工場法 시행 논의과정에 대해서는 宣在源, 『近代朝鮮の雇用システムと日本』, 東京大學出版會, 2006 ; 이상의, 『일제하 조선의 노동정책 연구』, 혜안, 2006, 제2장 제1절 참조.

52) 『每日申報』 1933. 1. 11.

53) 三島正二(總督府 商工課 屬7), 「朝鮮に於ける工業の發達と工場法の實施に

82

상공과의 시기상조론이 지지를 받으면서, 공장법 적용 여부를 둘러싼 논란은 결국 일본 독점자본의 이익을 대변하던 상공과의 견해가 관철되어 중지되고 말았다.54) 일본에서 시행하고 있던 공장법을 조선에서는 시행하지 않기로 하면서, 이는 일본의 신흥 독점자본이 조선으로 대거 진출하는 기반의 하나가 되었다.55)

일본자본을 유치하고자 하는 식산국의 노력은 중요산업통제법의 시행을 유예하자는 주장으로 이어졌다. 일본자본이 조선에 들어왔을 때 구속이 심할 경우 자본 유입이 중단될 것을 우려한 데서 나온 주장이었다.56) 그런데 일본 내 독점자본 사이에서 식민지에서의 중요산업통제법 시행 요구가 비등해지자, 1936년 초 일제는 이 법을 식민지까지 확대 적용하도록 개정하였다. 이에 穗積眞六郎 식산국장은 일본의 상공대신과 만나 "국가에서 중요산업통제법을 반포한 이상 조선에서도 그 취지에 따라야 한다. 그러나 현재 조선의 산업은 극히 유치한 상태로서 내지와 동일한 보조로 통제하여 제한하기에는 거리가 있다"고 하여, 아직은 조선에서 중요산업통제법을 시행할 시기가 아니고, 조선에

就て」, 『朝鮮及滿洲』 310, 1933. 9 ; 「朝鮮に於ける工業の發達と工場法の實施に就て(下)」, 『朝鮮及滿洲』 311, 1933. 10.

54) 자본가들 역시 공장법 적용에 적극 반대하는 입장을 보였다. 일본인과 조선인 자본가들로 구성된 朝鮮商工會議所와 朝鮮工業協會에서는 일본자본의 유치에 목표를 두고, 조선공업의 발전은 일본자본의 진출에 의한 것이고 일본자본의 진출은 工場取締規則이 실시되지 않기 때문이므로 그 실시에 반대한다고 밝혔다(朝鮮商工會議所, 「朝鮮工業の現世(上)」, 『經濟月報』 222, 京城商工會議所, 1934. 6, 10~12쪽 ; 賀田直治, 「昭和九年財界の趨勢並に希望」, 『經濟月報』 217, 京城商工會議所, 1934. 1, 2쪽 : 金潤植, 「工場取締規則의 朝鮮實施에 對하야 - 資本家들은 어쩌한 態度를 가지고 잇는가?」, 『四海公論』 3-8, 1937. 8).

55) 이상의, 앞의 책, 2006, 91~107쪽 참조.

56) 穗積眞六郎, 「第七回通常會議に於ける穗積殖産局長の埃拶(速記)」, 『朝鮮工業協會會報』 36, 1936. 6, 1~3쪽.

서 중요산업통제법을 시행하지 않아도 일제의 공업 발전에 결코 장애
가 되지 않을 것이라고 설명하였다.[57]

그는 중요산업통제법 시행과 관련하여, "조선에서는 조선이 내지의
法域 외에 있는 지위를 남용해 내지의 이해를 도외시하는 半島根性을
버려야 하고, 일본에서는 외지의 발달을 고려하지 않고 내지만 좋게
하고자 하는 島國根性을 버려야 한다"고 하면서,[58] 취지에서는 찬성하
지만 실정에서는 이 법을 전반적으로 시행하는 것은 시기상조라는 견
해를 분명히 하였다. 그리고 만일 통제가 필요하다면 일본의 법령에
호응하여 조선은 조선총독부 독자의 制令을 발안하여 시행하고, 통제
업종도 총독부에서 선정함으로써 조선에서 공업이 진보할 여지를 남
겨두어야 한다고 하였다.[59]

일본 중앙정부와의 줄다리기 속에서 산업통제에 대한 조선의 상대
적인 독자성을 통하여 일본자본을 유치하고자 한 총독부, 특히 식산국
의 입장은 1937년 2월 중요산업통제법의 조선 적용이 확정된 이후에도
크게 변화되지 않았다.[60] 결국 조선에는 통제위원회를 설치하지 않고,
일본 통제위원회는 조선에 대한 권한을 갖지 않으므로 조선에서는 조
선총독이 이 법의 운용권한을 가지며, 통제 업종도 조선총독이 지정하
고, 당분간 조선에서 특정한 업종은 시멘트로 한정한다는 범위에서 시
행내용이 확정되었다.[61]

---

57) 穗積眞六郎,「重要産業統制法に就て」,『朝鮮工業協會會報』41, 1936. 11, 1
   ～8쪽.

58) 穗積眞六郎,「朝鮮産業の現勢に就て」,『朝鮮鐵道協會會誌』15-6, 1936. 6, 2
   ～12쪽.

59) 穗積眞六郎,「重要産業統制法に就て」,『朝鮮工業協會會報』41, 1936. 11, 1
   ～8쪽.

60) 중요산업통제법의 조선 적용과 그 범위에 대한 논란 과정에 대해서는 방기중,
   앞의 논문 3장에서 자세히 언급하고 있다.

61) 鈴木正文,『朝鮮經濟の現段階』, 帝國地方行政學會 朝鮮本部, 1938, 107～

84

당시 조선상공회의소와 경성상공회의소 회장을 맡고 있던 賀田直治 역시 조선의 독자 통제가 하루아침에 일본의 통제에 구속될 경우 창업이 곤란해지고 조선공업의 싹이 잘리게 되지 않을까 염려된다고 하면서, "내선만 경제블록은 상호 긴밀한 이해와 인식에 입각하여 適地適業의 방침을 운용해야 할 것"이라고 하여 조선의 독자적 운용을 강조하던 총독부의 입장을 지지하였다.[62]

공장법과 중요산업통제법 시행에서 상대적인 독자성을 주장하던 총독부의 방침은 공황의 여파 속에서 활로를 모색하고 있던 일본의 일부 독점자본에게 길을 열어주었다. 카르텔 체제 내에서 기존의 재벌 독점자본에 비해 불리한 위치에 있으면서 자본확대에 애로를 느끼고 있던 일본 자본가들에게 공장법과 중요산업통제법의 통제에서 비교적 자유로운 조선은 투자하기에 적합한 지역으로 떠올랐다.[63] 조선은 기왕에 일본의 미곡생산지와 상품시장으로서 역할이 규정되었던 것과 달리, 산업통제를 벗어나고자 하는 일본 국내 자본의 투자처로서 새롭게 인식되고 있었던 것이다.

일본자본의 조선 유치를 위해 상공과를 중심으로 하여 총독부가 다방면으로 노력한 결과 이 시기 조선으로 진출한 일본자본이 크게 증가하였다. 1927~37년간의 일본자본 진출상의 특징을 공업부문에 한정해 살펴보면 첫째, 일본 독점자본 계통의 공장이 급증하였다. 둘째, 공장 규모가 크게 증가하여 전체의 절반 가량이 200명 이상 종업원을 가진 대규모공장이었고, 3/4 이상이 100명 이상의 종업원이 있는 대공장이었다. 셋째, 이전에 비해 진출 업종이 다양해졌는데, 특히 화학공업·

108쪽.

62) 賀田直治, 「朝鮮商工界の回顧と展望」, 『朝鮮工業協會會報』 43, 1937. 1, 6~11쪽.

63) 이승렬, 앞의 논문, 1996, 172쪽 ; 裵城浚, 앞의 논문, 1998, 88쪽.

기계공업 부문이 두드러지고, 방직공업에서도 새로이 제면·면방적·면방직 관련 공장이 주로 설립되었다. 넷째, 화학공업 부문에 대한 일본 독점자본의 진출은 기성재벌에 비해 주로 日窒·日産과 같은 신흥재벌에 의해 이루어졌다. 곧 공장법 적용과 일본식의 중요산업통제법 적용에 반대하면서, 총독부 권력이 독점강화에 직접 개입하고 그것을 철저히 보장하고 있었던 점에 이 시기 경제통제의 식민지적 특질이 존재하였다.[64]

독점 본위의 경제통제는 1938년 5월 조선에서 國家總動員法이 시행되고, 그 해 8월 朝鮮工業組合令의 공포로 9월부터 공업조합제도가 시행되면서 공업이 일원적인 통제체제로 편성될 수 있는 바탕이 되었다. 공업조합령은 1930년대 초반부터 발포의 필요성이 제기되었던 것으로,[65] 본래는 중소공업의 조직화를 통하여 대공업에 위축된 중소공업의 진흥을 도모하는 데 목적이 있었다. 그러나 조선공업조합령은, 공업의 濫立은 '국가적'으로 보아 불리하다는 판단 위에서[66] 국가총동원 체제에 맞추어 개정된 일본의 工業組合法의 내용을 그대로 수용하였기 때문에, 공업의 통제에 중점을 두고 행정관청의 감독권과 강력한 통제권이 반영되었다. 또한 중소공장으로 조직된 일본의 공업조합과는 달리, 조선에서는 효율적이고 일관된 통제를 위하여 중소공업 뿐만 아니라 대공업도 공업조합에 포괄하였다.[67]

이 법령은 1941년 3월 공업통제를 더욱 강화하는 방향으로 개정되었다. 공장의 신설과 설비확장을 허가제로 하였고, 행정관청이 감독상 필요할 때에는 공업조합의 사업경영을 제한하거나, 정관·규정을 변경

---

64) 許粹烈, 앞의 논문, 1985, 272~273쪽 ; 방기중, 앞의 논문, 2004, 80~85쪽 참조.

65) 三嶋正二, 「朝鮮工業組合令の實施に就て(三)」, 『朝鮮及滿洲』 332, 1935. 7.

66) 西本計三, 「時局と朝鮮の商工業」, 『朝鮮』 274, 1938. 3, 23~28쪽.

67) 김인호, 앞의 책, 1998 ; 裵城浚, 앞의 논문, 1998.

하고, 이사·감사를 선임·해임할 수 있게 하는 등 공업조합에 대한 행정관청의 통제를 대폭 강화하였다. 공업조합은 국책대행기관의 위치에서 통제사업에 중점을 두고 활동하였으며, 군수품 생산과 산업시찰을 추진하였고, 국민총력조선련맹의 하부조직으로 기능하였다. 따라서 공업조합은 통제가 시급한 업종부터 설립하였으며, 행정구역을 관할구역으로 하여 일정 규모 이상의 공장·조합을 통합하는 방식으로 행정관청에 의한 통제가 용이하도록 정비하였다. 곧 총독부는 공업조합을 통하여 개별 사업장에까지 전시 경제통제의 영향력을 행사하는 한편, 기업정비·배급통제 등 공업통제의 수단으로 이용하고 있었다.[68]

이러한 경제통제 양상에 대해 井坂圭一郎 상공과장은 조선에서는 경제통제가 목적한 대로 비교적 잘 진행되고 있다고 하면서, 그 가장 큰 원인은 관청의 철저한 통제력, 곧 총독정치의 집권력에 있다고 파악하였다. 곧 "조선은 통제하기에 가장 좋은 행정조직으로 되어 있고, 이 점이 조선 경제통제의 첫번째 특징"[69]이라고 지적하였듯이, 이 시기 공업화정책에서는 총독부의 관권에 의해 독점강화에 기반을 둔 통제 위에 '국가적' 계획경제통제가 중층적으로 이루어지고 있었던 것이다.

5. 맺음말

이상에서 1930년대 조선총독부 식산국의 구성과 위상변화, 그 구성

---

68) 裴城浚, 앞의 논문, 1998, 167~174쪽.
69) 井坂圭一良, 「經濟統制の朝鮮における特徵」, 『朝鮮行政』, 1941. 9. 井坂圭一郎은 이외에도 '관청통제에 대해 민간이 협력적이다, 통제형식과 民度의 균형을 꾀한다, 종래의 기구조직을 적극적으로 활용한다, 법규통제를 가능한 한 피한다'는 점을 조선 경제통제의 성공의 원인으로 파악하였다.

원의 이력과 성향, 그리고 식산국이 중심이 되어 추진한 공업화정책의 성격에 대해 살펴보았다. 이하에서는 본론의 내용을 요약하여 결론을 대신한다.

조선총독부의 식산국은 1910년 농상공부에 소속되었다가 1919년 식산국으로 독립된 이후 조선 산업정책의 제반 분야를 담당하고 있었다. 대공황 이후 1930년대 조선총독부는 경제정책의 방향을 농공병진으로 표방하였고, 그에 따라 공업화의 비중이 증대하게 되면서 식산국의 역할은 점차 확대되어 갔다. 1930년 상공과, 광무과를 비롯한 4개 課와 3개 부속기관으로 구성된 식산국은, 1932년 농림국과 식산국으로 확대 분화되어 상업과 공업, 광업, 수산업을 집중적으로 관장하게 되었다. 생산력 확충이 강조되면서 그 역할이 점차 증대되자 중일전쟁 이후인 1938년 식산국에는 産金課, 鑿岩工養成所 등이 신설되어 6개 과와 5개 부속기관으로 확대되었다. 그 중에서 상공과는 상공업 일반과 관련 기구, 시장, 제조업, 회사, 도량형, 물가 등에 관한 업무를 담당하고 있었으며, 1930년대 공업화정책 추진의 핵심부서로서 상공업의 중요성이 증대할수록 그 역할도 확대되어 갔다.

식산국과 상공과를 구성하고 있었던 인물군은 대부분 동경대 졸업생이자 고등시험 합격자라는 공통점을 가지고 있었다. 이들은 공업화정책 추진을 위한 경제정책 결정 과정에서 핵심적인 위치를 차지하고 있었다. 또한 퇴관 이후에도 각종 경제인 단체 혹은 연료, 유통, 항공업 등 전시하에 주요 산업 부문으로 부상된 사업체의 대표로서, 조선 산업에서 중요한 지위를 유지하고 있었다. 자본가로서 조선총독부의 경제정책 방향을 산업현장에서 수용·조정하도록 하는 한편, 전직 관리의 지위에서 정치권에 자본가의 이익을 대변하는 역할을 하였던 것이다.

식산국에 의해 주도된 1930년대 조선총독부의 공업화정책은, 日鮮

滿 블록 속에서 조선을 조공업지대로 위치시키기 위해 일본자본을 최대한 유치하고, 이와 더불어 만주를 새로운 무역국으로서 적극 개척하고자 하는 방향으로 진행되었다. 식산국장과 상공과장의 주요 관심은 일본자본의 유치에 있었고, 이를 위해 조선의 자원개발을 독촉하였으며, 통제경제체제 내에서 조선의 경제적 성장 가능성을 광고하는 것이 중요한 업무가 되었다. 따라서 이 시기 공업화정책은 일본 내에서 진행되는 경제구조의 재편을 피해서 조선으로 진출한 일본인 자본가의 이윤창출을 보장하는 방향에서 생산력 증대에 중점을 두고 추진되었다.

총독부는 다양한 행정조치를 통해 일본 독점자본 우대정책을 실시하는 한편, 투자환경을 조성할 방침을 세우고 있었다. 대공황 이후 노동운동이 급증하는 가운데 제기된 공장법 시행 논의에 대해 식산국 상공과에서는 시기상조론을 강력히 표방하였고, 이러한 견해가 자본가단체의 지지를 받으면서 결국 논의는 중단되고 말았다. 이러한 입장은 중요산업통제법의 시행 유예 주장에서도 확인된다. 식산국에서는 공장법 논의에서와 마찬가지로 공업발달 정도가 낮은 조선의 특수성을 강조하면서, 법의 취지에는 찬성하지만 그 시행은 시기상조라는 견해를 밝혔다.

총독부의 이러한 방침으로 조선은 카르텔 체제 내에서 기존의 재벌독점자본에 비해 불리한 위치에 있었던 일본의 신흥 독점자본에게 새로운 투자지역으로 떠올랐다. 그리하여 일본의 독점자본이 대거 진출해 왔고, 이들 중 상당수는 화학공업, 기계공업 등의 신흥 공업부문으로 진출하였다. 곧 총독부 권력이 독점의 강화에 직접 개입하고 그것을 철저히 보장하고 있었던 것이 이 시기 경제통제의 특징이었다.

독점 본위의 경제통제는 중일전쟁 이후 공업조합제도가 시행되면서 공업이 일원적인 통제체제로 편성될 수 있는 바탕이 되었다. '국가'가

경제전반에 걸쳐 통제를 강화하고, 생산 유통 소비 전반에 권력이 개입될 수 있도록 법으로 명시한 국가총동원체제 하에서, 工業組合令은 총독부의 강력한 통제권과 행정관청의 감독권이 반영되어 공업의 통제에 중점을 두고 시행되었다. 1940년대에 들어서면서 총독부는 공업조합령을 강화하여 공업조합을 국민총력조선연맹의 하부조직으로 기능하게 하는 한편, 이를 통해 개별 사업장에까지 전시 경제통제의 영향력이 미치게 하고, 기업정비·배급통제 등 공업통제의 수단으로 이용하였다.

1930년대 식산국에 의해 주도된 공업화정책은 조선총독부의 강력한 官權에 의해 자본가 위주로, 그 중에서도 독점자본 중심으로 추진되었다. 이러한 경제구조는 해방과 분단을 거치면서 국가와 자본가에게 자본가를 중심으로 하는 官 주도 공업화의 모델의 하나로 제시되었다. 또한 1930년대 대규모로 일본 독점자본이 진출한 결과 1940년 초 조선 공업은 일본 독점자본에 의해 거의 장악되기에 이른다. 해방 후 한국 사회에 닥친 공업의 공동화 현상, 그리고 남한지역보다는 북한지역의 경제적 타격이 더욱 심했던 것은 이러한 문제에서 연유한 것이라 하겠다.

일제하 '개량농법'의 보급과 농촌의 양극화

우 대 형[*]

1. 머리말

일제시기에 농업에 삶의 기반을 둔 농민들은 그 이전 세대들이 보지 못한 기술 변화를 경험하였다. 오랫동안 사용하던 재래종을 대신하여 보다 수확량이 많은 '우량품종'(일본품종 혹은 시험장품종)으로 바뀌었으며, 많은 농민들이 하늘에서 내리는 비에만 의지한 채 농사를 짓다가 근대적인 수리시설이 갖춘 수리답에서 농사를 짓게 되었다. 퇴비에 의존하던 농사방법에서 금비가 농사과정에 불가결한 요소가 된 것도 이전에 경험 못한 변화이다.

다수확품종의 도입, 금비사용, 적절한 물의 공급 등에 의한 농사방식은 원래 德川幕府 말기 일본에서 처음 개발된 것이다. 老農들에 의해 처음 개발되어 老農農法[1]으로 불려지는 이 농법은 廢藩治懸 이후

---

[*] 친일반민족행위자재산조사위원회 조사연구관.

1) 노농농법에 대해 보다 자세한 것은 大西伍一, 『日本老農傳』, 平凡社, 1933 ; 安田誠三編, 『明治以降における農業技術の發達』, 농업기술협회, 1952 ; Hayami and Yamada, "Agricultural Research Organization in Economic Development : A Review of the Japanese Experience," in Renolds, R.(ed), *Agriculture in Development Theory*, New Haven : Yale University Press, 1975 ; Hayami and Ruttan, *Agricultural Development : An International Perspective*, Balimore : Johns Hopkins University Press, 1985, pp.231~240 참조.

일본 전역으로 확산되면서 明治期 농업성장 나아가 일본의 초기 산업화에 크게 기여한 것으로 알려져 있다.[2] 그 후 조선을 강점한 일본은 효과적인 식민지 농업 개발을 위해 '개량농법'이란 이름으로 이를 조선에 도입하였는데, 그 전략은 비교적 성과를 거두어 강점 초기 단보당 1石 전후에서 1930년대 중엽 이후에는 약 1.4석까지 토지 생산성이 증가하게 된 것이다.[3]

이처럼 농업생산성은 개량농법의 보급에 힘입어 빠르게 증가했음에도 불구하고, 일반 농민들의 생활수준은 절대적으로나 상대적으로 크게 나아진 것으로 보이지 않는다. 절대적 수준에서 그 이전 시기에 비해 생활수준이 향상되었는가에 대해서는 논쟁의 여지가 남아 있지만,[4] 농촌의 소득분배가 식민지기간 동안 악화되었음은 소작지율의 추이와 소작농의 증가 숫자만을 보아도 의심의 여지가 없다.[5] 그렇다면 개량

---

2) 노농농법의 발달이 일본의 초기 농업성장과 산업화 과정에서의 역할에 대해서는 Ohkawa and Rosovsky, "The Role of Agriculture in Modern Japanese Economic Development," *Economic Development and Cultural Change* 9, 1960 ; Minami, R., *The Economic Development of Japan,* New York : St. Martin's Press, 1994, pp.73~81 참조.

3) 일제하 농업생산성의 추이와 그 과정에서 개량농법의 역할에 대해서는 반성완, 『한국농업의 성장, 1918-1971』, 한국개발연구원, 1974 ; 이두순, 「일제하 水稻品種의 성격에 관한 연구」, 『농업정책연구』, 17-1, 1990 ; 蘇淳烈, 「植民地期 全北에서의 水稻品種의 시험연구와 그 보급」, 『전라문화논총』 5, 1992 ; 松本武祝, 「朝鮮, 全羅北道農業の構造變化―昭和恐慌期を中心に」, 『日本史研究』 298, 1987 참조.

4) 일제하 생활수준의 증가유무를 둘러싼 논쟁에 대해서는 길인성, 「한국인의 신장변화와 생활수준 : 식민지기를 중심으로」, 제38회 전국역사학대회 발표, 1995 ; 주익종, 「식민지기 조선인의 생활수준-논쟁의 재검토」, 이대근 외, 『새로운 경제발전사』, 나남출판사, 2005 참조.

5) 이러한 모순은 이미 당시 사람들도 느끼고 있다. 예컨대, "우리 은행원의 입장에서 여행하다보면 특히 南鮮지방의 경우 水利灌漑는 완비되어 있지만, 농가를 보면 옛날 그대로이다. 무엇인가 모순이 있다는 느낌을 지울 수가 없다."(金谷要作, 『朝鮮の産業金融事情に就て』, 1980, 72쪽).

농법의 보급으로 인해 이처럼 생산성이 증가하였음에도 불구하고 농민의 생활수준이 크게 개선되지 못한 이유는 무엇인가. 개량농법의 보급과 무관한 인구증가 때문인가, 아니면 개량농법의 보급과도 관련이 있는가.[6]

이 글은 이상과 같은 문제를 전라남도 『농촌경제조사성적』(1934)을 이용하여 보다 실증적으로 살펴보는 데 목적이 있다. 필자는 예전의 글[7]에서 농가 레벨의 자료를 이용하여 개량농법의 보급이 소득분배를 개선시키기보다는 악화시키는 데 기여하였음을 살펴본 바 있다. 그렇지만 농가 레벨의 자료가 갖고 있는 한계 때문에 개량농법의 보급과 농촌의 양극화와의 관련성을 직접 살펴보지는 못했다. 이제 본 논문에서는 촌락 레벨의 자료를 이용함으로써 이를 보다 구체적으로 확인해 보자 한다.

이 글은 다음과 같이 이루어져 있다. 서론에 이어 제2장에서는 개량농법의 보급이 농촌의 양극화를 초래하는 경제적 논거를 살펴보고, 제3장에서는 앞서 언급한 전라남도 『농촌경제조사성적』의 자료를 이용하여 농촌의 양극화가 개량농법과 보급과의 관련유무를 회귀분석방법을 통해 실증적으로 살펴본다. 제4장은 이 글을 요약하고 결론을 맺는다.

---

6) 인구증가는 소득분배를 악화시키는 방향으로 작용할 것임은 쉽게 짐작할 수 있다. 인구증가는 한편으로 과다한 노동공급으로 실질임금을 떨어뜨리고, 다른 한편으로 차지경쟁의 증가로 토지의 지대율을 높이기 때문이다. 인구증가와 소득분배의 관계에 대한 보다 엄밀한 이론적 논의에 대해서는 Hayami and Kikuchi, *Asian Village Economy at the Crossroads*, Baltimore : Johns Hopkins University Press, 1982 참조.

7) 우대형, 『한국근대농업사의 구조』, 한국연구원, 2001, 2장 참조.

2. 이론적 검토 : 개량농법의 보급과 소득분배

재래농법에서 개량농법으로의 대체가 소득분배에 미치는 충격을 살펴보기 위해서는 먼저 재래농법과 대비되는 개량농법의 특성을 살펴볼 필요가 있다. 개량농법은 적절한 물의 공급과 多肥, 그리고 비료반응성이 높은 다수확품종의 도입을 통해 단위면적당 생산성의 증가를 목표로 한다. 재래농법에 익숙한 농민이라면 개량농법의 적응이 그렇게 어려운 일은 아니다. 특히 비료와 품종은 분할 가능하기 때문에 재래농법과 마찬가지로 기계화농법처럼 규모의 경제가 나타나는 것은 아니다.[8] 이것은 적어도 '규모의 경제' 면에서 개량농법의 보급이 소득분배에 미친 효과는 중립적임을 의미한다. 따라서 개량농법의 소득분배에 미친 충격은 규모의 경제가 아니라 기술변화의 편향성과 관계가 있을 가능성이 높다.

개량농법은 재래농법에 비해 절대적인 노동시간의 증가를 필요로 한다.[9] 그런데 이러한 절대적인 노동시간의 증대가 소득분배에 미친 충격에 대해서 두 가지 오해가 빚어지고 있는 것으로 보인다. 첫째는 개량농법의 도입으로 농민들의 노동강화가 초래되었다는 사실에 주목하여 개량농법의 도입이 농민들의 후생을 감소시킨 것으로 이해하는 것이다.[10] 이러한 비판은 마치 실업 상태의 농민에게 일자리를 준 것

---

8) 규모의 경제 유무는 생산함수의 추정으로 알 수 있는데, 콥 다글라스 생산함수를 통한 추정 결과에 따르면 일제시기 규모의 경제는 나타나지 않는 것으로 나타났다. 자세한 것은 우대형, 『한국근대농업사의 구조』, 한국연구원, 2001, 134~137쪽 참조.

9) 재래농법에 비해 개량농법이 보다 多投的인 농법이란 점은 여러 시험조사에도 나타나는데, 보다 자세한 것은 「水稻在來耕作法と改良耕作法との經濟比較」, 『朝鮮農會報』 1, 1927 ; Hayami and Ruttan, 앞의 책, p.342 참조.

10) 이에 대해서는 정문종, 「산미증식계획과 농업생산력 정체에 관한 연구」, 장시원 외, 『한국근대농촌사회와 농민운동』, 열음사, 1988 ; 이호철, 「식민지시대

이 오히려 노동시간이 늘어나게 만들었다고 비난하는 것과 마찬가지로 정곡을 벗어나 있다. 개량농법의 보급으로 인해 농촌 내 과잉인구의 노동흡수(labor absorption)가 일어났다면, 그것은 토지 없는 농민이나 토지가 적은 농민에게 절대소득의 증가에 기여하였기 때문에 오히려 소득분배의 개선이란 점에서 긍정적으로 평가할 일이다.[11] 특히 당시 많은 농민들이 토지가 없거나 적은 빈농이었다는 점에서 더욱 그러하다.

두 번째 오해는 개량농법의 도입으로 노동시간이 증가됨으로써 고용노동에 의존하는 부농층이 상대적으로 불리하게 되었다는 것이다.[12] 노동시간의 증가는 곧 노동비용의 증가를 의미하지만 절대적인 노동시간이 증가한다고 해서 고용노동에 의존하는 부농이 불리할 것으로 단정할 수는 없다. 고용자의 입장에서 개량농법을 선택하여 비록 노동비용이 더 들더라도, 그 농법의 채택에 따라 생산성이 더 빨리 증가할 경우 개량농법은 그에게 보다 더 많은 이득을 주기 때문이다. 따라서 개량농법 도입 이후 부농층의 유·불리의 여부는 절대적인 노동시간의 증대가 아니라 이와 대비되는 생산성의 상승 폭을 함께 고려할 필요가 있다.

이 점에서 기술 편향성에 관한 계량적 연구가 중요하다. 각 요소의 사용과 절약의 방향성, 그리고 이를 통한 소득분배에 미친 효과를 모두 보여주기 때문이다. 현재 일제하를 대상으로 기술 편향성을 추정한 몇몇 연구 성과가 제시되어 있다. 예컨대 샤르마(Sharma)는 트랜스로그

農業生産力의 構造와 旱田農法」, 『농업경제사연구』, 경북대출판부, 1992 ; 김도형, 「勸業模範場의 식민지농업지배」, 『한국근현대사연구』 3, 1995 ; 이호철, 「식민지기 농업기술연구와 그 보급」, 한국농촌경제연구원, 『한국 농촌사회의 변화와 발전』, 2003 참조.

11) Ishikawa, S.., *Economic Development in Asian perspective*, Kinokunia Bookstore, 1967.

12) Hayami and Ruttan, 앞의 책, 1985 ; 松本武祝, 앞의 논문, 1987.

함수를 이용하여 1918~1938년간 농업에서의 기술변화의 방향성을 추정하였는데, 그에 따르면 일제하 농업의 기술변화는 "토지절약적, 노동절약적, 비료 사용적 그리고 고정자본 중립적인" 방향으로 이루어졌다.[13] 즉 일제하 개량농법의 보급으로 인해 절대적인 노동시간의 증가에도 불구하고 생산성의 증가가 더 빨리 나타나 노동을 절약하는 방향으로 기술변화가 일어난 것이다. 김대행은 다른 방법으로 기술변화의 편향성을 검토하였는데 그 결과는 샤르마(Sharma)의 그것과 일치하였다.[14] 이처럼 개량농법 도입 이후 노동절약적인 방향으로 기술변화가 일어났다는 것은 개량농법의 노동흡수 효과가 예상과 달리 그렇게 크지 않으며, 또한 빈농층 무전농민보다는 고용노동에 의존하는 부농층에게 유리한 기술임을 시사한다.[15]

기술 편향성과 관련하여 가장 주목할 부분은 비료사용적인 기술변화이다. 김대행의 추정결과에 따르면, 1918~1938년간 노동과 토지의 분배몫은 각각 −6.2%, −8.7%씩 감소한 반면, 비료와 고정자본은 각각 14.5%, 0.43% 씩 증가한 것으로 나타났다.[16] 즉 노동과 지대의 몫은

---

13) Sharma, S., "Technological Change and Elasticities of Substitution in Korea Agriculture," *Journal of Development Economics* 35, 1991.

14) 김대행, 「일제하 개량농법의 보급과 농업기술 변화」, 연세대 석사학위논문, 1999. Neighip은 戰前 일본농업을 대상으로 기술변화의 방향성을 추정하였는데, 그의 추정 결과 역시 앞의 두 연구와 일치한 것으로 나타났다. Neighip, "The Stricture and Changes of Technology in Prewar Japan," *American Journal of Agricultural Economics* 61, 1979. 이것은 한국에 보급된 개량농법이 일본의 농법과 본질적으로 동일하다는 점에서 예상된 일이다.

15) 노동절약적인 기술변화가 임노동에 기반을 두는 부농층의 확대를 유도하고 있음을 수리적으로 증명하고 있는 논문으로는 Quibria and Rashid, "Sharecropping in Dual Agrarian Economies : A Synthesis," *Oxford Economic Papers* 38, 1986 참조.

16) 앞에서 인용한 Neighip의 논문에 따르면 일본의 경우 노동과 토지의 몫은 각각 −4.9%, −2.1%이며, 비료와 농기계는 각각 6.0%와 1.4% 증가한 것으로 나

비슷한 수준으로 감소한 만큼, 비료와 고정자본 특히 비료의 몫이 크게 늘어난 것이다. 이러한 결과는 일제하 투입 요소 중 가장 빨리 증가한 요소가 금비임을 감안할 때 놀랄 일은 아니다.[17] 금비 소비는 1920~1925년간에는 매년 2.2% 증가한데 그쳤지만 1926~1930년간에는 매년 16.7%씩 급증하였다.[18] 이러한 금비 사용의 증가가 전체적으로 보아 생산성 증대에 가장 커다란 기여를 한 것임에는 틀림이 없지만, 이 글에서의 관심은 비료사용적인 기술변화가 어느 계층에게 보다 많은 이득을 가져주었는가 하는 점이다.

만일 자본시장이 완전 경쟁적이라면 다시 말해 상업비료의 이용(access to capital)에 계층별 차이가 없다면 소득분배에 미친 효과는 중립적이다. 그들이 직면하는 자본가격이 계층별로 동일하기 때문에, 다른 조건이 같다면, 단위면적당 금비 투입량 역시 같고 따라서 금비 투입에 따른 생산성 증대 효과도 동일하기 때문이다. 그러나 일제시기 자본시장은 결코 경쟁적이지 않았으며, 비료의 이용과 실질 금비가격은 계층별, 계급별로 차별적이었다. 이로 인해 금비 사용으로 인한 생산성 증가는 지주와 부농에게 독점되었다.[19]

상업비료의 투입은 다액의 현금이 지출된다는 점에서 가난한 농가에게 가장 부담스러운 부분이다. 이로 인해 일제가 金肥를 적극적으로 장려하기 시작한 것은 1920년대 특히 1926년 산미증식갱신계획에 따

타났다.

17) 반성완, 앞의 책 참조.

18) 자세한 수치는 朝鮮總督府, 『農業統計表』, 1940년판 참조.

19) 자본에 대한 차별적인 이용이 소득분배에 미치는 영향에 대한 이론적인 논의에 대해서는 Eswaran, M. and Kortwal, “Access to Capital and Agrarian Production Organization,” *Economic Journal* 96, 1986 ; 同, “Credit and Agrarian Class Structure,” in Bardhan, P.(eds.), *The Economic Theory of Agrarian Institution*, Oxford : Oxford University Press, 1989.

른 비료자금 조달계획이 수립된 이후부터였다. 그 이전까지만 해도 조선 농가의 경제력을 감안하여 자급비료의 장려에 초점을 두었지 상업비료의 장려에는 소극적이었다.[20] 품종 역시 이러한 少肥의 자급비료에 맞게, 상대적으로 少肥 少收穫品種 위주로 보급하였다.[21] 그러다가 일제는 증식계획 이후 低利資金을 방출하면서 적극적인 금비소비장려 정책으로 전환하였던 것이다. 예컨대 1932년 현재 전체 금비소비고 1,728만원 중에서 저리자금 방출에 의한 것이 52%를 차지하였다.[22] 앞서 언급한 비료 소비의 급증은 여기에 힘입은 것이다.

그러나 이러한 방대한 저리자금이 방출되었다고 해서 빈농과 소작농들이 부농과 지주와 동등하게 혜택을 누릴 수 있는 것은 아니었다. 대출에는 담보가 요구되기 때문에 담보가 없는 빈농과 소작농은 여기에서 배제되거나 상대적으로 높은 이자를 낼 수밖에 없었다. 이는 이른바 서민의 금융기관인 금융조합도 마찬가지였다. 조합원으로 대출의 자격이 제한되어 있고 또한 대출시 담보와 확실한 신용을 요구하였기 때문에 빈농층은 대출을 받기가 쉽지 않았다. 결국 이들은 고리의 私債를 이용하거나 소작인의 경우 지주로부터 대여받을 수밖에 없었는데, 이때의 이자율은 "저리자금의 이자율을 넘어서는 안됨"[23]에도 불구하고 보통 13%, 많은 경우 월 2~3% 등의 고율이었다.[24] 그 결과 명

---

20) 일제의 비료정책에 대해서는 김도형, 앞의 논문 참조.

21) 이두순, 앞의 논문, 1990 ; 우대형, 앞의 책, 2001.

22) 산미증식계획의 저리 자금의 운용과 실태에 대해서는 김두종, 「植民地朝鮮における1920年代の農業金融について － 朝鮮殖産銀行 村落金融組合を中心に」, 『經濟學研究』 5, 1965 참조.

23) 小早川九郎編著, 『朝鮮農業發達史 : 政策篇』, 友邦協會, 1959, 512쪽.

24) 金肥비용의 분담방식은 定租와 打租・執租간에 차이가 있는데, 정조는 거의가 전액 소작농의 부담이며, 타조・집조는 수확물의 분배율 및 公課 부담의 방법에 따라 4할, 5할, 혹은 소작인이 전액 부담하는 경우 등 다양하였다. 그러나 어느 경우이든 소작인으로부터 저리자금 이자율 이상을 받지는 못하게

목가격에다 이자율을 포함한 실제 지불가격은 殖銀과 금융조합 등 제도금융을 이용하는 부농층과 지주의 그것에 비해 상대적으로 높을 수밖에 없었다. 이것은 비료투입의 집약도를 계층별로 다르게 만들었으며, 그 결과 비료 투입에 따른 성과로부터 빈농과 소작농이 소외될 수밖에 없는 요인으로 작용했다. 요컨대 개량농법의 보급은 노동절약적인 그리고 비료사용적인 기술변화를 동반하면서, 여기에다 차별적인 자본시장이 결합되면서 농촌의 소득분배를 악화시키는 방향으로 작용하게 된 것이다.

3. 실증결과

이상의 가설을 살펴보는데 이용된 자료는 전라남도, 『農村經濟調査成績』(1934)이다. 이 자료는 촌락별 농촌진흥계획의 수립을 위해 작성된 것으로, 1933년 8월에서 1934년 1월까지 약 6개월간에 걸쳐 전라남도 24개면 78개리 6,221호를 대상으로 조사하였다. 당시 전남의 농가호수가 36만여 호임을 감안하면 6,200여 호는 대략 1.7%에 해당되는 수치이며, 농가 조사의 결과는 81개의 촌락 레벨로 집계되었다.

이 자료에 대한 이 글의 관심은 이 조사에 나타난 각 촌락별 소유 및 경영의 양극화의 정도를 결정하는 요인이 무엇인가 하는 것이다. 먼저 이 자료에 나타난 촌락별 소유분해와 경영분해의 상태를 보면 촌락 간에 적지 않은 차이가 있음을 알 수 있다. 예컨대 雇農을 포함하여 0.3정보 이하 소유계층이 조사 농가에서 차지하는 비율을 보면, 전체 평균은 약 71%이지만 보성군 隱谷里 沙草마을은 95.6%가 0.3보 이하

규정되었음에도 불구하고 이를 지키는 경우는 거의 없었다. 小早川九郎編著, 앞의 책, 1959, 462쪽 참조.

계층인 반면, 순천군 외서면 경성리 마을은 0.3정보 이하가 38%에 불과하다. 그리고 3정보 이상을 경영하는 농가의 평균비율은 전체 조사농가의 약 1.9%에 불과하지만, 무안군 청계면 대흥마을의 경우 농가의 13%가 3정보 이상을 경영하는 반면, 전체 81개의 촌락 중 조사농가의 37개의 촌락은 3정보 이상을 경영하는 농가가 하나도 없다. 이러한 각 촌락간 소유 및 경영분해의 차이는 어디에서 기인되는가. 인구압력의 차이 때문인가, 아니면 개량농법의 보급 사이에는 유의미한 관계가 있는가.

각 개별 촌락의 소유 및 경영분해 상태는 농업기술의 영향 외에, 각자 고유한 역사적 유산, 그 마을이 처한 자연 지리적인 요인 그리고 무엇보다 인구밀도와도 밀접한 관계가 있다. 특히 느린 산업화 속에서 농촌의 빠른 인구증가는 토지의 영세화와 無田농민을 증가시켜, 한편으로는 실질임금을 저하시키고 다른 한편으로는 차지경쟁을 통해 지대율을 상승시킴으로써 농촌의 소득분배를 악화시킨다. 그러면 이 조사에 나타난 촌락의 양극화는 과연 인구증가만으로 설명이 되는가, 아니면 개량농법의 보급과도 관련이 있는가.

다음의 회귀식의 추정을 통해 이를 확인해보자. 추정식은 $y=a+b1\ X1+b2\ X2+b3\ X3$이며, 종속변수 y는 소유분해의 정도, $X1$은 각 마을의 자연 지리적 요인이며, $X2$는 인구압력, $X3$는 개량농법의 보급 정도이다. 만일 소유의 양극화가 인구압력 때문이며 개량농법은 오히려 농촌의 양극화 완화에 기여하였다면, $b2$과 $b3$의 부호는 각각 (+) (−)가 도출될 것이다. 그러나 개량농법의 보급이 양극화를 가속화시켰다면, $b3$의 부호는 (−)가 될 것이다.

실제 추정과정에서 종속변수 y는 각 촌락별 소작지율, 그리고 무전농민을 포함한 0.3정보 이하 소유계층이 전체 조사농가에서 차지하는 비중 등 두 가지를 이용하였으며, 각 마을의 지리적 요인 $X1$은 답작비율, 인구압력 X2는 단위 경지면적당 농가호수의 비율을 이용하였다. 그리고 개량농법의 보급 정도 X3는 단보당 혹은 호당 상업비료의 투입액을 이용하였다. 잘 알려진 바와 같이, 개량농법과 상업비료 간에는 강한 보완관계가 있다. 예컨대 松本武祝(앞의 논문, 1987)에 따르면, 전북의 경우 각 군별 개량종의 보급 비율과 상업비료 투입액과는 높은 정의 관계가 있는 것으로 나타났다. 따라서 상업비료를 보다 집약적으로 투입한 지역일수록 개량농법의 보급 정도도 상대적으로 높다고 간주해도 무방하다. 더구나 앞서 살펴본 바와 같이, 개량농법의 소득분배에 미친 충격은 상업비료의 사용에서 집중적으로 나타난다. 따라서 우리는 X3를 상업 비료의 투입액을 이용함으로써 개량농법의 보급이 농촌의 양극화에 미친 효과뿐 아니라 상업비료의 투입의 차이가 촌락의 양극화와 관련이 있는지를 직접 살펴보는 의미가 있다. 추정결과는 <표 1>과 <표 2>에 제시되었다. <표 1>은 종속변수 y에 소작지율을 이용하였으며, <표 2>는 0.3정보 이하 계층의 비율을 이용하였다.

<표 1> 추정결과 : 소작지율과 인구압력 및 개량농법과의 관계

종속변수=소작지율

식	상수	답작비율	인구 /단보	상업비료(원)/ 단보	자급비료(관) /호	상업비료 /자급비료	$\bar{R}^2$
(1)	0.06*** (2.44)	0.04** (2.17)	0.48*** (2.64)	0.01*** (3.14)	0.01 (0.34)		0.18
(2)	0.10*** (5.34)	0.05** (2.48)	0.43** (2.40)			0.01*** (2.47)	0.15

자료 : 전라남도, 『농촌경제조사성적』(1934)
주1 : 표본수=81(이하 같음)
  2 : ***는 유의수준 1%, **는 유의수준 5%, *는 유의수준 10*, ( )는 t통계량(이하 같음)
  3 : 상업비료/단보와 상업비료/자급비료는 log식.

먼저 <표 1>부터 살펴보면 예상대로 답작지대일수록 소유분해의 정도가 높은 것으로 나타났다. 또한 인구밀도와 소작지율 간에도 (+)의 관계가 있는 것으로 나타났는데, 이것은 인구압력이 소유분해를 가속화하는데 중요한 요인이었음을 잘 보여준다. 다음으로 우리의 관심인 비료 투입과 소유분해와의 관계를 살펴보면, 자급비료와 소작지율 간에는 유의한 관계가 없는 반면, 상업비료의 투입액과는 (+)의 관계가 있는 것으로 나타났다. 즉 상업비료를 보다 집약적으로 투입하는 곳일수록 소유분해가 보다 진전된 지역으로 드러났는데, 이것은 인구 증가뿐 아니라 개량농법의 보급이 농촌의 양극화에 일조하였음을 의미한다.

<표 2> 추정결과 : 소유분해와 인구압력 및 개량농법과의 관계

종속변수 =0.3정보이하 소유농민비율

식	상수	답작비율	인구/단보	자급비료/호	상업비료/단보	상업비료/자급비료	현금소득	$\bar{R}^2$
(1)	3.35*** (22.23)	0.65*** (4.02)	4.69*** (3.67)	-0.01** (-1.94)	0.06** (2.31)			0.29
(2)	3.40*** (22.23)	0.63*** (4.02)	5.43*** (3.67)			0.06** (2.44)		0.27
(3)	4.30*** (13.79)	0.64*** (4.40)	3.01** (2.08)	-0.01** (-2.16)	0.11*** (3.66)		-0.21*** (-3.92)	0.41
(4)	4.45*** (13.90)	0.64*** (4.37)	3.73** (2.58)			0.09*** (3.84)	-0.20*** (-3.72)	0.38

자료 : <표 1>과 같음.
주 : 상업비료/단보 그리고 상업비료/자급비료는 log식.

다음으로 종속변수에 0.3정보 이하 계층을 이용한 <표 2>의 추정결과를 살펴보자. 식(1), (2)와 식(3), (4)의 차이점은 독립변수에 현금소득이 포함되어 있는가 하는 것이다. 이것이 포함되지 않은 식(1)과 식(2)가 각 지역간 절대적 빈곤계층비율의 차이가 나타난 이유를 설명하는 추정식이라면, 식(3), (4)는 평균소득 수준을 포함시킴으로써 마을간 소유분해의 차이가 나타나는 이유를 설명하는 추정식이 된다.[25] <표 2>에서 보듯이 결과적으로 식(1), (2)와 식(3), (4)간에 설명력의 차이가 있을 뿐 t통계량에는 아무런 변화가 없다.

<표 2>의 추정 결과는 <표 1>과 같은 동일한 결과를 보여주고 있다. 흥미로운 점은 상업비료의 투입과 소유분해는 (+)의 관계가 있는 반면, 자급비료와 소유분해 사이에는 (−)의 관계가 있다는 점이다. 이것은 자급비료의 집약화는 양극화를 저지하는 데 기여하였지만, 재래농법에서 개량농법으로 전환되면서 농촌의 양극화가 가속화되었음을 시사한다.

그렇다면 개량농법의 보급은 경영분해에는 어떻게 영향을 주었을까.[26] 다음의 추정식을 통해 이를 살펴보자. 추정식은 $y = a + b_1 X_1 + b_2 X_2$이며, 종속변수 y는 경영분해 즉 양극분해의 정도를 나타내며, X_1은 인구압력의 정도, X_2는 개량농법의 보급 정도이다.

일반적으로 인구의 증가는 토지의 영세화와 무전농민을 증가시킨다. 그리고 이러한 무전농민과 영세농은─농외노동시장의 저발전과 결합되면서─자기 토지만으로 생계를 유지할 수 없어 借地경쟁에 뛰어들 수밖에 없는데, 이러한 영세농의 증가는 결국 부농층의 성장에 저해요인으로 작용한다. 이러한 가설이 맞다면, b_1의 부호는 (−)가 예상된다. 다음으로 개량농법의 보급이 절대적인 노동시간의 증가로 인해 부농층에 불리하다면, b_2의 부호는 (−)가 도출될 것이다. 그러나 앞의 2절에서 살펴본 바와 같이 개량농법의 보급이 노동절약적인, 그리고 비료

---

25) 0.3정보 이하 소유계층이 많음에도 불구하고 촌락별 현금소득 수준이 같다는 것은 그만큼 토지를 많이 갖고 있는 계층도 많다는 것을 의미하므로, 현금수준의 변수를 포함시키는 것이 소유분해의 상태를 보다 더 잘 보여주게 된다.

26) 일제하 농민층분해의 동향에 대해서는 장시원, 「일제하 농민층분해의 양상과 그 성격」, 차기벽편, 『일제의 한국식민통치』, 정음사, 1985 참조.

사용적인 기술변화로 인해−그리고 이것과 차별적인 금융시장의 특성과 결합되면서−부농층의 성장에 긍정적으로 작용한다면 b2의 부호는 (+)가 예상된다. 추정 결과는 <표 3>에 정리하였다. <표 3>에서 종속변수는 3정보 이상을 경영하는 농가의 비중이며, 나머지 독립변수는 앞의 <표 1>, <표 2>와 같다.

<표 3> 경영분해와 인구압력 및 개량농법과의 관계

종속변수 : 3정보이상 경영농가비율

식	상수	인구 /단보	영세농 비율	자급비료 /호수	상업비료 /호수	상업비료 /자급비료	$\bar{R}^2$
(1)	-0.01 (-0.04)	-0.53** (-2.18)		0.00 (1.01)	0.01*** (2.76)		0.22
(2)	0.06*** (3.43)	-0.74*** (-3.28)				0.01** (1.96)	0.18
(3)	-0.01 (-0.24)		-0.07** (-2.57)	0.00 (1.64)	0.01**** (2.97)		0.24
(4)	0.04*** (3.43)		-0.08*** (-2.97)			0.01* (1.85)	0.17

자료 : <표 1>과 같음.

주1 : 영세농가비율=0.5정보 이하 소유농가의 비율

2 : 상업비료/호수와 상업비료/자급비료는 log식임.

<표 3>의 추정결과에서 보듯이, 예상대로 인구밀도(인구/단보)와 부농경영의 발달과는 (−)관계가 있으며, 특히 영세농 비율이 높은 지역일수록 부농경영의 성장은 저지되고 있다. 이것은 앞서 언급한대로 인구의 증가는, 다른 조건이 일정하다면, 영세빈농층을 증가시켜 차지 경쟁을 통해 부농경영의 성장을 저지하는 역할을 하고 있음을 의미한다. 다음으로 비료사용과 부농경영과의 관계를 보면 자급비료는 유의적인 관계가 없지만, 상업비료의 집약적인 투입과 부농경영의 발전과는 (+)의 관계를 보여주고 있다. 이것은 일제하 재래농법에서 개량농법으로

의 전환이 결코 부농경영의 성장을 저지한 것이 아니라 오히려 그들의 경영 확대를 촉진시켜주는 데 일조하고 있음을 의미한다. 특히 상업비료의 도입이 부농경영의 확대에 지렛대 역할을 하고 있음을 시사해주고 있다.

4. 맺음말

일제하 농민들은 그 이전 시기의 농민들이 보지 못한 기술변화를 경험하였다. 다수확품종과 금비사용, 적절한 물의 공급으로 특징지워지는 이른바 개량농법의 사용이 그것이다. 개량농법의 도입에 힘입어 일제시기 농업생산성은 비교적 빠르게 성장하였다. 그렇지만 이러한 농업성장에도 불구하고, 농촌의 양극화는 오히려 점점 심화되어 갔다. 임병윤의 지적처럼 "놀랄 만한 생산성의 증가가 놀랄 만한 빈곤의 증대"를 초래한 것이다.[27] 그렇다면 이처럼 생산성의 증가에도 불구하고 농촌의 양극화가 가속화된 배경은 어디에 있을까. 이 논문은 이러한 의문을 풀기 위해 쓰여졌다.

현재 이 주제와 관련하여 크게 두 가지 가설이 제기되어 있다. 하나는 개량농법의 보급은 노동사용적인 기술이며, 비료는 농기계와 달리 분할 가능하기 때문에 빈농에게 유리하고, 따라서 개량농법의 도입은 소득분배를 개선하는 데 기여하였다는 주장이다. 즉 이 가설에 따르면, 소득분배의 악화는 개량농법의 보급 때문이 아니라 인구증가 때문인 것이다. 또 하나의 가설은 개량농법 보급 이후 기술변화가 노동절약적으로 일어났으며, 또한 차별적인 자본시장으로 인해 상업비료의 사용

---

27) 林炳潤, 『植民地における商業的農業の展開』, 東京 : 東京大學出版會, 1971, 334쪽.

이 계급별로 편중되면서 소득분배가 악화되었다고 보는 것이다. 즉 이 가설에 따르면 농촌의 양극화는 인구증가뿐 아니라 개량농법의 보급 확산과도 직접적인 관계가 있다.

이 논문은 촌락 레벨의 자료인 『농촌경제조사성적』(1934)을 토대로 회귀분석방법을 이용하여 이 두 가지 가설을 테스트하였다. 분석의 결과는 본문에서 살펴본 바와 같이 인구증가가 농촌의 양극화를 유도한 하나의 원인으로 작용하였지만, 이것과 더불어 개량농법의 보급 그 자체가 농촌의 양극화에 또 다른 요인으로 작용하고 있는 것으로 나타나, 위 두 가지 가설 중 후자를 지지해주고 있다.

한말 일제초 서울 鐘路商人의 일상 활동
-布木商 金泰熙 家의 사례를 중심으로-

洪 性 讚[*]

1. 머리말

한국 근현대 상업사 연구는 그 동안 양적, 질적으로 많은 진전을 보았다. 그 중에서도 서울의 종로상인에 대해서는 조선시대 이래 한국의 상업이 都城(서울) 집중 양상을 띠며 발전한 데다 그 중심에 종로상인이 있었기에 더욱 많은 연구가 축적되었다.[1] 그리고 근자에는 종로상인 등 종래의 한국인 상인들이 격동의 한말·일제시기를 어떻게 적응 변모해 갔던가를 밝히려는 글들이 발표되어 이 분야 연구를 더욱 풍부히 하고 있다.[2]

---

* 연세대학교 상경대학 경제학부 교수

1) 이욱, 「18세기말 싸전(米廛)의 구조와 미곡유통」, 『한국사학보』 창간호, 1996 ; 高東煥, 『朝鮮後期 서울商業發達史研究』, 지식산업사, 1998 ; 同, 「조선후기 시전(市廛)의 구조와 기능」, 『역사와 현실』 44, 2002 ; 同, 『조선시대 서울 도시사』, 태학사, 2007 ; 이태진 외, 『서울 상업사 연구』, 태학사, 1998 ; 白承哲, 『朝鮮後期 商業史 研究』, 혜안, 2000 ; 변광석, 『조선후기 시전상인 연구』, 혜안, 2001 ; 허경진, 「조선후기 한문학에 나타난 상업문화」, 『東方學志』 120, 2003.

2) 이태진 외, 앞의 책 ; 柳承烈, 「韓末 日帝初期 商業變動과 客主」, 서울대 박사학위논문, 1996 ; 同, 「日帝 强占期 서울의 商業과 客主」, 『서울학연구』 10, 1998 ; 全遇用, 「19세기말 20세기초 韓人會社 연구」, 서울대 박사학위논문,

그러면서도 그간의 연구들은 몇 가지 미진함도 남겼다. 한말·일제하에 서울 종로 한복판에서 점포를 차려놓고 장사하였던 종로상인들의 일상적 활동과 삶을 그들이 작성하여 남긴 일차자료들에 의거하여 검토하지 못한 것이 그 한 예였다.[3] 본고는 이러한 연구사의 과제를 염두에 두면서 당시 종로에서 壽南商會라는 포목상점을 운영하였던 金泰熙(1887~1947) 집안의 자료를 통해서 이 시기 종로상인의 생활상에 접근해 보려는 것이다.

주지하듯이 서울 종로는 조선왕조 이래 한국의 정치, 경제, 사회, 문화, 사상의 중심지였다. 한말·일제초도 마찬가지였다. 특히 이 시기 종로는 문명개화사상이 빠르게 확산된 가운데, 서구의 각종 근대적 가

1997 ; 同, 「1910년대 객주통제와 조선회사령」, 『역사문제연구』 2, 1997 ; 同, 「대한제국기 일제하 종로의 상가와 상인」, 『종로 - 시간, 장소, 사람』, 서울학연구소, 1999 ; 同, 「한말 일제초의 광장주식회사와 광장시장」, 『전농사론』 7, 1999 ; 同, 「종로와 본정」, 『역사와 현실』 40, 2001 ; 吳鎭錫, 「일제하 朴興植의 企業家活動과 經營理念」, 『東方學志』 118, 2002 ; 同, 「일제하 백화점업계의 동향과 관계인들의 생활양식」, 연세대 국학연구원 편, 『일제 식민지배와 일상생활』, 혜안, 2004 ; 이승렬, 『제국과 상인』, 역사비평사, 2007.

3) 물론 가장 큰 이유는 자료부족 때문이었다. 현재 알려진 商人帳簿는 북한 송도정치경제대학의 18세기 말, 19세기 말 開城商人 장부, 일본 神戶大學의 18, 19세기 중후반과 20세기 초 개성상인의 장부, 일제하 박승직상점의 장부 등이다. 홍희유, 「송도 4개문서(四介文書)에 반영된 송상(松商)들의 도가(都賈) 활동」, 『역사과학』 1962. 6 ; 同, 『조선상업사』, 과학백과사전종합출판사, 1989 ; 吉田光男, 「開城簿記研究의 再檢討」, 『朝鮮史研究會論文集』 25, 1988 ; 同, 「神戶大學所藏'開城簿記帳簿'의 史料的価値」, 『朝鮮文化研究』 6, 1999 ; 김동운, 『박승직상점, 1882-1951』, 혜안, 1996 ; 須川英德, 「朝鮮時代의 商人文書에 대하여」, 『古文書研究』 28, 2006. 이밖에 몇 가지 장부가 더 발굴되었지만 산발적이라서 주로 會計史 자료로만 활용되었다. 善生永助, 「開城의 商人と商業慣習」, 『朝鮮學報』 46, 1968 ; 尹根鎬, 『韓國會計史研究』, 韓國研究院, 1984 ; 박세록, 「서양부기도입사를 연구하면서」, 『고서연구』 7, 한국고서연구회, 1990 ; 권상수, 「한국의 서양부기도입사에 관한 연구」(Ⅰ·Ⅱ), 『고서연구』 9·10, 1992·1994.

치와 사조들이 대거 유입되어 전국으로 보급된 중요한 통로였다. 그런데 김태희 집안은 이미 19세기 말에는 그런 종로 1가에서 수남상회를 경영 중이었고, 1910년대 후반에는 제1차 세계대전에 따른 호황을 배경으로 업세를 더욱 늘렸다. 이들은 1920년대 전반에 일본에서 일어난 反動공황(1920), 震災공황(1923) 등 거듭된 불황의 여파와 일본인의 상권 확대로 한때 침체를 벗어나지 못하였지만, 1926년 말부터 일본에서 견직물 등 각종 직물을 직수입하여 서울과 지방에 都賣로 판매하는 무역업에 진출함으로써 위기를 극복하였다. 그리고 1935년 8월에는 그동안 개인기업으로 운영해왔던 그 상점을 자본금 50만원의 주식회사로 개편하여 해방 후까지 성공적으로 경영하였다.4)

한편 이들은 종로에서 수남상회만을 경영한 단순한 상인이 아니었다. 비록 主業은 국내외에서 각종 布木, 綢緞, 紬苧, 緞屬, 洋屬을 매입하여 서울 등 전국에 도소매로 판매하는 일이었지만, 그와 동시에 각지에 방대한 부동산(농지, 가옥, 대지)을 소유한 채 소작료와 임대료를 받았고 그 부동산을 수시로 매각하여 상당한 매매차익도 얻었다. 이들은 여러 회사의 유가증권(주식, 채권)을 소유 매매하여 배당금 수입과 매매차익을 얻었을 뿐만 아니라, 당시 서울의 대표적 한국인 회사였던 京城隆興(株)과 (株)廣藏의 주주 겸 중역으로 회사경영에도 참여하여 상당한 보수를 받았다. 아울러 이들은 대부자금을 운용하여 이자수입을 얻었으며, 한때는 換錢業, 수입인지판매업, 유가증권매매업도 하였다. 요컨대 이들은 상점경영은 물론이고 지주경영, 부동산 경영, 주식투자, 대금업, 유가증권매매업, 기업경영에도 두루 나선 상인

---

4) 洪性讚, 「韓末 日帝下의 서울 鐘路商人 연구 - 布木商 金泰熙家의 '壽南商會' 運營을 중심으로」,『東方學志』116, 2002 ; 同, 「韓末 日帝下의 地主制 研究 - 서울 鐘路 布木商店 壽南商會의 農地投資 사례」,『東方學志』122, 2003.

110

이자 지주, 자본가, 대금업자이고 기업가인 복합적인 존재였다. 그러면서도 당시 이들은 서울의 초일류 상인이나 자산가는 아니었다. 그렇다고 무명의 영세상인은 더욱 아니었다. 굳이 구분하자면 적어도 종로에서는 그 商號나 店主의 이름만 대도 그가 누군지를 금방 알 수 있었던 여러 종로상인들 가운데 하나였다.

본고는 바로 이들이 한말 일제 초에 작성하였던 여러 장부와 문서를 활용하여 당시 이들의 점포환경과 그 운영실태를 세밀하게 묘사하고, 나아가 이들이 종로의 점포와 거기서 인접한 살림집 사이를 오가며 벌렸던 다양한 사회활동과 생활의식, 말하자면 상인으로서의 일상적 활동을 추적함으로써 이 시기 종로상인들의 전체상에 한 걸음 더 접근하려는 것이다. 그 동안 문명개화와 일제침략, 근대화와 식민지화의 소용돌이 속에서 부침을 거듭하였던 종로상인들의 활동상과 거기에 함축되어 있던 그들의 생존전략, 생활의식을 검토한 연구가 많지 않았던 점에서 이는 연구사적으로 의미 있는 소재의 하나가 되리라고 생각한다.

2. 店鋪의 환경과 운영

한말 일제초에 김태희 집안의 경제활동은 종로 1가 64번지에 있던 수남상회의 점포를 중심으로 이루어졌다.5) 원래 이 점포는 鐘路市廛

---

5) 점포 위치는 許英桓,『定都 600年 서울地圖』, 汎友社, 124~127쪽. 1935년경 종로 1가 55번지(대지 62평)의 2층 벽돌 건물로 이사했는데 그 주변에서는 이례적으로 잘 지은 건물이었다. 1층 사무실(2층은 창고)은 사장실, 전무실이 따로 없는 구조로 바닥이 마루였다. 金信培(1915년생) 옹의 증언에 따름. 그는 1935년경부터 (株)수남상회에서 일했고 1940년대 초 徵用을 피해 京城電氣(株)로 전직했는데, 김명희(김태희 동생)의 妻가 그의 이모다. 64번지의『土地

의 壽進床廛 서쪽 끝자리에 위치했는데[6] 1908년 9월 22일 새벽에 일어난 화재로 '김태희의 瓦家 20間'이 全燒되어 그 후 재건축한 것으로서[7] 모두 두 棟으로 구성되어 있었다. 하나는 건평이 18坪 8合 1勺 5才(14間)인 기와목조 2층이고, 다른 하나는 건평이 13坪 9合 2勺(10間)인 역시 기와목조 단층인데,[8] 그곳의 地籍圖 모양이 街路에 면한 쪽(동서)은 좁고 남북은 긴 직사각형의 형태였던 것으로 보아, 전자는 大路 쪽을 바라보는 상점건물이고 후자는 그 뒤 건물로서 점원들이 상주하며 창고로도 쓴 것 같다.[9] 한말(1906년)의 '戶籍票'에 이들의 상점건

臺帳』상의 소유기간은, 1954년 8월 4일까지이고, 55번지는 1936년 3월부터 1974년 2월까지였다.

6) 床廛은 婚事에 쓸 초립, 함, 낭자단기(댕기)에서부터 가죽으로 만든 말다래, 호피, 공작미, 갓끈식실, 밀초까지 취급한 일종의 雜貨商이다. 원래는 열세 집이 있었으나 1910년대 중반 각처에 雜貨商이 생기며 손님이 줄어 東床廛, 壽進床廛, 望門床廛 세 집만 남았다. 『매일신보』 1916. 3. 4.

7) 洪性讚, 앞의 글, 2002. 화재 직후 基地修築 공사를 시작하여 11월초 도배와 기와공사를 마쳤고 11월 21일(음 10.28)에 입주하면서 告祀도 지낸 것 같다. 『原簿』(1908) 10. 28. 公用 告祀時 肉小價 5냥.

8) 『原簿』(1912), 「不動産秩」, 京城 中部 沙器廛洞 二十二統 四五戶 所在 1. 木製瓦葺2階10間 建坪 13坪9合2勺, 1. 木製瓦葺平家14間 建坪 18坪8合1勺5才也, 1. 宅地面積 39坪4合8勺0才也, 合價文評定 2,500圓 ; 『原簿』(1914), 「不動産秩」, 京城 中部 沙器廛洞 二十二統 四, 五戶 종로 1정목 64번지 1. 木製瓦葺…… 1. 面積宅地 39坪4合8勺 臺帳 42坪 價金 3천원 土地臺帳評價金 3,990圓 104等 ; 『原簿』(1916), 「不動産秩」, 종로 1정목 64번지 所在 1. 木造瓦葺2階 建坪 18坪8合1勺8才, 1. 木造瓦葺平家 建坪 13坪9合2勺…… 價金 3千圓也. 『原簿』(1912, 1914)에는 2층이 14평, 단층은 19평으로 기록되어 있으나 1916~1928년 『原簿』에는 전자가 19평, 후자가 14평으로 기록되어 있어 여기서는 뒤의 기록을 따랐다.

9) 러시아 대장성이 묘사한 1900년경 서울 일반상점의 모습이다. "건물[점포]은 보통 두 칸……거리 쪽……앞 칸은……물건을 진열……뒷칸 방은 상인과 그의 가족들의 살림방……겨울철에는……뒤칸 방에 앉아 벽에 만들어 놓은 구멍을 통해서 자기 상점을 감시." 한국정신문화연구원, 『國譯 韓國誌 - 本文』, 한국정신문화연구원, 1984, 525~526쪽. 서울의 2층 한옥상가는 梁尙湖 金鴻

물이 漢城府 中署 瑞麟坊 砂器廛契 砂器井洞 22통 4호의 '家宅 己瓦 16間'으로 기재되었고, 수남상회『原簿』(1912, 1914)에 적힌 상점주소가 '京城 中部 沙器廛洞 二十二統 四, 五戸'였던 것으로 보아, 22통 4호에 14間짜리 상점건물이, 22통 5호에 10間짜리 부속건물이 있었던 것 같다.

그런데 이들은, 당시 鐘路市廛의 2층 건물들이 대개 그러했듯이,[10] 2층 건물의 아래층은 점포로 쓰고 위층은 창고로 사용한 듯하다. 1929년에 김태희가 서울의 한국인 포목상들과 함께 京城絹布商同盟會를 조직하여 회장이 되었을 때도 그는 이 건물 위층을 그 사무실로 썼다.[11] 이들이 2층 건물의 아래층만 매장으로 썼다면 매장은 총 19평 정도였다. 대지가 39坪 4合 8勺[토지대장에는 42평으로 기록]이니 두 건물의 아래층 건평을 빼면 7평가량의 잔여공간이 있었던 셈인데 마당이었을 것이다. 대한제국 정부가 종로시전의 假家를 대대적으로 철거하기 전까지는 점포 앞에 假家를 들여 임대료도 받았을 것이다.[12]

이들은 1910년대 말에 앞의 건물 두 동과 그곳에 보관 중이던 상품을 화재보험에 들었다.[13] 그리고 1927년 12월에는, 일제가 종로 길을

植,「2層 韓屋商家에 關한 史的 研究」,『大韓建築學會學術發表論文集』6-1, 1986 ; 문정기·송인호,「삼선동 5가 이층한옥상가에 대한 조사연구」,『大韓建築學會學術發表論文集』23-1, 2003 ; 金銀眞,「ソウルの近代都市史研究 - 特に鍾路を中心に」, 東京大學大學院 工學系研究科 建築學專攻 박사학위논문, 2007 참조.

10) 黑正巖,「キルドとしての京城六矣廛」,『經濟史論考』, 岩波書店, 1923 ; 고동환, 앞의 글, 2002.

11) 洪性讚, 앞의 글, 2002.

12) 이 시기 假家는 禹東善,「가가(假家)에 관한 문헌 연구」,『大韓建築學會論文集 計劃係』19-8, 2003. 조선시대 종로시전의 行廊은 金裕聖·金聖雨,「朝鮮朝 漢陽의 街路邊 商業建築(行廊)의 研究」,『大韓建築學會學術發表論文集』7-2, 1987.

13)『原簿』1919. 1. 16, 火災保險料 店建築 7원 50전, 商品 25원 ; 1920. 1. 16, 橫

16間 넓이의 직선으로 통일하면서 거기서 생긴 자투리땅들을 불하한 가운데, 점포 앞의 대지 1평 1홉을 추가로 구입하였다.14) 1933년에는 서린동 33번지의 단층 벽돌건물(대지 29평)을 매입하여 창고로 쓰다가 일제말기에 金圭現(김태희의 동생인 김명희의 장남), 金信培에게 그 일부를 활용하여 수남상회의 자매회사인 廣德商會를 설립 운영토록 하였다.15)

　매장(64번지)은 진열장과 琉璃欌, 창유리를 갖춘 온돌구조였다.16) 바깥에는 간판과 遮陽을 달고 출입문에는 유리를 달았다.17) 매장 안에는 금고와 木文匣을 중심으로 帳簿, 탁상전화, 괘종시계, 布帛尺, 저울, 포장용 종이, 끈(麻繩, 紙繩), 엽전, 漆器, 烟竹, 袴褥, 주전자, 빗자루, 접대용 담배 등을 비치하였다.18) 겨울에는 난로와 鑰灰板, 水蒸甬도

濱火災保險會社 商品及家屋保險料 67원 50전 ; 1928. 2. 4, 조선화재보험회사 商品及商會建物保險金 75원 ; 1928. 2. 7, 橫濱火災 商品 1천원 보험료 30원.

14)『매일신보』1926. 4. 3 ;『原簿』(1927)의 경성 종로 1정목 64번지 垈42평 地價 3,990[圓]……12월 21일 門前地段 1坪 1合 334.40원, 稅金 11.70원, 價金 3천원.

15) 김신배 증언. 종로 1가 55번지 상점 뒷길 건너편에 있었다. 지붕이 높은 벽돌건물로서『토지대장』상의 소유기간은 1933년 6월부터 1955년 6월까지였다.

16)『日記』1910. 2. 30, 營業費 琉璃欌2間價 785냥去.『原簿』1916. 3. 22, 陳列欌 及窓琉璃4片 1원 26전 ; 1910. 2. 30, 釜谷宅借去文 380냥去 琉璃欌價條. 본고 주 21) 참조.

17)『日記』1908. 11. 11, 役用 遮陽及홈價中先給 500냥 ;『原簿』1910. 4. 25, 영업비 看板工錢加給 160냥去 ;『原簿』1918. 3. 25, 出入門硝子1片 70전.

18)『原簿』1908. 9. 6, 公用金庫負雇 2냥 5전.『일기』1908. 9. 17, 小商會空冊鉛筆價 96냥去 ; 1908. 11. 26, 銀酒煎子1개 47냥 5전去 ; 1910. 1. 8, 營業費 冊所用洋紙價 20냥去.『原簿』1917. 7. 30, 店用洋鐵酒煎子1介 54錢, 漆器1介 24전 ; 1918. 2. 24, 帳簿紙物價金 2원 80전 ; 1918. 5. 26, 營業用 袴褥工錢 2원 55전 ; 1919. 7. 4, 卓上電話料 1원 4전 ; 1919. 9. 26, 鄭斗煥 大衡2介 21원 60전 ; 1920. 1. 2, 掛鐘修繕料 1원 50전 ; 1920. 2. 18, 店用 鐵蒸子1個 50전 ; 1922. 1. 18, 商會帳簿價 3원 60전.『財産原帳』(1912)「動産秩」木文匣1隻, 葉

114

갖추었다.[19] 환경개선을 위해서 수시로 매장 안팎을 塗壁, 塗漆하였
고,[20] 온돌, 장판지, 기와, 처마(함석)도 자주 補修하였다.[21] 조명은 석
유등잔을 쓰다가 늦어도 1905년경부터 전등으로 바꾼 듯하며 그 후 전
등을 加設하고 燭數도 높였다.[22] 원래 종로상인들은 해만 떨어지면 서
둘러 假家를 들인 채 관행적으로 야간영업을 하지 않았으나, 상업지식
이 발달하고 전등사용으로 조명이 좋아지고 화재위험도 준 데다 1910
년대에 鐘路夜市가 성공적으로 개최됨에 따라 점차 야간영업을 늘렸
다.[23] 그 과정에서 이들도 매장에 전등을 달고 야간영업을 시작한 것
같다.

　　수남상회는 輸入商이나 仲買人을 통해서 국내외의 각종 포목, 綢緞,
紬苧, 모직 등을 매입하여 이를 점포로 찾아온 고객이나 지방거래처에

錢 12,152枚. 『原簿』1910. 2. 4, 영업비 在家 掃子1介 2냥去 ; 1920. 3. 21, 商
會用 箋及印等 13원 54전 ; 1921. 2. 7, 張永錫 日記冊等 7원 ; 1922. 1. 13, 麻
繩紙繩價 2원 30전 ; 1914. 3. 4, 海東商會 埃及卷烟2甬 2원 ; 1917. 10. 18, 店
用 烟竹5件 75전.

19) 『日記』1904. 11. 19, 煖爐1座價 434냥 5전下. 『原簿』1920. 11. 21, 煖爐修繕
料及煙甬價 5원 10전 ; 1920. 12. 10, 水蒸甬1介 1원 90전. 『財産原帳』(1912)
「動産秩」火爐(黃鐵)1개, 鍮灰板(黃鐵)2개.

20) 『原簿』1910. 6. 10, 營業費 白土價等 39냥去 ; 1919. 10. 30, 店房塗壁工錢 2
원 20전 ; 1921. 4. 18, 商會塗漆工錢中 25원.

21) 『原簿』1921. 10. 8, 店溫突 修理匠工 2원 50전, 募軍1名 1원 20전, 白土1斗
1원 40전 ; 1921. 10. 10, 店溫突 沙壁工錢 1원 85전 ; 1921. 11. 11, 店用 張板
紙價中 4원 85전 ; 1920. 7. 29, 瓦14丈 2원 10전 ; 1921. 10. 16, 咸錫匠匣工錢
9원.

22) 『日記』1899. 1. 30, 石油1箱子 80냥下 ; 1905. 4. 5, 床塵 電氣燈2朔火價 104
냥下 ; 1908. 11. 29, 公用 12月油燈代金 23냥 5전去. 『原簿』1914. 3. 3, 電燈
料1월분 2원 20전 ; 1918. 1. 11, 電燈1개架設費 1원 61전, 電燭力16燭6燭變更
料 42전. 서울의 일반인에게 電氣가 보급된 것은 1901년 5월부터다. 吳鎭錫,
「1910-20년대 京城電氣(株)의 설립과 경영변동」, 『東方學志』 121, 2003.

23) 『매일신보』1916. 11. 14 ; 1916. 7. 29.

팔았다. 지방거래처와의 商談은 출장 나간 대리인, 중개인이나 전보, 엽서, 편지 등을 이용하였고, 늦어도 1914년 이후로는 전화도 사용하였다.[24] 지방거래처들도 출장 중인 수남상회 대리인이나 전신, 우편, 전화 등을 통해서 상품에 대한 정보와 시세를 파악하고 그때그때 필요한 상품을 주문하였다. 당시 서울의 상점들은 상품구입과 판매, 대금회수를 위해서 각지로 대리인을 출장시켰다. 그밖에 전국 각지에 있던 소작지 관리와 소작미의 징수, 매각을 위해서도 다수의 대리인을 출장시켰는데 이들과의 통신도 전신, 우편, 전화를 이용하였다.[25]

지방거래처와의 대금결제도 마찬가지였다. 출장 중인 대리인이나 중개인을 통해서 직접 수금하거나, 郵便引換, 우편振替저금 제도를 이용하여 수금하였다. 대리인, 중개인이나 우편을 통해서 상품을 주문 받아 소포나 화물운송 편으로 거래처에 보낸 후, 우체국을 통해서 상품과 대금을 교환(引換)하는 방식으로 收金한 것이다.[26] 그 경우 이들은 우편국에 소포료와 代金引換料를 납부하였는데,[27] 이는 종로 포목상 朱

---

24) 『日記』 1902. 2. 1, 海南事木浦電報費 18냥下 ; 1905. 2. 30, 崔炳喆 江鏡電報費 34냥下 ; 1908. 12. 15, 公用 郵付費 1냥 5전去. 『原簿』 1914. 4・5・6月, 3朔電話料 18원 ; 1917. 9. 15, 市外通話料 9전 ; 1919. 8. 1, 電話加入申請料 15원. 1910년대 중반의 전화번호는 2214番이다. 『매일신보』 1915. 1. 1.

25) 『日記』 1905. 4. 30, 群山高性信電報費27字 27냥下 ; 1905. 12. 30, 益山安雇洙於音事電報費 20냥下. 『原簿』 1908. 12. 20, 公用 沃川郵付費 1냥去 ; 1914. 5. 27, 淸風石根和付書郵票 3전 ; 1917. 12. 2, 鎭川電報兩次料 1원 25전. 외상값을 갚지 않으면 거래처에 催告狀을 보내기도 하였다. 『원부』 1914. 6. 1, 金禹植賣掛催告料 3전. 수남상회의 秋收員, 마름 고용은 洪性讚, 앞의 글, 2003.

26) 『매일신보』 1910. 11. 26, '광고, 각종 布木 緞屬 新式毛織 紬苧 等 廉價發賣 ……京城 종로通 22통 4호 壽南商會. 地方에는 小包引換 대금으로 迅速酬應' ; 『매일신보』 1911. 5. 20, '金銀細工製造品特別廣告. 京城南部銅峴 20통 2호 신행상회……外方에서는 엽서나 서찰로 연락하면 迅速酬應'.

27) 『原簿』 1910. 6. 14. 李憲植 灰毛紗價入文 180냥入, 李憲植 灰毛紗引換料 2냥 5전去 ; 1912. 4. 2. 김형로引換條入金 11원 18전入, 同 引換料 5전去, 小

性根(廣興泰), 白潤洙, 鄭星煥, 南部 포목상 洪順福, 서대문 포목상 崔大植(廣成泰), 종로 紙物商 鄭斗煥의 예에서 보듯이[28] 당시 서울의 상점과 지방거래처들 사이에 있었던 일반적인 대금결제 방법이었다.[29] 출장 중인 대리인이나 친족들과 원거리 송금을 할 때도 같은 방법을 이용하였다.[30]

　당연히 소포를 통한 화물우송이 증가하였고 그래서 경성우편국에서는 1912년에 郵便小包室을 증축하고 振替貯金이용법을 홍보하기도 하였다.[31] 이런 가운데 김태희 역시 늦어도 1914년에는 광화문우편국에 振替口座(경성 448번)를 개설하였다.[32] 한국자본주의의 발달과정에서 전신, 우편, 전화 등 우편통신산업의 발전은 시장확대의 중요한 수단이었고, 상인 기업가들은 그러한 전신, 우편, 전화의 주요 소비자였

包料 29전去.

28) 『매일신보』 1910. 9. 3, 1911. 8. 29, 1910. 11. 3, 9. 9, 1911. 6. 27. 아래는 그중 白潤洙의 광고이다. 『매일신보』 1911. 8. 29, '특별광고, 종로 立廛長房內 白潤洙(字 大英) 緞屬毛織等……直輸入……地方僉君子에……郵便小包로 迅速付呈이옵고 代金을 引換'; 1913. 6. 1, '至急廣告, 綢緞及毛織等 唐布屬(改良苧布)類 大發賣……上海出産地와……英國만테스토港으로……直輸入……地方에는 우편소포로……代金은 引換……新式綢緞及毛織等唐布屬改良苧布類直輸入貿易販賣商 主任 白潤洙……京城 종로 立廛長房 전화 1272번, 電信略號 4101번, 振替口座 1082번'.

29) 어떤 상점은 지방거래처에서 대금 일부를 받은 후에야 물건을 보냈다. 『매일신보』 1911. 6. 28, '광고, 종로本店 紙物鋪 金聖煥. 注文品은 事情에 따라 代金引換 小包로도 發送하나 代金의 折半 혹은 1/3이 入金되어야 發送함. 이유는 代金引換인 경우 往往 損害를 보기 때문'.

30) 『日記』 1904. 11. 6, 崔炳喆電報換給 1,500냥下 ; 『原簿』 1910. 9. 24, 內谷叔主電信送金 12,500냥去, 又電換料 100냥去.

31) 『매일신보』 1912. 3. 1 ; 1912. 6. 21.

32) 「綢緞布木貿易商 壽南商會用箋 京城 종로1丁目 電話光化門347番 振替口座 京城448番」. 『原簿』 1916. 2. 25. 光化門局 振替口座 加入料金 1원 30전 ; 『동아일보』 1920. 4. 3, '廣告……종로 1정목 內外國綢緞毛織紬苧布木商金泰熙. 電話 2214번 振替口座 京城448번'.

던 점에서 이 시기 우편통신산업 발전의 중요한 기반이었다.

수남상회는 외상거래나 금전대부 때마다 다량의 어음용지가 필요하였다. 그래서 이를 다발로 사다놓고 썼다.[33] 수입인지, 봉투, 편지지, 엽서도 마찬가지였다.[34] 포장지는 물론이고 혼수용 포목에 끼워 팔 고급 紙物도 필요했다. 그래서 주단포목상들은 흔히 혼수용 지물을 함께 취급하였는데,[35] 수남상회도 이웃 張永錫, 張仁浣, 鄭斗煥의 지물포 등에서 油紙, 白紙, 三帳紙, 貼紙, 罫紙, 書荷紙, 金箋紙, 新聞紙를 수시로 구입하였다.[36] 우체국이나 화물운송부로 상품을 운반하려면 자전거, 인력거가 필요하였으므로 차제에 자전거, 인력거도 갖추었다.[37]

점포는 거의 연중무휴로 열었다. 수남상회의 장부에서 음력 정초 며칠간을 뺀 나머지 기간에 상품거래사실이 전혀 기록되지 않은, 따라서 그 날 휴업했던 것으로 추정되는 연도와 휴업일수를 보면 1905년 5일 (1.16, 6.24, 8.15, 16, 28 : 음력. 이하 같음), 1920년 3일(5.12, 8.1, 25), 1921년 1일(5.1), 1923년 1일(8.5), 1925년 2일(2.1, 4.5), 1926년 2일(8.1, 9.5) 등 그야말로 며칠뿐이었다. 다른 해에는 설에만 문을 닫았거나 심

---

33) 『原簿』 1917. 2. 21, 手形用紙100枚 25전.

34) 『原簿』 1919. 4. 30, 收入印紙 5錢5枚, 3錢10枚 55전 ; 1919. 9. 23, 3錢印紙150 枚 4원 50전 ; 1916. 12. 20, 葉書10枚 15전 ; 1917. 12. 22, 封套及用箋價 78전.

35) 『매일신보』 1918. 3. 27, '婚書紙廣告'.

36) 『原簿』 1910. 1. 23, 營業費 裸紙3束 9냥去 ; 4. 16, 買金箋紙80斤 10냥去 ; 1912. 3. 31, 鄭斗煥 油紙2券價 1원 25전去, 又新聞紙1券價 6전去 ; 5. 4, 雜物 秩 3貼紙10束代金 2원 40전去, 又白紙3束代金 34전去 ; 1914. 8. 18, 三帳紙 13券 3원 ; 12. 21, 罫紙2丑 品紙商賣掛條 35전 ; 1916. 2. 12, 書荷紙1丑 5전 ; 9. 15, 白紙2券價 鄭斗煥處買掛給 30전 ; 1919. 12. 20, 張永錫 油紙2束 2원 80전.

37) 『原簿』 1916. 8. 17, 營業用 陳孝昌自轉車1坐 13원 ; 1917. 7. 11, 自轉車稅 1917년 1기분 1원 50전 ; 1917. 9. 11, 京城自轉車店 自轉車1座 30원 ; 1917. 10. 31, 營業用自行車機械修繕料 2원 ; 1919. 7. 2, 德昌號自行車修繕料 4원 25전 ; 1916. 12. 6, 人力車稅 1원 50전.

118

지어 설에도 문을 연 경우가 많았던 것 같다.38) 화폐정리사업으로 錢
荒이 극심했고 양력과 음력의 월말 결제 날짜까지 겹쳐 종로상인들이
대거 철시하였던 1905년 7월 31일(음력 6월 29일)에도39) 이들은 점포를
닫지 않았다. 자금사정이 극단적으로 나쁘지는 않았던 것 같다.40) 3 · 1
운동의 여파로 종로상인들이 집단 철시했던 1919년 3월에도 이들은 거
의 하루도 빠짐없이 영업한 것 같다.41) 이 기간의 장부에 별다른 異常
징후가 없는 점에서 그렇게 생각되는데, 여기에는 크게 두 가지 가능
성이 있다.

첫째는 실제로 점포를 열었을 가능성이다. 당시 수남상회는 제1차
세계대전에 따른 호경기를 배경으로 미증유의 호황을 누렸다. 그리고
김태희는 후술하듯이 이미 정치적으로 친일입장에 크게 기울어 있던
白完爀이 사장이고 金漢奎가 전무였던 京城隆興(株)에서 김한규의 후
임 전무로 발탁되어 활동 중이었으며, 김한규의 배려로 그의 잔여임기
를 채울 경성상업회의소의 2급 議員에 선임되어 활동 중이기도 하였

---

38) 1903년에는 설에도 영업한 것 같다.『日記 壬寅八月日 癸卯正二月附』의 "癸
卯(1903)正月初吉開市大吉辰 時在文6萬냥/ 李冕學外上入文 160냥上/……鄭
世俊玉洋木價在 4냥上/ 金有錫3日日收入文 36냥上……初4日 時在文6만303
냥/ 金士雲留置中 1,000냥下". 아래는 1902년 추석날의 영업기록이다. "8月15
日 時在文 23만 8,309냥 7전5복/ 孫永億洋亢羅 10尺 30냥/ ……芋洞李承旨留
置文 500냥下/ 東湖高監役白木24尺價在 5냥 5전 李元奎/ 劉泰煥白洋木 10
尺 40냥/……入合文 23만 8,442냥 7전 5복/ 出合文 8,143냥 5전".

39)『황성신문』1905. 8. 1, '종로撤市'; 윤석범 · 홍성찬 · 우대형 · 김동욱,『韓國
近代金融史研究』, 세경사, 1996, 89쪽.

40) 수남상회의 時在金은 1905년 음력 6월 22일 2만 1,844냥, 23~24일 1만 7,096
냥, 25일 1만 5,191냥, 26일 1만 5,201냥에서 27일 2,331냥, 28일 2,855냥으로
急落했으나 29일 5,230냥, 7월 1일 6,742냥, 2일 7,047냥으로 회복되었다.

41) 종로의 한국인 상점들은 대개 4월 1일부터 開店하여 4월 9일 현재 종로경찰
서 관내 대로변의 2천 여 점포 가운데 1,041個개가 開店하였고, 종로 1가에서
는 159 점포 가운데 154 점포가 개점하였다.『매일신보』1919. 4. 9.

다. 당시 경성상업회의소 의원은 32명에 불과하였고 그중 한국인은 9명뿐이었다. 김태희는 백완혁과 김한규의 지원을 받아 일약 서울의 한국인 재계를 대표하는 인물이 되었던 것이다. 그리고 그 연장선 위에서 그는 당시 서울의 대표적 친일인사들이 대거 가입하여 만든 大正(實業)親睦會의 회원이 되기도 하였다. 당연히 그의 정치적 선택은 제한적일 수밖에 없었고 그런 이유에서 그가 反日的인 집단 撤市에 가담하지 않았을 가능성이 있다. 다른 하나는 주변의 종로상인들이 대부분 집단 철시한 가운데 그 역시 그런 분위기에 편승하여 비록 겉으로는 문을 닫은 채 정상적으로 영업하지 않았지만, 실제로는 "門戶를 半開 혹은 完開"[42]한 채 은밀하게 영업을 지속하였을 가능성이다.

어쨌든 1년 내내 거의 휴일 없이 영업하기는 이 시기 종로상인 대부분이 마찬가지였다. 그래서 店員들의 일요일 휴식문제가 사회문제로 제기되었고, 京城布木商組合 등에서는 1, 3번째 일요일만이라도 휴일을 갖자고 결의하여 이를 위반한 店主에게 위약금을 물리기로 한 바 있었다. 그러나 1921년에 "수십만 원의 자본을 가진" 대형 포목상인 金淳濟포목상(종로 2가), 趙孝淳포목상(종로 1가), 柳在明포목상, 廣昌상회, 廣澤상회(이상 남대문 1가) 등이 그랬듯이 이는 거의 지켜지지 않았다.[43] 인천도 마찬가지였다. 1923년에 첫째 일요일만이라도 쉬자고 결의했으나 실효가 없었다. 점주들은 정기휴일에도 겉으로만 문을 닫

---

42) 주 44)의 『매일신보』 1926. 6. 9 기사에서 따온 말이다.

43) 『매일신보』 1921. 4. 6 ; 『매일신보』 1924. 11. 6. '公休日을 이용하여 貪利하는 巨商輩……主人의 奴隷가 되어 平生을 희생하는 店員의 신세……365일 하루도 빠짐없이 일하다가……자본 노동문제 생겨……한 달에 두 번 공휴일을 지정하여 違約하면 50원 違約金 내도록……金淳濟포목상……廣澤상회 등은 수십만 원의 資本을 가진 큰 상점인데도 공휴일 휴일을 지키지 않았다. 경성 상업계의 一大羞恥……조합원 某氏談. 呼訴無處. 主人의 覺醒만 바랄 따름. 某店員談' ; 『매일신보』 1921. 4. 7.

고 실제는 "門戶를 半開 혹은 完開"한 채 영업하였으며, 그래서 점원들도 "평일처럼 고객을 대해야" 하였다.44) 언론에서 그런 점포의 명단을 공개하며 강력히 비판하였지만 쉽게 고쳐지지 않았다.45)

서비스업인 상점경영에서는 점원의 역할이 막중하였다. 당시는 국내외 상업환경이 급변한 가운데 상점경영을 근대적인 방식으로 전환해 가는 일이 중요한 과제라서 더욱 그랬다. 그래서 1910년대 초 서울의 한국인 상업회의소에서는 점원들의 臺帳[명단]을 작성하고 그중 장기 근속점원을 표창하였을 뿐만 아니라 점원들로 靑年實業會를 조직하고 매월 1회 이상 實業講和會를 열어 그들에 대한 교육, 장려를 실시하기로 결의할 정도였다.46)

당시 일반상점의 점원들은 직무에 따라서 差人, 書記, 使喚 등으로 구분되었다.47) 그중 차인은 店主를 대신하여 상점운영의 主務를 맡은 사람으로서 대개 점포에 常住하였지만 점주를 대신하여 상품의 판매, 구매, 주문배수, 수금을 위한 지방출장에도 자주 나섰다. 그밖에 서기는 記帳과 계산 업무를 맡았고, 사환은 영업과 관련된 각종 잡역에 동원되었다. 점원들은 집에서 普通漢文이나 간단한 전통 簿記, 算術 등

---

44) 『매일신보』 1926. 6. 9의 "仁川의 布木店은 모두 30에 가깝고 店員은 7, 80명 ……3년 전 店員慰勞 목적으로 매월 제1 일요일에 定期休業하기로……일부 店主는 정기휴일에도 門戶를 半開 혹은 完開하여 商賈를 如常히 行하여……어떤 점원은 「月1회의 定休日은 店主의 月尾島自動車遊興日이며 점원에게 도리어 苦痛이 가중되는 날이다」……6日의 市內一瞥……閉戶는 폐호이나 출입구로 窺하니 店員이 平日처럼 顧客을 待하는 것이 平日과 같으며 주교 부근은 定休日의 기분이 絶無한만큼……露骨的이다".

45) 『매일신보』 1925. 7. 6, '世界共通의 公休日을 無視. 小利에 戀戀한 鐘路 各商店'. 1920년대 후반에는 토요일 半休문제도 제기되었다. 『매일신보』 1928. 7. 10, '土曜日半休問題 3氏 本府訪問. 京城組合銀行'; 『매일신보』 1928. 7. 11~12, 7. 29.

46) 『매일신보』 1912. 2. 8 ; 2. 17.

47) 朝鮮總督府, 『朝鮮人の商業』, 1925, 99쪽.

을 익힌 후[48] 使喚으로 들어가 잡역을 맡다가 서기로 승진하여 記帳과 계산업무를 맡았다. 그리고 差人이 되면 그간의 경험을 토대로 점주를 대신하여 업무를 통괄하거나 점주가 지점, 분점을 낼 경우 그걸 맡아 운영하기도 하였다.[49] 그리하여 창업자금이 마련되면 차제에 출자금을 내어 店主와 동업하거나 그 점포를 인수하였고, 때로는 아예 새 점포를 내어 독립 店主(master)가 되기도 하였다.[50] 差人이 점포경영 전반을 숙지한 主務(journeyman)였다면,[51] 사환과 서기는 업무를 더 익혀야 할 일종의 修習(apprentice)이었다. 따라서 이들에게는 수습임을 감안하여 많은 봉급을 주지 않았다. 1910년대에 수남상회 사환의 월급은 김태희 집에서 家事를 돌보던 사람의 월급과 같은 2원에 불과하였다.[52]

---

48) 1900년경 대한천일은행 開城지점의 差人, 書記, 使童 등은 7, 9세쯤 私塾에 입학하여 '普通漢文' 또는 '(韓國)簿記', '算術' 등을 배운 후 일반 商店에서 몇 년간 商業實務 경력을 쌓은 사람들이었다. 이승렬, 앞의 책, 132쪽. 종로상가의 점원들도 '普通漢文'이나 '(韓國)簿記' 또는 '算術'을 익힌 후 들어왔을 것이다.

49) 『매일신보』 1916. 2. 3의 '京城……布木商 이광선은 1906년에 배오개 廣藏市場에 支店을 내고 박세환을 差人으로 정하여 一切事務를 專任하여 오기를 8, 9년' 참조. 이광선(동부 이현 102통 3호)은 1911년 7월 현재 合名會社 彰信社의 社員이다(250원 출자). 『매일신보』 1911. 7. 9. 당시 서울에는 국내외에 지점을 둔 점주가 많았다. 『매일신보』 1912. 8. 24, '梁在嫌布木商 洋屬毛織綢緞布木直輸入大販賣 경성 남대문측 창동 1통 12호 義泰昌 전화……支店 慶北 金泉市 義泰昌'.

50) 一記者, 「서울 南村의 巨商 崔相珠氏의 半生記 - 그는 상점의 店員으로 店主가 되었다」, 『實生活』 3-10, 1932 참조.

51) 『매일신보』 1919. 11. 4, '광고 廣澤商會, 주단포목급양속……都散賣元……남대문통 1정목 105번지 綢緞布木部, 106번지 毛物製造部. 主 許澤, 布木部主務 韓錫振, 毛物部主務 李命淳';『매일신보』 1922. 7. 4, 7. 6, '광고, 綿絲布都散賣及委託販賣商 三友商會. 京城 종로2丁目2番地 本局電話 1718, 主務 全泰東 金泰熙' 참조. 三友商會의 主務 金泰熙가 본고의 金泰熙와 同一人인지는 불분명하다.

일제초 수남상회의 점원은 2, 3명 정도였다. 1910년에는 壽明 등 2명이 일했고,[53] 1914년에는 김태희 집안의 장조카인 金圭瓚(1894~1949)과 점원 姜昌文, 李敬熙(李慶熙) 등 3명이 일했다.[54] 1908년 9월 점포에서 불이 난 시간이 새벽 1시 반이고 원인이 失火였던 것으로 보아[55] 야간에도 누군가가 점포를 지킨 듯한데 아마도 차인, 사환 등 점원들이 지켰을 것이다. 종로상인들은 야간에 점포물건을 그대로 둔 채 귀가하여 도적을 맞는 일이 많았다. 그래서 언론에서도 야간에 守直人을 두라고 홍보할 정도였다.[56] 그런데 1914년경 수남상회에서 일종의 差人업무를 맡은 사람은 金圭瓚이었던 것 같다. 그의 월급이 姜昌文이나 李慶熙 월급의 두 배나 되고, 그가 당숙인 김태희를 대리하여 지방에 자주 출장하며 포목은 물론이고 다른 상품의 거래나 소작료 수납에도 참여하였던 점에서 그렇다.[57]

수남상회는 늦어도 1908년부터─이르면 1902, 1903년부터─서양식 복식부기를 도입하여 차변과 대변이 공간적으로 분리된 帳簿들을 작성하였고, 家計와 기업[경영]도 분리하였다. 1913년부터는 자본금을 확정하여 근대기업, 근대적 사업체의 중요한 특징인 자본금 불변의 원칙을 지켰으며, 日記, 補助帳簿, 總計定元帳으로 이어지는 근대적 장부

---

52) 『用下記』1916. 4. 30, 3月分下人月給 2원 ; 1917. 3. 20, 陰2月分下人月給 2원.

53) 『原簿』1910. 6. 5, 營業費 壽明月給等 101냥去 ; 1910. 7. 21, 營業費 店童2人 6月月給等 180냥去. 월급은 음력 기준으로 지급하였다.

54) 『原簿』1914. 2. 28, 圭瓚陰正月給 4원, 李敬熙陰正月給 2원, 姜昌文店童 2원.

55) 『황성신문』1908. 9. 22~25.

56) 『매일신보』1916. 11. 14.

57) 『債權秩』(1912), 「貿易秩」, 圭瓚 李元祚 1월 8일 貿苧資金去 1천원, 爲替料 江景浦韓一銀行支店 1원, 路費 12원/ 1월 27일 貿苧資金去 500원, 手數料 群山港十八銀行 75전, 電報料 55전 合金 1,514원 30전 ;『原簿』1914. 9. 15, 圭瓚 楊州來往路子 1원 70전 ; 1921. 10. 6, 圭瓚 安山去路子 2원.

체계를 갖추고 대차대조표, 손익계산서 같은 재무제표도 만들었다.[58] 근대기업의 주요 특징들을 두루 갖추어 간 것이다. 그런데 金圭瓚은 관립외국어학교 졸업생으로서 그 학교에서는 1906년부터 정식으로 부기를 가르쳤다.[59] 따라서 그는 거기서 배운 서양부기 지식을 활용하여 1910년대 초 수남상회의 장부체계를 바꾸는데 기여했을 것으로 생각된다.[60] 이런 김규찬은 1914년 9월분 월급까지 받은 후, 그 해 섣달그믐에 연말 歲饌給을 받은 것을 빼고는,[61] 더 이상 고정 급료를 받지 않았다. 정식으로 월급 받는 점원을 그만둔 것 같다. 그렇지만 그는 늦어도 1918년까지 김태희를 대신하여 여러 가지 경제활동에 나서고 있었다.[62]

김규찬이 근무 중이던 1914년 현재 수남상회의 서기와 사환 업무는 李敬熙와 姜昌文이 각각 맡은 것 같다. 두 사람의 월급은 같았지만 장부에 유독 姜昌文을 '店童'이라고 적은데서 그렇게 생각되는데, 강창문은 월급 2원의 使喚(店童)으로 들어와[63] 상품의 포장, 운반, 탁송 같은 일체의 잡역을 맡았을 것이다. 이경희는 1914년 4월분 월급을 받은 후 더 이상 장부에 등장하지 않는 것으로 보아[64] 곧 그만둔 것 같다.

---

58) 洪性讚, 앞의 글, 2002.

59) 尹根鎬, 앞의 책, 299쪽. 김규찬은 間島日報 朝鮮支社長을 거쳐 1931년에 京城府會 議員에 당선된 듯하다. 鍾路區, 『鍾路區誌』, 上卷, 1994, 665쪽. 間島日報는 1924년 間島 용정촌에서 발간된 신문이다.

60) 洪性讚, 앞의 글, 2002.

61) 『原簿』 1914. 11. 12, 圭瓚 陰8, 9月兩朔 8원 ; 1915. 2. 13, 圭瓚 歲饌給 2원.

62) 『原簿』(1918),「貿易秩」, 去記 1918. 9. 20, 伐木貿易次去金 3,409원 70전 圭瓚 金敬仲 ; 11. 23, 伐木64丈尺下陸費 14원 10전……入記 1918.10.15. 伐木53丈半[85] 454원75전 ; 10. 30, 伐木53丈半 432원 47전……1919.1.21. 火木中放入金 337원.

63) 『原簿』 1914. 4. 3, 李敬熙 陰2月給 2원, 店童昌文 陰2月月給 2원 ; 1914. 4. 29, 陰3月給 李敬熙 2원, 店童昌文 陰3月給 2원.

64) 『原簿』 1914. 5. 31, 陰4月分 李敬熙 2원.

124

그러나 姜昌文은 수남상회가 점원들의 월급내역을 장부에 기록한 마지막 해였던[65] 1921회계연도(음력 기준) 말까지 근무 중이었고 그 후도 계속 일한 것 같다. 그 사이 월급도 1914년의 2원에서 1921년에는 23원까지 올랐다.[66] 강창문이 근무하는 동안 '点童'이라는 이름의 점원이 1918년 6월에 들어와 그 해 11월까지 월급 2원을 받고 일하다가 그만두었다.[67] 1919년 4월에는 金壽吉이 역시 월급 2원의 점원으로 들어왔는데, 그는 1921회계연도 말 현재 강창문과 함께 근무 중이었고 그 후에도 근속한 것으로 보인다. 그의 월급도 1921년에는 8원까지 올랐다.[68] 1921년의 점원 수는 그 전과 크게 다르지 않았지만, 내면적으로는 1913년 이전에 월급 2원의 낮은 보수를 받는 修習으로 들어와서 그후 10년간 사환, 서기 업무를 두루 익힌 강창문이 差人으로 승진하고, 그 뒤에 들어온 김수길이 서기나 사환 업무를 맡았던 것 같다. 그 후 강창문이 스스로 독립하여 店主가 되었는지는 불분명하다. 점원들에게는 月給 외에도 연말에 약간의 歲饌代나 年終給을 지급하고 경조사를 보조하였으며, 하인들에게 그러했듯이 당연히 숙식과 衣資도 제공하였을 것이다.[69]

---

65) 1921회계연도까지는 『原簿』 「損益秩」에 營業費(店員給料지급 등등) 내역을 상세히 적었으나 1922회계연도 이후는 月末에 영업비 총액만 적었다. 따라서 그 후로는 店員과 급료 내역을 알 수 없다.

66) 1914년 1월 2원에서 1916년 1월(음력. 이하 같음) 2원 50전, 1917년 1월 3원, 1918년 1월 4원, 7월 6원, 1919년 1월 10원, 윤7월 15원, 1920년 1월 20원, 1921년 1월 23원으로 각각 인상되었다.

67) 『原簿』 1918. 8. 12, 店童 占童陰6月分半朔月給 1원 ; 9. 4, 店童 点童陰7月分月給 2원 ; 10. 8, 点童 陰8月分月給 2원 ; 12. 31, 陰11月分占童半個分 1원.

68) 入店 당시인 1919년 4월 2원에서 그해 윤7월 3원, 1920년 1월 5원, 1921년 1월 8원으로 인상되었다.

69) 『原簿』 1915. 2. 12, 昌文歲饌月給 4원 ; 1915. 2. 13, 규찬歲饌給 2원 ; 1920. 2. 18, 姜昌文年終給 30원, 承益年終給 30원, 壽吉年終給 10원 ; 1922. 1. 21, 昌文兄婚姻時 10원. 주 234) 참조.

그런데 김규찬이 그만둔 후에도 수남상회는 서양복식부기에 입각하여 일기, 보조장부, 총계정원장을 작성하고 재무제표도 만들었다. 그렇게 보면 강창문 등은 보통한문과 간단한 재래식 부기, 산술 등을 배운 후 사환, 서기로 들어와서 서양부기를 추가로 익혔거나, 아니면 학교에서 정식으로 서양부기를 배운 후 入店했던 것 같다.[70] 후술하듯이 김태희는 1916년에 금융회사인 京城隆興(株)의 監査役이 되었고, 1918년에는 그 회사 전무로 승진하였다. 1920년에는 종로 3, 4가 사이의 梨峴市場회사인 (株)廣藏의 감사역이 되었다. 당연히 수남상회 경영에만 몰두할 처지가 아니었다. 그럼에도 1910년대 후반의 수남상회가 전반적인 경기상승과도 관련해서 엄청난 호황을 누렸던 것으로 보아 姜昌文 등 이곳 점원들은 이미 상당한 실력과 경험을 가지고 있었던 셈이다.

앞서 언급한대로, 수남상회는 1926년 말부터 무역업에 본격 진출하였다. 그리고 1935년에는 상점조직을 주식회사로 개편하였다. 따라서 그 후로는 무역실무와 기업회계 등에 밝은 사람이 필요하였는데, 김태희는 근대학교에서 정식으로 상업교육을 받은 사람들을 채용하여 이 문제를 해결하고 있었다. 예컨대 주식회사로 개편한 후인 1930년대 후반에 수남상회에는 김태희(社長), 金命熙(상무), 朱定均(취체역), 金眞熙(감사역, 김태희의 從兄), 金圭柄(감사역, 김태희의 종형인 金在熙의 장남)과 金信培(經理 등 모든 업무를 총괄한 部長格), 太錫圭, 鄭某, 그밖에 補助 2명이 근무하였다.[71] 그런데 그중 朱定均은 1907년에 보성전문학교를 졸업한 후 1908년에 박승희와 함께 『最新經濟學』이라는

---

70) 종로에서 海東商會를 운영한 유극렬은 富豪家 출신으로서 18세에 일본유학 (와세다대학 정치과)을 떠나 3년만인 1910년에 귀국하였는데 "종로 漢陽商會에서 1년 간 見習한 후" 친구 金顯濟와 함께 亞歐雜貨輸入商인 해동상회를 창업하였다. 『매일신보』 1913. 2. 14.

71) 김신배 옹의 증언.

126

경제학 교과서를 내고 大東法律學校, 普成專門學校에서 강의까지 하였으며, 한성은행에서 근무 중이던 1923년 11월에는 분규 속의 보성전문학교 교장에 내정되기도 한 斯界의 거물이었다.[72] 그리고 金信培는 京畿公立商業學校에서 무역 등 각종 상업실무를 정식으로 배운 사람이었다.[73]

그렇지만 김태희는 이들에게 실무를 맡기고도 그날그날의 최종결산은 자신이 직접 확인하였다. 1930년대 중반에 수남상회 직원들은 밤 10시경 업무가 끝나면 관철동 김태희 집으로 중요 장부와 현금을 들고 가서 입금액 등을 일일이 확인한 후 일과를 마쳤다.[74] 김태희처럼 근대교육을 받지 않았던 그래서 상업교육을 받은 적이 없고 일본어도 못

---

72) 李基俊, 『韓末西歐經濟學導入史研究』, 一潮閣, 1985, 83, 294쪽 ; 『조선일보』 1923. 11. 6. 주정균은 武科급제한 朱洪烈의 아들로서 한말에 漢城 中署 典洞 31統 1戶에 살았다. 漢城師範學校(1897) 졸업 후 1900년부터 果川, 仁川府의 公立小學校 敎員으로 일했고 1903년에는 官立小學校 敎員이 되었다. 한말 일제 초에 한국인 법률가들이 만든 법학협회(1908-1916)의 편술원으로서 『商法總論』, 『法學通論』, 『萬國公法』도 출판하였다. 『대한제국관원이력서』 25 책, 646면 ; 崔鍾庫, 『韓國法學史』, 박영사, 1990. 김신배 옹에 따르면 1930년 대의 朱定均은 늘 정장에 넥타이를 맨 점잖은 老人이었다. 직원들을 일일이 지시하는 일도 없고, 업무를 물으면 정곡을 찔러 대답했지만 묻지 않는 한 종일 말이 없었다. 그저 직원들이 올린 서류에 도장만 찍었다. 그래서 김신배 옹은 당시까지도 그가 누군지 몰랐는데 후일 先親(金顯貞, 해방 후 輔仁商業 學校長)의 大東法律學校 졸업증서(1910년)에서 그가 그 학교 講師였던 것을 알고 무척 놀랐다고 한다. 업무에 무척 밝은 분이라고는 생각했지만 그런 거 물인지는 몰랐다는 것이다. 김옹은 그가 일본어로 말하는 것을 본적이 없었 다면서 일본어를 못했거나 적어도 능숙치 않았을 거라고 증언하였다.

73) 1928년에 입학하여 1933년에 졸업한 김신배 옹에 따르면 이 학교는 학교 안 에 銀行, 運送部, 稅關 등을 차려놓고 실무훈련을 시켰고 부기, 무역실무, 영 문 및 한자 타이프, 주산도 철저히 가르쳤으며, 특히 교장이 勅任官이고 武官 이 두 명이나 있던 모범학교였다고 한다.

74) 김신배 옹의 증언. 그는 김태희가 근대학교를 다닌 적이 없고, 日語도 못했으 며, 성미가 불같았다고 증언하였다.

했던 종로상인들은 자신들의 철저한 감독아래 상업학교 출신이나 때
로는 專門學校에서 강의까지 하였던 거물인사들을 고용하여 상점경영
의 근대화를 추구해 갔던 것이다.[75]

　이 시기 수남상회의 점포운영에서 주목되는 일은 新聞, 즉 인쇄자본
주의(print capitalism)의 발전을 적극 활용한 점이다. 우선 이들은 한말부
터 제국신문, 황성신문, 대한민보, 대한매일신보 등 여러 종류의 신문
을 구독하였다.[76] 강점 후인 1910년대에도 매일신보, 경성일보, 大阪每
日新聞과 잡지 半島時論을 구독하였다.[77] 1920년대에는 국내 한국인
신문인 時事日報, 동아일보, 조선일보는 물론이고, 商工新聞 같은 專
門紙와 국외에서 발간된 朝日新聞, 滿洲日報 등을 구독하였다.[78] 이

---

75) 수남상회처럼 개인상점(포목상)으로 출발하여 1935년 4월에 주식회사로 개편
　한 許澤의 廣澤商會(茶洞, 자본금 50만원)에서 1930년대 후반에 연희전문학
　교 상과의 盧東奎 교수를 監事로 영입한 것도 같은 예다. 中村資良 編,『朝
　鮮銀行會社組合要錄』, 1937년판.

76)『日記』1903. 7. 7. 帝國新聞價 7냥 5전下 ; 1905. 1. 30, 李眞興皇城新聞價
　102냥 2전 5복下 ; 1910. 2. 5, 公用 大韓民報 6個月代金 94냥 5전去 ; 1910. 4.
　25, 公用 每日申報 5月代金 15냥去 ; 1910. 5. 10, 영업비 新聞代金 15냥去.
　帝國新聞(데국신문)은 1898년 8월에 창간한 한글 일간지다(사장 李鍾一, 주필
　李承晚). 1907년 경영난으로 西友學會長 鄭雲復이 편집주필이 되었다. 大韓
　民報는 大韓自强會 후신인 大韓協會가 1909년 3월 月刊 大韓協會會報를 日
　刊의 大韓民報로 바꾼 기관지다. 吳世昌 등이 창간하였다.

77)『原簿』1916. 3. 4, 2月分每日新聞代金 30전 ; 1920. 10. 30, 每日大阪10月分代
　2원 50전 ; 1916. 2. 26, 2月分大阪每日新報代金 55전 ; 1916. 12. 25, 大阪每日
　京城日報 1원 5전 ; 1921. 10. 30, 大阪每日京日新聞代10月分 2원 50전 ;
　1917. 10. 23, 半島時論1年分先金中 40전 ; 1919. 6. 7, 半島新聞代 20전. 半島
　時論은 1917년에 竹內錄之助가 창간한 한글 月刊誌로서 本社는 東京, 朝鮮
　發賣所는 京城에 있었다.

78)『原簿』,「損益秩」1920. 6. 2, 時事新聞5月分新聞代 60전 ; 1920. 7. 23, 7月分
　東亞日報代 60전 ; 1920. 6. 25, 朝鮮新聞5,6兩朔代 1원 20전 ; 1920. 6. 25, 朝
　日新聞代 1원 30전 ; 1921. 3. 31, 滿洲日報2월18일~3월31일至 1원 5전 ;
　1921. 3. 6, 商工新聞1,2兩朔分代 50전. 商工新聞은 京城商業會議所에서 발

들이 이처럼 다양한 종류의 신문 잡지를 구독한 데는, 예컨대 친분 있는 신문사, 잡지사 관계자의 간청에 의한 일종의 '好意的 寄附行爲'로서 구독한 측면도 있을 터이고,[79) 또 포장지(신문지) 확보를 위해서 필요한 면도 있었겠지만, 실제는 그 이상이었다.

주지하듯이 당시는 국내외의 정치, 경제, 사회변동에 따른 경기변동, 환율변동이 심했다. 당연히 포목, 紬苧, 綢緞, 모직 등의 가격변동도 심했다. 특히 직물은 중국, 일본, 영국 등 輸入先이 다양하여 해외의 정세변화가 영업에 큰 영향을 미쳤다. 1911년 신해혁명으로 중국의 정세가 동요하자 중국에서 수입이 줄고 대신 일본에서 견직물 수입이 급증했다거나,[80) 1917년에 러시아혁명으로 러시아로의 수출길이 막힌 某회사가 다량의 毛布를 投賣하였던 것이 그런 예였다.[81) 그래서 포목상들은 일찍부터 경성포목상조합 등을 만들어 조합차원에서 수집한 정보에 기초하여 수시로 定價票를 배포하는 등 집단대응하기도 했지만,[82) 개인적으로도 국내외 정세변동, 상업환경 변화에 관한 정보를 수

간한 商工時報인 듯하다.

79) 李達汝, 「新聞廣告의 長短得失」, 『商工世界』 창간호, 1923.

80) 『매일신보』 1911. 12. 23.

81) 『매일신보』 1917. 12. 29, '鼠色毛布의 投賣開始. 現金에 困苦하여 되는 대로 大放賣'의 "某商會가 露領方面에 輸出할 목적으로……金利倉敷 등의 관계로 今回至急 爲替金의 필요상 年末決算期까지 2枚續 1호 3원50전……(의)破格으로써 投賣를 東京市 神田區 東松下町 55번 日本倉庫商會에 위탁" 참조.

82) 「左開. 廣木 1疋 洋木 1필 金 52錢式, 玉洋木 1필 金 25錢式……長城苧 每尺 金 1錢5厘式 大正 8년(1919) 10월 20日 爲始 京城布木商組合長 朴承稷 印」. 輸入商들도 정가표를 배포하였다. 아래는 共益社, 安盛商店의 예다. 「改良苧布定價票. 生苧之部 貴票 8원 30전, 福票 7원 50전……産地暴白改良品 己票 4원 50전……以上 左記와 如히 相定候也 大正4년 4월 京城 南大門通 2丁目 株式會社 共益社」 ; 「改良苧布定價票. 生苧之部 富票 隨其品質定價, 貴票 8원 30전……産地暴白改良品 己票 4원 60전……大正4년 5월……共益社」 ; 「廣木改正定價票. 三A票 140圓也……大正3년 6월 12일 改價. 京城安盛商

집하여 기민하게 대응하지 않을 수 없었다. 포목거래 외에 지주경영, 부동산투기, 유가증권투자, 대부자금운용, 환전업, 증권매매업까지 하였던 수남상회는 경제환경 변화에 따라서 때로는 기존의 수익자산 구성까지 바꿀 필요가 있었기에 더욱 그러했다. 1910년 8월에 서울의 대표적 청년실업가였던 한일은행 지배인 金鎭玉, 한성은행 취체역 白寅基 등은 경성상업회의소 건물에 사무실을 둔 靑年實業俱樂部를 조직한 후 그 구체적인 사업으로서 일어, 부기, 商科교육 실시와 '新聞縱覽所' 설치문제를 협의하였다.[83] 청년실업가들도 신문閱讀을 상업지식, 경제정보 획득의 첩경으로 인식하였던 것이다.

　수남상회는 신문을 광고수단으로도 적극 활용하였다. 한국에서 신문이 상품과 기업 광고에 이용된 것은 19세기 말부터인데,[84] 수남상회도 한말부터 이를 이용하였다. 그러나 이때는 어음분실이나, 화재에 따른 주식 및 땅문서 소실 또는 임시영업소 개설 같은 특별한 경우에만 활용하였다.[85] 그러나 1910년에 김태희가, 부친 김상태가 사망하여, 상점경영을 父세대 4형제의 合資경영에서 자신과 종형제간의 합자경영으로 바꾸면서 경영권을 장악한 후로는 신문광고를 영업에 적극 활용하기 시작하였다.[86]

　1910년 7월 10일에는 "世運의 進化와 상업의 발전을 隨하여 업무를

店」; 「廣木改正定價票. 三A 131圓 70錢……大正3년 10월 10일 京城 安盛商店 전화 581번」.

83) 『매일신보』 1910. 8. 31, '實業俱樂部'.

84) 『漢城週報』(1886. 2. 22)의 世昌洋行 광고가 효시이다. 김충기, 「광고매체의 어제와 오늘」, 조병량 편, 『한국의 광고』, 한국광고학회, 1995, 179쪽.

85) 『황성신문』 1904. 12. 3～12. 7, 1909. 3. 2 ; 『매일신보』 1911. 10. 8～10. 11 ; 洪性讚, 앞의 글, 2002, 2003.

86) 도장분실 같은 특별한 경우에도 신문광고를 활용하였다. 『原簿』 1914. 3. 17, 姓名章闌失廣告料 1원 30전 ; 1914. 3. 18, 水晶印材及刻工金 3원 20전 家用秩記入.

新鮮 확장"하기로 했다는 광고를 『대한매일신보』에 실었고,[87] 일제가 한국을 완전강점한 직후인 8월 30일에는 같은 광고를 『대한매일신보』의 후신으로 총독부 기관지가 된 『매일신보』에 실었다. 안팎의 새로운 상황을 맞아 차제에 새로운 각오로 영업에 임하겠다는 자세를 표명한 것이다. 그리고 그 해 11월 26일부터 이듬해 1월 20일 사이에도 같은 신문에 거의 매일 점포광고를 실었다.[88] 그 후에도 그는 1915년에는 『매일신보』, 1921년에는 『조선일보』, 1922년에는 『京城日日新聞』 등에 신년광고를 실었고,[89] 1919년 5월에는 『매일신보』에 고종황제의 사망을 애도하는 광고를 냈다.[90] 1918년 10월에는 대전의 일본인들이 발행한 『湖南日報』에도 광고를 실었다.[91] 1920년 3, 4월에는 『조선일보』, 『동아일보』에 창간축하 광고를 냈고, 1919년에는 영업망이 만주에도 확대되어 있던 가운데 奉天에서 발간된 『만주일보』에도 광고를 실었다.[92] 1910년대 후반에는 잡지 『半島時論』, 문예지 『泰西文藝新報』에

---

87) 『매일신보』 1910. 8. 30, '광고, 本商會는 世運의 進化와 商業의 發展을 隨하여 業務를 新鮮擴張하야 各種 布木 綢苧 緞屬 新式毛織 等 諸般 衣服所用 物貨를 多數貿易하야 僉君子의 請求를 誠實酬應하오며 지방에는 請求만 하시면 郵便小包나 運送部로 送呈하고 代金은 引換하겠사오니 地方에 商店이나 所用되시는 僉君子는 多數 請求하심을 望. 韓國收入印紙原賣所 有價證券典當賣買所 京城 종로通 22통 4호 수남상회 김태희'.

88) 『매일신보』 1910. 11. 26 ;『原簿』 1910. 5. 5, 영업비 新聞廣告3個月36回代金 先給 600냥去 ; 1910. 5. 30, 新聞廣告費等 538냥 7전 5分去.

89) 『매일신보』 1915. 1. 1, '광고, 謹賀新年 京城 鐘路1丁目 64번지 綢緞毛織紬苧布木商 壽南商會 金泰熙 電話 2214番' ;『原簿』 1915. 1. 7, 每日申報新年廣告 3원 ; 1921. 1. 20, 朝鮮新聞新年號廣告 3원 ; 1922. 1. 21, 京城日日新聞新年廣告料 2원.

90) 『原簿』 1919. 5. 28, 每日新聞李太王哀悼廣告料 3원.

91) 『原簿』 1918. 10. 27, 湖南日報慰問廣告 50전.

92) 『동아일보』 1920. 4. 3, '祝創刊廣告' ;『原簿』 1920. 3. 15, 朝鮮日報祝賀廣告料 2원 ; 1920. 4. 19, 東亞日報祝賀廣告料 4원 ; 1919. 8. 4, 滿洲日報 廣告料 1원. 『만주일보』는 1919년에 鮮于日과 李相協이 "有力日人의 後援"을 얻어

도 광고를 냈다.[93]

　신문, 잡지를 광고매체로 이용하기는 서울 한강변 東幕에서 정미소를 운영하면서 곡물의 위탁판매, 미곡무역, 魚鹽客主, 氷船業, 철도화물취급업과 有隣생명보험, 일본생명보험회사의 대리점까지 경영하였던 김태희의 사촌 金洙熙와 金洛熙도 마찬가지였다. 업종의 성격상 김태희만큼 자주 싣지는 않았지만『半島時論』과『매일신보』등에 수시로 광고를 냈다.[94] 이들은 전국 거래처를 상대하자면 신문, 잡지만한 광고매체가 없음을 일찍부터 정확히 인식했던 셈이다.[95] 전국규모의 신문과 잡지의 보급, 인쇄자본주의 발전은 이 시기 상업발달을 촉진한 중요한 수단이었고, 동시에 이 시기 상업발전은 상인, 자본가들이 그러한 신문과 잡지의 주요 구독자이자 광고주였던 점에서 인쇄자본주의

　　발간했다.

93)『原簿』1917. 10. 20, 半島時論廣告料 1원 ; 1919. 1. 6, 半島時論廣告料 1원, 泰西新報 廣告料 1원 ; 11. 25, 半島新聞新築廣告料 2원.『泰西文藝新報』에는 1919년 1월 1일자에 광고했는데 독자가 有産階級의 인텔리층이라서 그 號에는 양복점(영국산 직물로 양복을 注文제작한 祥興洋服店), 金銀賣買細工商(和信, 信行, 朝信, 廣東, 金光商會), 大昌貿易(株), 綢緞 洋屬 紬苧 布木 直輸入貿易商(柳在明, 金熙俊), 洋靴經濟靴都賣商(高重熙), 電氣活命液滋養強壯怪力丹發賣本鋪(再生堂藥房), 藥種貿易商(博愛堂藥房), 新舊서적 출판판매 및 태서문예신보경성판매소(廣益書館), 舊派극장(光武臺), 歐美最新활동사진常設館(團成社), 券番(漢城券番), 조선요리집(大盛館) 등이 廣告를 실었다.

94)『半島時論』2-10, 1917. 10, ‘광고, 穀物委託販賣業 米穀貿易精米業 魚鹽客主 氷船業 鐵道貨物取扱業 有隣生命代理店 日本生命代理店……東幕上里246番地 東一精米所主 金洙熙 電話2931番.’『매일신보』1919. 1. 1, ‘광고, 喪忌中年賀缺禮……東幕上里 金洙熙, 金洛熙’. 金相敏 家는 釜谷宅(‘가마골댁’)으로 불렸는데 가마골은 지금의 마포구 용강동에 해당하는 東幕(독막에서 연유)을 말한다.

95) 1930년대에도 종로상인의 신문잡지 광고는 흔한 일이 아니었다. 吳鎭錫,「일제하 미군정기 한승인의 정치활동과 경제인식」,『연세경제연구』VII-1, 2001.

발전의 중요한 기반이었다.

3. 사회활동과 生活意識

1) 사회활동

19세기 말에 종로 1가에 점포를 가지고 포목장사를 하였던 김태희 家는 문명개화사상이 사회 각 방면으로 급속히 확산된 가운데 수구와 개화, 보수와 혁신, 전통과 근대, 반일과 친일의 조류가 복잡하게 얽히 며 마찰한 종로에서 사람을 사귀고 세상을 배우면서 경제활동을 하였 다. 그리하여 이들은 종로상인인 동시에 전국 각지에 토지를 가진 대 지주이자 자본가, 기업가로 성장하여 갔다. 주지하듯이 상인이란 이익 을 쫓는 존재이다. 당연히 이익이 나는 일이라면 언제 어디든 달려갔 다. 그렇지만 상업경영, 부동산경영, 대금업, 주식투자 등을 통해서 이 익을 얻으려면 무엇보다도 관련업계의 핵심정보에 접근하는 일이 필 요했고, 그러자면 거기에 상응한 다양한 형태의 정치, 경제, 사회적 연 결망의 확대가 요구되었다.

그런데 당시 서울은 조선왕조 이래의 오랜 首都였고 그 중에서도 종로 1가는 서울의 정치, 행정, 군사 및 상업 활동의 중심지이자 문화, 사상, 종교의 중심지였다. 따라서 이곳에는 관리, 상인, 수공업자, 노동 자는 물론이고 문화인, 종교인 등 다양한 人間群이 모여 살았다. 궁궐 과 정부청사 방위에 필요한 각급 군인들도 함께 살았다. 유동인구도 많았다. 김태희 家는 이런 종로 1가 부근에서 여러 대를 살았다. 그래 서 6대조 이하의 先瑩이 지금의 서울 은평구 일대인 경기도 고양군의 延曙面 大棗里와 神道面 紙扭里 五富者洞 등 서울 서부지역에 집중 되었고, 통혼권도 종로부근에 집중되었다. 김태희의 종형제들도 각각

禁後洞宅(金重熙), 砂器洞宅(金眞熙), 典洞宅(金在熙) 등으로 불린 데서 보듯이, 종로 1가 부근의 청진동, 서린동 등지에 살았다. 김태희의 外叔, 姑叔도 서울 內洞 등지에서 살았다.[96] 김태희의 첫째 子婦는 종로 교북동 4번지에서, 둘째 자부는 서린동 149번지에서 태어났고, 동생 金命熙의 첫째 자부도 관철동 187번지에서 태어났다. 1916년에 다동 178번지에 대지 19평을 소유했던 劉泰侹은 김명희의 사돈이었다.

김태희 자신도 마찬가지였다. 그는 1910년대 초에 開川(청계천) 건너편 교동 17번지에서 살았는데,[97] 1918년 6월에 이를 팔고 일찍이 文科를 거쳐 이조참판, 내부대신, 경기도관찰사 등을 지낸 李根命의 茶洞 45번지(건평 91평) 집과 거기에 붙은 40번지 가옥을 구입하여 이사하였다.[98] 그 후 동생 김명희(1891~1938)는 1921년 8월에 白寅基 소유의 茶洞 24번지 瓦家 27間半(건평 45.58평)을 매입하여 살림을 나왔고,[99] 김태희는 1935년 6월에 다동 40, 45번지 집을 팔고 貫鐵洞 28번지로 이사하였다.[100] 김명희 역시 그 후 앞의 28번지와 붙은 관철동 34

---

96) 김태희의 고모(金富姓)가 경기도 봉래정 1정목 132번지 金義鉉의 2남 金澤容과 혼인하였다.

97) 『戶籍簿』. 대지 87평으로서 토지조사사업 所有權査定(1912년 6월) 때부터 1918년 8월까지 소유하였다. 김규병은, 부친 김재희가 일찍 죽어(1908) 김태희가 돌보았는데, 1915년 이후 옆집인 무교동 16번지에서 살았다.

98) 『原簿』1918. 6. 20, 京城茶屋町 45번지, 40번지 本第 買收金 7,035원……12. 31, 40번지 3間加建築費 112.61원.『原簿』(1919)에는 "다옥정 45, 40번지 兩家 소재 건평 91평3合4勺6촌, 宅地面積 249평, 총가액 8,593.86원"으로 기록되었으나『土地臺帳』에는 대지가 각각 249평, 36평으로 되어 있고 40번지 소유권도 1921년 3월 8일에 移轉된 것으로 되어있다. 원소유자는 李根命－李忠世 부자로서 이근명은 강점 후 작위(자작)를 받았고『시사신보』에서 조사한 50만 원 이상 자산가 1,018명(그중 한국인 32명) 가운데 1명이었다.『每日申報』1911. 7. 28.

99) 『原簿』1921. 7. 18, 京城 茶屋町 24번지 垈 101평, 瓦家 27間半 契約金 500원……8. 19, 右賣買登記印紙代 255.94원……計金 8,131원 44전.

100) 대지 338평이다. 다동 40, 45번지는 茶洞妓生組合의 하규일, 김숙원에게 팔았

번지로 이사하였다.[101]

김태희가 살았던 무교동, 다동, 관철동 일대는 정부청사가 가깝고 상가가 밀집한 곳이라서 일찍부터 고위 관료와 상인들의 고급주택 및 요릿집이 많았다. 1916년의 경우 茶洞에는 白完爀, 白樂仲, 白南信, 白寅基, 趙鎭泰, 芮宗錫, 趙秉澤, 宋秉畯, 韓龍植, 金完植, 金漢奎, 朱性根, 朴泓鎰, 柳在明, 劉臣赫, 金聖煥, 金㳽炳, 崔贊熙, 李根敎, 李根命 등 당대의 일급 상인과 기업가, 고위관료들이 살거나, 직접 거주하지는 않더라도 그곳에 적게는 1필지에서 많게는 6, 7필지의 대지를 소유하고 있었다.[102] 김태희 가는 이들과 이웃에 살면서 자연스럽게 교분을 가질 수 있었다.[103]

이들은 점포운영을 통해서도 서울의 상인 및 각계 유지들과 긴밀한 관계를 맺었다. 점포가 종로 1가 64번지로서 壽進床廛 구역에 위치했기에 일찍부터 壽進床廛契에 참여하였다.[104] 옆에 점포를 가지고 있던 朱性根(60번지, 55평), 金元植(61번지, 33평), 金潤錫(62번지, 35평), 崔祥鉉(63번지, 36평), 張仁浣(65번지, 21평), 鄭台煥(66번지, 18평), 鄭圭煥(67번지, 74평) 등과는 오래 전부터 도움을 주고받아온 처지였다. 서로 자금을 융통하고, 경조사를 돕고,[105] 이런저런 사업에 함께 참여하였다. 서울과 지방의 오랜 거래처들, 단골고객과도 마찬가지였다. 그의

는데 그 후 (株)朝鮮劵番, (株)三和劵番, 有限會社 京城司友會의 劵番이 되었다. 『土地臺帳』 ; 『매일신보』 1917. 1. 1.

101) 대지 204평의 세칭 99間짜리 집으로 집안에 당구대도 있었다. 김영주 증언.

102) 『土地臺帳』.

103) 『原簿』 1918. 2. 9, 李忠世家賻儀 黃燭5双 1원.

104) 『日記』 1902. 2. 25, 壽進床廛契錢 20냥下 ; 1903. 6. 10, 壽床廛契錢 20냥下 ; 1906. 1. 25, 床廛都家契錢 10냥下.

105) 『原簿』 1916. 10. 10, 金潤錫 妹弟婚禮時 綿2器 1원 ; 1918. 6. 27, 金潤錫 父喪花盆價 人力車雇 3원 90전 ; 『用下記』 1916. 4. 3, 金元植家 婚姻時 綿1器 50전.

점포에는 오랜 고객이나 거래처 사람은 물론이고 승려나[106] 하찮은 떡 장수로부터 雲峴宮, 警務廳[107) 등 각급 관청 관계자와 일찍이 承旨, 참판, 監察, 議官, 校理, 군수 등을 지낸 인물까지 드나들었다.[108] 종로 부근에 살면서 후일 독립운동에 투신했던 盧伯麟, 許憲 같은 이도 드 나들었다.[109] 출입목적도 다양하였다. 물건을 사러 온 사람, 팔러 온 사 람, 돈을 꾸러온 사람,[110] 이자놀이를 위해서 여유자금을 맡기러 온 사 람,[111] 내외국 화폐를 교환하러 온 사람에서부터[112] 신문이나 잡지 구

---

106) 『日記』 1903. 6. 1, 興國寺 德五 白*苧 28尺 95냥 ; 1905. 5. 18, 興國寺僧 白 苧價在 54냥 ; 11. 5, 興國寺 妙覺 興成文 78냥 5전.

107) 『日記』 1899. 5. 30, 警務廳 貸去文 1만 4천냥下 ; 6. 15, 警務廳 貸去中入文 9천냥上 ; 7. 28, 警務廳 貸去中 邊入文 2,970냥上[30냥 不足].

108) 『日記』 1902. 8. 14, 李承旨 紙貨 520원[76]加計22,880냥下 ; 8. 15, 苧洞 李承 旨 留置文 500냥下 ; 1904. 10. 6, 李參判 紙貨190元[8]加計給 8,550냥下 ; 1905. 10. 16, 吳參判留置中 紙貨條 6천냥下 ; 1904. 10. 20, 龍仁金監察 玉洋 木5尺 31냥 2전 5분下 ; 12. 8, 南議官換給 度支上納條 1만냥下 ; 12. 16, 南 議官 太41석 仁放會中入文 李俊九客主 10,500량上 ; 1908. 12. 21, 姜議官 鞋 價 100냥去 ; 1905. 2. 19, 閔校理 盆山先納條給 5만냥下 ; 1908. 10. 12, 魚牙 山留置中給 2,500냥去 第一銀行錢條 ; 10. 20, 公用 魚牙山家扶助牛臂價 120 냥去.

109) 『原簿』 1910. 11. 15, 金聖萬 債去文1만냥去 盧伯麟振出手形 ; 1912. 5. 10, 許 憲 引換金入金 3원 57전入 ; 5. 10, 金衡魯 許憲 引換料 14錢去. 한말에 盧伯 麟은 漢城 北署 苑洞(1통 1호)에 살았다. 許憲은 京城府 唐珠洞(151번지)에 살면서 京城官立京洞小學校, 官立漢城高等學校 등을 다녔다.

110) 『日記』 1899. 6. 20, 高順哉貸去文 15,270냥下 ; 7. 5, 高順哉貸去內 2만냥上.

111) '證. 一金 140圓也. 右은 每朔每百圓의 75錢의 比例利息으로 任置함. 단, 任 置主가 請求證이 有헐 時는 금액을 支撥하고 追後相計헐 事. 壬子(1912) 3월 12일 경성 종로통 22통4호 수남상회. 安濤殷' 참조.

112) 『日記』 1899. 7. 11, 金國鉉留置 銀貨 167원 4,175냥上 加計錢 1,127냥 2전 5 분上 ; 7. 11, 安承教留置銀貨 52원 1,300냥上 加計錢 344냥 2전 5분上……魚 音條 1,150냥上 ; 1902. 2. 29, 全泓國留置條 大銀 124元, 紙貨 35원, 大銀 23 원, 又 17원 ; 1904. 12. 19, 閔天翼留置文 574냥上 東貨11元 1角[107] ; 1905. 7. 17, 吳參判留置文 自釜谷來條 7,650냥上 東貨100元價幷.

독을 권하러 온 사람, 기부금을 얻으러 온 사람까지 다양하였다. 당연히 이들과도 크고 작은 인연을 맺었다.

수남상회는 1905년 화폐공황 직후에 서울의 한국인 포목상들이 조직한 彰信社의 조합원이 되었고, 그 조합이 합명회사로 개편된 후에는 社員(출자금 1천원)으로 참여하였다.[113] 당연히 거기서 함께 활동한 서울의 유력 포목상 洪鍾晥, 安義淳, 李潤庸, 李鼎煥, 崔錫柱, 田得永, 韓世顯, 金東爀, 金然鶴, 扈根植, 鄭聖煥 등과 유대를 다질 수 있었다.[114] 종로상인들이 만든 여러 契에도 참여하였다. 한말에는 창신사 조합원들이 만든 彰信契에 가입하였고,[115] 1910년대에는 禮信團契, 長進契, 啓蓄契 등에 가입하였다.[116] 그런데 이들 계는 대부분 出桶契였다. 출통계는 수십 또는 수백 명의 계원이 조직하여 매월 1원가량의 계금을 받아 그 절반을 당첨한 계원 1, 2명에게 몰아주고 나머지를 契中에서 殖利하여 마지막 곗날에 원금과 이자를 분배하였는데, 당시 종로상인들은 "以前 各廛都中이나 또는 同志者 수십 인이 단합하여" 이런 계를 조직하는 일이 흔했다.[117] 김태희 家도 이런 계에 참여하였다. 그

---

113) 洪性讚, 앞의 글, 2002.

114) 『매일신보』 1911. 7. 9 ; 1913. 1. 1, '광고, 경성 남대문통 합명회사 彰信社 전화 689번 진체저금 615번. 1. 본사의 賣買品은 廣木 獨立門票 織字旗票, 1. 본사의 특약판매품은 廣木 玉洋木 洋達里 綿絲 洋木 細木 毛織 麻 美緞 毛絲 白木, 1. 본사는 각국 織物綿絲類 直輸入商 內外國産物委託賣買業'.

115) 『日記』 1905. 10. 17, 彰信社契錢 60냥下 ; 1908. 10. 17, 彰信社契錢 60냥去 ; 1910. 2. 17, 彰信社契錢 60냥去. 김상민(김수희, 김락희) 가도 계원이었던 것 같다. 『일기』 1905. 10. 2, 釜谷宅借去文 彰信禊錢條 60냥下.

116) 『用下記』 1917. 6. 26, 禮信團契4回金費用 17원 50전 ; 1918. 2. 26, 禮信團契錢 4원, 宴會費 2원 20전 ; 1916. 2. 10, 長進契契錢 1원 ; 11. 9, 啓蓄契契錢 1원.

117) 출통계는 김필동, 「조선시대 말기의 계의 변모」, 『사회와 역사』 11, 1988 ; 『매일신보』 1913. 5. 10, 1916. 5. 14, 1916. 5. 18 참조. 계원이 300명일 경우, 檀木으로 卵形 300개를 만든 후 그곳에 번호와 계원이름을 적어 白楊木으로 만

리하여 계원들과 유대를 다질 수 있었고, 1910년에는 彰信契, 1916년
에는 啓畜契, 1927년에는 長進契에 각각 당첨하였다.[118]

혼인도 사회적 연결망 확대의 중요한 수단이었다. 김태희는 차남 圭
溶을 서린동 白樂承의 딸 白榮得과 혼인시켜 大昌貿易(株), 大昌織物
(株)의 白潤洙 家와 사돈을 맺었다.[119] 漢南洞의 자산가 林炳達 家와
도 사돈을 맺었다. 임병달은 한강을 무대로 활동한 상인집안으로서
1937년에 경기도 여주에만 논 80정보, 밭 30정보 등 농지 110정보와 소
작인 410명을 거느린 대지주이기도 하였다.[120] 당시 상인들은 혼인을

든 나무통에 넣고, 매월 두 번 나무통 上部 구멍으로 木卵을 出桶하여 당첨
된 계원에게 계원들이 낸(1원씩) 300원 가운데 150원을 주고 나머지는 契中에
서 殖利하였다. 제2회 출통 때는 1회 당첨자를 뺀 나머지 木卵 299개로써 당
첨자를 뽑아 150원을 주고 나머지 149원은 殖利하며, 마지막 회에는 그간 殖
利한 元利金을 배분한다. 따라서 "無福者라도 300회만 저축하면 250, 260원
또는 360, 370원을 得"하여 "한 資本"을 마련할 수 있었다. 그러나 이들은 契
설립자가 하등의 積立金이나 合名의 책임을 지지 않았고 文簿도 불완전한
경우가 많았다. 따라서 契운영자가 계금을 詐取하거나 중간에 계가 깨질 경
우 금융사고로 이어졌다. 그래서 당시 언론은 이런 문제점을 자주 지적하였
고 종로경찰서 등에서도 이를 수시로 단속하였다.

118) 『原簿』1910. 6. 2, 彰信契 出甬廳使5名行下錢 100냥去 ; 6. 3, 彰信社契 出甬
錢 實額入文 8,370냥入, 彰信社契 出甬錢 持來下人行下 75냥去 ; 1916. 12.
5, 啓畜契 出桶金 220원入 ; 1927. 10. 30, 長進契出甬金 320원入.

119) 白樂承은 백윤수의 아들이자 樂元의 동생이다. 서린동 149번지(대지 247평)에
살았다. 비디오예술가 백남준의 부친이다. 대창무역은 朝鮮綿布界의 元祖인
白潤洙가 주도하여 조진태, 홍충현, 김용집, 배동혁, 백낙원, 백낙승 등과 함
께 內外諸직물과 기타 생산품의 수출입을 목적으로 1916년 4월에 창립하였
다(자본금 50만원). 1918년의 중역은 취체역 백윤수, 백낙원, 백낙중, 백낙삼,
백낙승, 감사역 조진태다. 백윤수 사망 후 장남 樂元이 사업을 이었다. 대창
직물은 1924년 9월 백윤수, 백락원이 설립한 자본금 25만원의 견직물직조회
사이다(경성 냉동 7번지). 백씨가는 1926년 9월에 금전대부를 목표로 愛國合
名會社도 세웠다. 『매일신보』1916. 4. 23, 1918. 3. 22 ;『朝鮮總督府官報』
1924. 10. 18, 1926. 11. 12.

120) 林炳達의 동생 炳星(冕相의 3남)이 김명희의 맏사위다. 冕相은 상인 林光洙

통해서 연결망을 확대하는 일이 흔했다.[121]

친족을 통해서도 연결망을 확대하였다. 이 시기 서울의 상인, 실업가들은 趙鎭泰와 그의 조카 趙彰漢, 그리고 朴承稷과 朴承夑 형제의 예에서 보듯이 서울에서 각자 사업을 하며 긴밀하게 연대하였다. 김태희 집안도 마찬가지였다. 김태희의 叔父 金相敏(1851~1918) 家는 東幕에서 객주로 활동 중이었는데, 그의 차남 金洛熙(1883~)는 1906년에 白完爀(조합장), 禹恒鼎, 閔致章, 白寅基, 尹晶錫, 趙彰漢(이상 조합원)과 함께 동막에서 彰熙組合을 설립하여 총무 겸 지배인이 되었고, 1907년에는 이를 모체로 위탁매매와 담보대부를 목적으로 한 西署東幕合資商會의 설립에 앞장섰다.[122] 그는 1906년에 漢城手形組合 회원이자 그 조합 五江支所의 평의원이었고, 1907년에는 서울의 거물급 실업가들이 일본인 재정고문 目賀田種太郎을 송별하기 위해서 조직한 漢城實業會의 평의원으로도 활동했다. 그리고 1920년에는 大乙精米所를 운영하면서 京城米穀商組合의 조합원으로도 활동하였다.[123] 김상민의 장남 金洙熙도 마찬가지였다. 그는 1910년대 중반에 동막에서 東一精米所를 경영하면서 곡물의 위탁판매, 미곡무역, 魚鹽客主, 氷船業, 철도화물 취급은 물론이고, 有隣생명보험과 일본생명보험의 대리점까지 경영했고, 1920년에는 경성미곡상조합의 副조합장이 되었

의 次子로서 역시 商人이다. 昊相(炳基의 父)이 형, 龍相, 仁相이 동생인데 이들도 상인이자 대지주였다. 京畿道農會,『昭和13年 5月 地主名簿』, 17쪽.

121) 한남동 129번지 林宗相의 차남 炳喆은 義州通 1정목의 崔萬爕 장녀와, 3남 炳恒은 창신동 651번지 趙秉澤의 딸과 결혼했다. 崔萬爕은 경성상업회의소 의원을 지낸 정미업자다. 조병택은 한말 실업계의 거두였다. 宗相의 6남 炳龍은 김태희와 거래하였다.『원부』1919. 6. 7, 林炳龍 東拓配當推(?)送料等 20전.

122) 洪性讚, 앞의 글, 2002 ; 同,「한말 서울 東幕의 미곡객주 연구 - 彰熙組合, 西署東幕合資商會의 사례」,『經濟史學』42, 2007.

123)『매일신보』1920. 1. 5 ; 1919. 1. 1.

다.124)

　당시 동막은 한강을 통해서 이루어진 물류의 중심지였다. 따라서 김태희는 그곳 객주로 활동한 김상민, 김수희, 김락희와 긴밀히 협조하였다. 그리고 그 과정에서 동막 등지의 객주, 미곡상, 정미업자들과도 관계를 맺을 수 있었다. 한말 이래 종로 1가 부근의 相思洞과 서린동 등지에 살면서 京城 蓬萊町에서 信興精米所를 경영하였고, 金洙熙와 함께 경성미곡상조합 부조합장으로 활동하였으며, 1919년에 경성상업회의소 의원에 당선한 崔贊熙가 그런 인물이었다.125) 김태희는 일찍부터 최찬희와 교제하였고,126) 그런 인연을 배경으로 수남상회가 주식회사로 개편된 후인 1941년에는 그를 수남상회의 취체역으로 영입하였다.

　김태희 가는 이처럼 다양한 경로를 통해서 서울의 상인을 비롯한 각계의 유지들과 관계를 맺었다. 그리고 그러한 사회적 연결망을 확대 유지하기 위해서 상당한 노력을 기울였다. 한말에는 새해 달력을 수십 부씩 구입하여 돌렸고,127) 당시 재계의 일급 인사였던 白完爀, 白周鉉, 崔思永 등과는 일찍부터 각별한 교분을 나누었다.128) 일제강점 후는

---

124) 『半島時論』 2-10, 1917, '제27호 領收證. 1916. 11. 19……東幕中契 19통 7호 (東)米穀旅閣 魚鹽客主 精米營業 金洙熙' ;『매일신보』 1920. 11. 14.

125) 『매일신보』 1917. 10. 7 ; 1918. 1. 1, 1. 13 ; 1919. 12. 2 ; 1920. 1. 1. 京城商議 의원 재임은 1919. 12～1923. 7까지다. 四方博 編,『京城商工會議所25年史』, 京城商工會議所, 제2부, 82～83쪽. 崔贊熙(1884년생)는 1907년 현재 漢城 中署 澄淸坊 相思洞 5통 5호에 살았다. 1904년 京城學堂入學, 1906년 官立漢城日語學校로 전학, 1907년 普成專門學校 夜學校 入學, 1907년 9월 農商工部 技手 임용. 『대한제국관원이력서』, 13책, 341쪽.

126) 『用下記』 1916. 6. 27, 崔贊熙妹弟婚時扶助 1원 20전. ; 1920. 10. 8, 牛肩一部 崔贊熙慈堂生辰送 4원 20전.

127) 『日記』 1904. 12. 29, 床塵 粧曆價入文 釜谷來 150냥上 ;『原簿』 1908. 11. 24, 崔在錄曆書40件 200냥去 ; 12. 6, 張仁浣曆書10件價給 50냥去 ; 12. 7, 최재록 曆書50건 230냥去.

128) 『日記』 1902. 6. 25, 白完赫大夫人喪扶助文 10냥下 ; 1903. 7. 9, 半井洞 白周

140

더욱 그러했다. 한 번에 수백 장의 名帖을 만들어 배포하였고,[129] 연말
과 설에는 백장이 넘는 연하장을 각계 유지나 거래처 등에 보냈다.[130]
현금과 함께 담배, 洋酒, 과자, 生雉, 橘 등을 구입하여 歲儀用 선물로
보냈고,[131] 새해 달력도 구입 배포하였다.[132] 접객용 酒料도 수시로 지
출하였다.[133]

　재계의 일급인사들이었던 趙鎭泰, 韓相龍, 白完爀, 張斗鉉, 白周鉉,
高順哉, 金鎭燮, 閔大植, 金溎炳, 金漢奎, 李載亮 등은 물론이고,[134]
具滋旭, 李鳳魯, 高應源, 李桓鎔, 李順哉, 고경열, 金潤錫 등의 哀慶事

　　　鉉令愛婚需扶助文　100냥下 ; 7. 10, 大宅　白周鉉令愛婚扶助50냥下 ; 1904.
　　　12. 29, 10월 23일 崔思永家扶助　100냥下.

129)『日記』1912. 7. 7, 買……名銜50枚代, 葉書1백枚代　1원　50전去 ;『原簿』
　　　1918. 9. 14, 商會名帖200介　1원　10전.

130)『原簿』1916. 12. 27, 年賀狀1百枚　1원　90전 ; 1917. 12. 22, 年賀葉書120매　1원
　　　80전, 年賀印刷料 35전, 封套及用箋價 78전 ; 1918. 12. 24, 年賀狀費用金　4원
　　　25전 ; 1919. 12. 20, 年賀葉書印刷料 50전 ; 1920. 12. 24, 年賀狀100枚印刷料
　　　幷　2원　10전.

131)『原簿』1917. 1. 22, 各人歲儀物種物及現金　100원 ; 1918. 2. 7, 各人歲儀價金
　　　40원　各人生雉價金　45원　10전　各人歲儀現金　27원 ; 1919. 1. 31, 各人歲饌給
　　　201원　98전 ; 1922. 1. 27, 歲儀物價及現金　235원　30전 ; 1920. 1. 18, 歲儀　洋
　　　酒2瓶菓子1箱　8원, 呂宋煙2갑　12원……生雉15雉　雌雄　19원　50전……橘16樻
　　　23원　28전, 正肉12斤　6원.

132)『原簿』1910. 12. 29, 張仁浣　曆書10券價　25냥去 ;『日記, 物貨秩』1912. 12.
　　　13, 曆書秩借入金　30원入, 12. 14, 曆書秩去金　30원去 ;『原簿』1914. 10. 26,
　　　曆書100部　3원 ; 12. 21, 曆書10部　35전.

133)『原簿』1920. 1. 31, 接客酒料　2원　40전.

134)『原簿』1916. 11. 6, 趙鎭泰韓相龍宴會費　1원 ; 1921. 1. 19, 張斗鉉令愛婚時
　　　色餠一器　2원　50전 ; 1917. 2. 28, 白周鉉家賻儀花環價　2원　40전, 1919. 2. 10,
　　　白周鉉喪賻儀金　2원　28전 ; 1916. 9. 23, 고순재小朞時扶助錢　1원 ; 1918. 4.
　　　24, 고순재生日時麥酒1打送代　3원　40전 ; 1921. 9. 10, 金鎭燮大人喪賻儀金　4
　　　원　50전 ; 1920. 8. 15, 閔大植歡迎會會費　3원 ; 1914. 7. 28, 金溎炳賻儀花燭
　　　郵代 12전, 弔狀郵代 3전 ; 1917. 3. 19, 廣東商會銀砂匙1件　3원　70전 李載亮
　　　回甲時送物件.

에도 일일이 부조하며 교분을 다졌다.[135] 1918년에 한성은행 전무 한상룡이 그 은행 동경지점을 성공적으로 개설했을 때는 동경으로 축전을 보냈고, 곧이어 그의 귀임을 환영하기도 하였다.[136] 柳文煥, 崔鎭, 許憲, 張燾 등 새 시대의 전문 직업군으로 떠오른 변호사들과도 업무상은 물론 인간적으로도 우의를 나누었다.[137] 오랜 거래처들과도 마찬가지였다.[138]

김태희(1887년생)는 이상에서 언급한 여러 사람들 중에서도 특별히 서울출신으로 瑞璘洞에서 함께 살았던 서른 살 위의 원로기업가 백완혁(1856년생)과[139] 역시 서울출신으로 茶洞에서 함께 산 열 살 위의 중

---

135) 『原簿』 1920. 1. 2, 具滋旭父喪賻儀金 2원 ; 1919. 6. 18, 李鳳魯大人喪賻儀金 2원 95전 ; 1917. 3. 22, 高應源慈親生日時綃2器 1원 ; 1. 12, 李桓鎔親甲宴時 送畵1幅 3원 ; 1919. 6. 9, 李桓鎔接待金 1원 35전 ; 1916. 10. 15, 李順哉大碁時扶助金 60전 ; 1919. 12. 4, 고경열令愛婚禮送 4원.

136) 『原簿』 1918. 12. 1, 漢城銀行東京支店祝電料 65전 ; 12. 30, 韓相龍歡迎會費 3원.

137) 『原簿』 1916. 10. 31, 劉文煥妻喪蓮花1双 1원 ; 1918. 1. 22, 劉文煥親喪賻儀 紙燭價金 1원 22전. 『日記』 1908. 10. 13, 趙泰鎬去擧訴費用 1,360냥去, 右人 財産押收保證金去 1만냥去 崔鎭去 ; 12. 28, 公用 趙泰鎬事委任 辯護士崔鎭 務金 1천냥去 ; 1910. 11. 13, 許憲留置中給 9,650냥去, 韓一銀行電送金…… 又1천냥去, 太明軾許送條, 又12,812냥 5전 家券條, 又57냥 5전 家券典證費……手形金推料, 又1천냥 貸去計納, 又19냥 5전 留置畢給電信金事電報料. 『原簿』 1910. 1. 7, 張燾叔母壽宴 50냥去. 『日記』 1910. 12. 27, 損害金 張燾孫九永訴訟謝金給 3,421냥……又金重默家室競賣謝金 2천去. 장도의 사무실은 경성부 무교정 32번지다(『매일신보』 1914. 8. 30). 김태희는 한국인 법률가들이 만든 法學協會의 기관지 法學協會雜誌도 구독하였다. 창립 때부터 참여한 張燾 등의 부탁으로 구입했을 것이다. 『日記』 1910. 2. 29, 公用 法學雜誌代金 15냥去 ; 崔鍾庫, 앞의 책, 8장.

138) 『原簿』 1919. 12. 4, 安燾子婦十禮時羊支次價 6원 30전 ; 1916. 10. 15, 南議官補助金3원 ; 11. 6, 오영근弟喪蓮花1双1원 ; 1918. 1. 25, 裵正煥子婚扶助綃價 90전.

139) 武科(1881), 禁衛營哨官, 訓鍊院 主簿 判官 僉正, 軍器寺僉正, 親軍壯衛營隊

142

견기업가 金漢奎(1877년생)[140]와 각별한 관계를 맺었다. 백완혁과 김한
규는 나이는 스무 살이나 차이가 났지만 피차 서울 종로 1가 부근에서
태어나 젊은 시절 정부 관료로 일하다가 실업계로 투신한 경력의 소유

官, 巡撫營軍官(1894.12) 등을 지냈다. 그 후 實業界로 나가 京城株式會社重
役(1896), 京城商業會議所 正議員(1905. 7)과 常議員(1906. 2), 大韓天一銀行
取締役(1906. 3~1909), 漢湖農工銀行長(1906. 6), 漢城共同倉庫社長, 西署東
幕合資商會代表를 지냈으며, 정치적으로도 正三品(1897), 中樞院議官奏任3
等(1899)에 올랐다. 1910년 금융업 발전에 기여한 공로로 勳5等太極章을 받
았다. 1912년 현재 京城隆興社長, 漢湖農工銀行長(1906~), 朝鮮農業株式會
社取締役, 京城商業會議所會頭, 조선상업은행 감사(1912) 취체역(1912~
1915), 三興學校長이었다. 그 후에도 한일은행 감사(1914~1915) 이사(1915),
施政5年기념조선물산공진회경성협찬회부회장(1916), 漢城銀行 취체역(1918~
1928), 戶田農具 취체역, 東洋畜産興業 취체역, 西鮮殖産鐵道監事, 朝鮮生命
保險理事 등을 지냈으며, 정치적으로는 大正親睦會評議員, 京城府협의회원,
京城商工協會相談役, 朝鮮俱樂部發起人 등 친일적 입장에 섰다. 송병준, 주
성근, 백남신, 유신혁, 성문영 등과 친했다.『매일신보』1912. 12. 7, 1916. 1. 1,
1916. 9. 28 ; 尹錫範 外, 앞의 책 ; 이승렬, 앞의 책.
140) 原籍은 京城府 水下洞 12번지, 주소는 茶洞 15통 2호다. 1880년에 入學漢文
하여 官立日語學校입학(1895), 私立光興學校명예교사, 外國語學校副敎官
(1899), 中學校敎官, 外國語學校敎官, 官立漢城日語學校敎官및校長(1906),
學部書記官(1907), 學部會計課長을 거쳤다. 총독부 中樞院副贊議(1910. 10~
11. 2), 陝川郡守(1911. 3~7)를 지낸 후 실업계로 나가 朝鮮商業銀行 감사
(1911~14), 이사(1915), 한호농공은행 감사, 廣藏 사장, 京城隆興 전무, 京城
家畜 이사, 朝鮮生命保險 감사, 朝鮮美術品製作所 이사, 朝鮮火災海上保險
감사, 韓一銀行 이사(1915~18), 전무(1919~30), 京城商業會議所 평의원 및
부회장, 京城府協議員, 京畿道評議員, 중추원參議(1933~1936)를 지냈다. 弓
術, 당구, 골프를 즐겼다.『대한제국관원이력서』5책 127, 130쪽, 19책 497,
519쪽, 20책 532쪽 ;『朝鮮人士興信錄』, 137쪽 ;『매일신보』1919. 8. 16 ; 안용
식 편,『한국행정사연구(Ⅰ)』, 대영문화사, 1993 ; 박현,「한말 일제하 한일은
행의 설립과 경영」,『東方學志』128, 2004. 부친 金禧錫이 國葬都監委員
(1895), 農商工部參書官(1897), 帝室會計審査局 參書官, 書記官(1907) 등을 지
냈지만 1910년 초에 매일신보 기자가 김한규를 '兩班出身' 金宗漢과 대비하
여 '平民出身'이라고 했던 것으로 보아 아주 지체 높은 양반출신은 아니었던
것 같다.『매일신보』1910. 10. 4.

자들이었다. 둘 다 아주 지체 높은 양반가문 출신도 아니었다. 특히 이들은 그 후 주로 금융계에서 활동하였는데 김한규는 백완혁보다 조금 늦거나 또는 거의 같은 시기에 조선상업은행, 한호농공은행, 한일은행의 중역이 되었고, 京城隆興에서는 전무로서 사장 백완혁과 함께 일하였다. 백완혁은 여러 면에서 김한규의 후견인 노릇을 했던 것 같은데, 어쨌든 김태희는 1916년 12월에 이 두 사람이 경성융흥[141]의 사장과 전무를 맡은 가운데, 이 회사 주식을 겨우 30주 소유한 상태에서 경성융흥의 감사역에 발탁되었고 1918년에는 전무가 되었다.[142] 그런데 1916년 현재 이 회사 임원은 백완혁, 김한규, 김태희, 金溶泰(이상 취체역), 金東衡(지배인), 金應龍(감사) 등이고, 대주주는(총주수 2천, 총주주 50명) 김한규(185주), 金東燦(130주), 高應源(119주), 백완혁, 김용태, 金鎭九, 安聖完, 趙秉澤, 閔裕植(이상 각 100주) 등이었다.[143] 1921년

---

141) 1908년 9월 19일 경성 남부 회현방 동현 22통 2호에서 토지가옥을 매수 신축하여 상인에 임대하고 街路에 물품을 진열케 하거나 동산·부동산을 담보로 금전대부를 하였다. 1911년 6월 현재 자본금 10만원(1주 50원. 1/4 불입), 취체역 白完赫, 金然鶴, 金時鉉, 감사역 崔大植 등이다.『매일신보』1911. 6. 16. 그 후 관철동으로 옮겼는데 1916년(5만원 불입) 현재 자산 7만 5,431원 가운데 대부금 59,765원, 流込典物 9,938원, 유가증권 2,390원, 토지건물 2,800원이고 수익도 利息(5,507원)이 압도적(有價證券利息 132원, 收入家賃 126원)인 金融會社였다.

142) 『매일신보』1917. 1. 20, 7. 20, '제17회 대정5년하반기영업보고서 경성융흥주식회사';『원부』. 김태희는 이 회사 주식을 1914년 15주, 1916~1917년 30주, 1918년 60주, 1919~1920년 77주, 1921년 177주 소유하였다.

143) 『매일신보』1917. 1. 20, 7. 20, '제17회대정5년하반기영업보고서 경성융흥주식회사'. 그 밖의 주주는 金用集(80), 金肯桓(52), 韓龍植, 朴泓溢, 閔大植, 趙鎭泰, 李虎根, 金胄桓(이상 50), 沈相珪, 朴宇鉉, 金秉徽, 洪忠鉉(40), 金應龍, 李基祿, 裵東燦, 孫昌源, 白周鉉, 金鎭燮, 金泰熙(30), 金聖煥(22), 孫完默(19), 金夏鳳(16), 梁時燦(15), 宋宅洙, 金晶培, 金承燁, 張輔衡, 金振玩, 金眞熙, 李瀅子(이상 10), 文源子, 金漢斗(이상 5), 李應善(3), 金秋鳳(2), 鄭英子, 金漢台, 金佾桓, 金有桓, 金德眞, 金春鳳, 朴順子(이상 1) 등이었다.

144

의 임원은 백완혁(사장), 김태희(전무), 金應龍(취체역), 金東爀, 芮宗錫
(이상 감사) 등이고, 대주주는 金漢奎(185주), 金東爀(130주), 白完爀,
金鎮九, 金溶泰, 安聖完, 趙秉澤, 閔裕植(이상 各 100주), 金用集(80
주), 高應源(69주), 金肯桓(60주) 등이었다.[144]

　김태희는 1920년에 김한규가 사장으로 있던 廣藏(株)[145]의 감사역에
도 선임되었다.[146] 주식을 전혀 갖지 않은 상태에서 감사역에 발탁된
것인데 이 회사 중역은 1917년에 金漢奎(사장), 朴承稷, 金用集(이상
취체역), 張斗鉉(감사역) 등이고, 1921년에는 김한규(사장), 박승직, 장
두현(이상 취체역), 김용집, 김태희(이상 감사역) 등이었다.[147] 廣藏(株)
은 한말에 고위직을 두루 역임한 "兩班출신" 金宗漢이 朴箕陽 등과
함께 창립하여 실무를 "平民출신" 洪忠鉉[148]에게 맡겼는데, 그 후 洪
이 "平民출신"인 朴承稷, 金漢奎, 金用集 등을 중역으로 영입하고 주
식도 사들여 결국 김한규 등이 운영권을 장악하게 된 회사였다.[149]

---

144) 中村資良 編, 『朝鮮銀行會社組合要錄』(1921년판), 東亞經濟時報社, 1921, 26
　　쪽.
145) 梨峴市場(동대문시장) 운영회사다. 1916년 현재 시장면적 3,060평, 영업자는
　　미곡상 37, 잡화상 23, 과물상 10, 어물상 7, 육상 11, 포목상 3, 切草商 3, 과
　　자상 11, 우피상 1명 등이다. 잡상인도 많고 지게로 물건을 져다 파는 負商도
　　3백 명 정도였다. 1일 거래액은 약 3천 원이었다. 원래 梨峴 근처 큰길가에
　　장이 섰는데 市街를 정돈하면서 路上영업을 막자 광무 9년에 金宗漢, 朴承
　　稷 등이 발기 설립한 후 基址를 사서 영업을 시작하였다. 倉庫稅로서 한 칸
　　에 每朔 2~3원, 시장 중간의 假家에서는 1원 30전 이상, 負商에게는 매짐 1
　　전을 징수하였다(『매일신보』 1916. 3. 17). 1930년 하반기 총수입은 26,083원이
　　고, 내역은 建物料 19,553원, 土地料 76원, 場料 2,597원, 利子 2,484원, 有價
　　證券배당금 1,372원 등이다. 시장건물을 임대하고 임대료를 받은 회사였다.
146) 『原簿』. 김태희는 1921년에 비로소 廣藏(株) 주식 50주를 소유하였다.
147) 『매일신보』 1917. 1. 20 ; 中村資良 編, 앞의 책, 25쪽.
148) 홍충현은 11세부터 "藥局使喚"을 하다가 15, 16세 때부터 "신용을 무기"로 京
　　仁間은 물론이고 淸國, 露國을 왕래하며 무역중개업을 하여 치부하였다. 『매
　　일신보』 1912. 12. 4.

김태희는 종로에서 태어나 종로상인으로 잔뼈가 굵은 데다, 오래 전부터 그곳 상인들을 상대로 대부자금을 운용하였고, 부동산 매매와 임대는 물론이고 환전업, 수입인지판매업, 유가증권매매업에도 경험을 가지고 있었다. 금융회사인 京城隆興이나 시장회사인 廣藏의 중역으로서는 그만한 적임자도 없었던 셈이다. 이로써 김태희는 이 두 회사의 중역, 대주주들과도 사업적으로나 인간적으로 깊은 교분을 가질 수 있었다. 백완혁, 김한규와는 더욱 그랬다. 이 둘의 회갑, 생일, 妻喪, 子喪, 子婦喪, 大夫人喪, 女婚, 부친생일, 妹婚, 弟婚 등에 일일이 부조하며 인간적으로 깊은 유대를 쌓았고,150) 후술하듯이 그 후 정치 사회적으로도 자연스럽게 이들과 입장을 같이하게 되었다.

김태희는 종로에서 점포를 가지고 장사한 상인으로서 그 일대에서 추진된 여러 가지 지역사업에도 적극 참여하였다. 도로수축, 掘井공사 등이 벌어지면 이웃상인들과 함께 추렴에 응했고, 수해 때는 인근 상인들과 함께 수해의연금을 냈다.151) 奉天, 間島, 琿春, 浦鹽 등지의 동

---

149) 『매일신보』 1912. 1. 20 ; 1911. 12. 23, '商業登記 廣藏, 본점 경성 동부 이현……
……자본금 7만 8천 원, 1주 50원 불입완료, 취체역……金宗漢……洪忠鉉……
金漢奎, 감사역……朴承稷' ; 『매일신보』 1912. 5. 24, 「광장주식회사 3기영업
보고」의 김한규, 박승직, 金用集, 감사역 沈宜碩 참조.

150) 『日記』 1902. 6. 25, 白完赫大夫人喪扶助文 10냥下 ; 『用下記』 1916. 9. 27, 백
완혁回甲時羊支價 2원 20전 ; 『原簿』 1916. 12. 4, 백완혁子喪花環1双 2원 40
전, 隨喪人力車雇 52전 5리 ; 1919. 12. 20, 白完爀子婦喪賻儀 4원 ; 1914. 10.
3, 金漢奎女婚扶助羊支頭代 2원 60전 ; 1916. 8. 31, 김한규春丈生日時羊支
價 2원 50전 ; 1917. 9. 24, 金漢奎父親生日時銀杯1臺 7원 28전 ; 9. 28, 金漢
奎妹婚時羊支價 3원 29전 ; 1919. 6. 3, 김한규令*婚姻時扶助金 20원 ; 11. 6,
김한규生日紅柿1接 2원 90전 ; 1920. 8. 2, 金漢奎妻喪賻儀金 50원 ; 1921. 11.
25, 金漢奎弟婚姻時送 20원.

151) 『日記』 1908. 10. 30, 公用 在家道路修築寄附金 150냥去, 後谷宅右條 100냥
去 ; 1920. 7. 15, 水害義損金 5원 ; 『原簿』 1910. 3. 25, 公用 洞里掘井推斂錢
60냥去.

포들이 서울을 방문하면 인근 상인들과 함께 환영회비를 냈다.[152] 그
는 서울사람들이 武神이자 財神인 關聖(關羽)을 모신 채 "數百年來
京城市民의 守護神"이자 "市民信仰의 중심"지로서 생각해왔던, 그리
하여 "일반시민은 家內의 安泰 子女의 행복을 祈하고 사대부는 국가
의 태평을 祈"했으며, 특히 종로를 비롯한 서울의 상인들이 "商運의
隆昌을 祈"하여 왔던 關王廟의 유지와 보수에도 참여하였다. 1899년
南廟에서 불이 나 이를 재건했을 때 負役錢을 내고 그 후에도 남묘에
보조금을 낸 것이 그런 예였다.[153]

한말 일제초에는 문명개화사상이 급속히 확산된 가운데 자강운동의
일환으로 사립학교 설립 붐이 불었다.[154] 당시 사립학교 설립과 운영
에는 校舍, 敎員, 비품 마련 등 많은 돈이 필요하였다. 그런데 한말에
는 국가재정이 부실하여, 일제강점 후에는 정치적 이유까지 겹쳐 국가
의 지원을 기대하기 어려웠다. 이에 종로일대의 상인, 기업가들은 이를
적극 지원하였다.[155] 1907년 8월에 이재극, 朴承爕 등 東部 蓮花坊 梨
峴일대 有志 57인이 私立新興學校 설립을 발기한 후 그곳이 '商業地'
임을 고려하여 "보통학과"와 "商業上智識" 교양을 위한 "商業要領"을
함께 가르쳤는데 "父風遺傳"으로 교육효과가 높았다는 것이 그런 예
였다.[156] 김태희를 비롯한 종로 1가 부근 상인들도 마찬가지였다. 1908

---

152)『原簿』1917. 5. 7, 奉天視察團園遊會費 1원 ; 5. 24, 間島視察團歡迎會費 1
　　원 ; 1918. 5. 9, 琿春視察團歡迎會費 4원 ; 1921. 7. 31, 琿春視察團歡迎金 3
　　원 ; 1920. 11. 2, 浦鹽觀光團歡迎會費 5원.

153)『日記』1899. 1. 11, 大宅同隣南廟負役出斂 10냥下 ;『原簿』1916. 11. 6, 南廟
　　補助金 1원.

154) 김정해,「1895-1910 사립학교의 설립과 운영」,『역사교육논집』, 11, 역사교육
　　학회, 1987 ; 최기영,「한말 서울소재 사립학교의 교육규모에 관한 일 고찰」,
　　『한국학보』19-1, 1993.

155) 한말 상인들의 학교 설립과 지원은 류승렬, 앞의 글, 1996 참조.

156)『매일신보』1914. 2. 18. 1914년 현재 생도 187명, 교장 이하 직원 5명, 校舍는

년 4월 白寅基, 白周鉉, 金宗國, 朴弘鎰, 劉臣赫, 趙秉澤, 金基永 등 茶洞일대 실업가들은 자제교육을 목표로 다동에 共成學校를 설립하였다. 교장 劉臣赫, 교감 이상재 등을 선임하고 그 해 5월말부터 다동 123번지(대지 262평)에 서양식 校舍를 신축하여 신식교육에 나섰으며,157) 1909년 7월에는 夏期강습코스를 만들어 일본어 문법과 회화, 讀本, 작문도 가르쳤다.158) 이들 역시 그곳이 상업중심지임을 고려하였던 것이다. 이 학교는 1913년에 사립보통학교로 바꾸었다가 그 후 공립으로 전환하였는데, 1920년에는 "日鮮人 교제상 편리를 圖"하기 위해서 30세 이상 한국인에게 일어를, 20세 이상 일본인에게 한국어를 가르치는 야학도 개설하였다.159) 김태희는 비록 소액이지만 이 학교 설립 초부터 月捐金, 特別捐金을 꾸준히 내며 그 운영을 도왔다.160)

1908년 12월에는 종로 1가 부근의 壽進坊, 瑞麟坊, 澄淸坊 인사들이 '瑞進淸三坊團'을 조직하여 교육, 위생, 濟恤, 토목사업을 추진하기로 하였다.161) 그리고 1909년 3월에는 그 일환으로서 三興學校의 설립에 나서, 종로 1가 북쪽 편 相洞에 교사를 매입하고 교장 白完爀, 부교장 劉秉璉, 교감 尹喜瞥 등을 선임한 후, 만 9세 이상 남학생을 모집하여 5월부터 교육에 들어갔다.162) 김태희는 인근의 종로상인들이 이 학교

조선가옥을 개조한 것이었다.

157) 『대한매일신보』 1908. 4. 30, 5. 1, 6. 5, 6. 11 ; 『황성신문』 1908. 12. 29, 1909. 4. 16. 교사건축비는 前參書 韓龍植이 부담했다. 학교 터에 '關帝를 爲祝'하던 祠宇가 있어 일부의 반대로 공사가 중단되기도 하였다. 『대한매일신보』 1908. 5. 31. 劉臣爀은 內藏院 監督을 지낸 인물로서 劉秉璉의 형이다. 『매일신보』 1912. 1. 7 ; 『토지대장』.

158) 『대한매일신보』 1909. 6. 25, '特設日語夏期講習所'.

159) 『매일신보』 1913. 3. 27, 1920. 12. 20.

160) 『原簿』 1910. 1. 17, 茶洞宅用文 50냥去, 共成學校2月月捐 ; 『用下記』 1916. 2. 28, 共成學校2月分捐金 1원 ; 3. 13, 茶洞學校3月分月捐 1원, 特別義捐 2원.

161) 『황성신문』 1908. 12. 29, 1909. 3. 9.

148

를 지원한 가운데,163) 그 역시 비록 소액이지만 설립 초부터 매월 捐金을 내어 이 학교의 운영을 도왔다.164) 1908년에는 종로부근 內需洞 일대의 文武班 출신 인사들이 輔仁學會를 설립한 후 3월부터 사립 보인학교의 설립에 나섰다.165) 내수사 터에 校舍를 마련하여 6월초 개학하였는데,166) 이 학교는 자금마련을 위해서 백완혁, 조진태 등 평의원 10명을 추가 선임하였을 뿐만 아니라 개학 초부터 掛鐘, 學鐘, 寫板, 硯石, 硯滴 등을 기부 받고 기타 수백 명으로부터 月捐金을 받는 등 그 일대 유지들의 도움을 적극 유치하였다.167) 그리고 1920년대 초에는 당국의 허가아래 校舍개축 기부금도 모집했는데, 김태희는 이 학교에도 기부금을 내었다.168) 자강운동의 일환으로 설립된 종로부근의 사립학교들이 그 후 재정압박을 받은 가운데,169) 그는 인근 상인, 유지들과

---

162) 『황성신문』 1909. 3. 13, 3. 16, 4. 29. 시험과목은 '國漢文讀書'였다.

163) 『매일신보』 1911. 5. 25, 1924. 8. 6. 1911년 5월 운동회 때는 尹德源, 李悳永, 李亨基, 鄭萬朝, 高裕相, 白潤洙, 車基倫, 閔致章, 白完爀, 劉秉璉, 尹啓煥, 尹希奢 등이 금전과 공책, 연필을 기부했다.

164) 『原簿』 1910. 1. 22, 公用 三興學校2月月捐金 35냥去 ; 2. 18, 公用 三興學校3月月捐 35냥去. 1914년 이후는 每月 70전의 月捐金을 냈다.

165) 『황성신문』 1908. 2. 29, 3. 3, 3. 13.

166) 『황성신문』 1908. 3. 17, 6. 7 ; 『대한매일신보』 1908. 5. 20, 6. 6, 6. 9. 대상은 7세 이상 14세 이하, 학과는 보통학교 정도였다.

167) 『황성신문』 1908. 6. 18, '寄附及月捐, 有志諸氏中 物品기부는 盧德淵씨 掛鐘 1좌, 李奉天씨 學鐘 1좌, 尹晶錫씨 寫板 1좌, 硯石, 硯滴 각 30座오, 月例義捐은 5圓으로 至10錢이 殆近수백인' ; 1908. 6. 18, '輔仁學會捐助人員及金額如左'.

168) 『매일신보』 1921. 10. 23 ; 『原簿』 1922. 1. 27, 輔仁學校寄附金 50원. 1911년에 학생 200명을 '倂合記念提燈行列'에 참가시키기도 했다. 『매일신보』 1911. 8. 16.

169) 『매일신보』 1912. 2. 18, '私立學校의 현상'에 의하면 維持곤란으로 2천 개에서 1,800개로 줄었다. 그중 외국인학교나 종교학교 7백, 공립보통학교 234개였는데, 총독부는 종교학교 중에는 "不逞의 徒를 出하는 일이 不無하므로 엄중히 取締"함이 긴요하다고 보았다.

함께 이들 사립학교의 운영을 적극 도왔던 것이다.

김태희는 서울의 閔大植, 朴勝彬, 高元勳, 尹定夏, 張燾, 嚴柱益, 崔鎭, 閔圭植, 金東成, 金炳魯, 閔奎植 등이 '조선문화의 增進'과 '部員간의 친목도모'를 목표로 설립한 漢陽俱樂部, 즉 계명구락부(1921년에 개칭)도 지원하였다. 이는 조선인의 의식주 생활개선 연구, 잡지 서적의 간행, 신문 잡지 서적의 비치와 열람, 강연회 개최, 高尙 활발한 遊戱의 보급 등을 추진한 넓은 의미의 부르주아 민족운동단체로서[170] 1924년에는 조선물산장려회 기관지『産業界』(2호)에 광고를 실어 그 운동을 지원하기도 하였다. 김태희는 매월 捐金을 내어 이 단체의 운영을 도왔다.[171]

그는 1923년에 서울에서 조선물산장려운동이 크게 확산된 가운데 이를 주도한 조선물산장려회의 회원이 되기도 하였다.[172] 당시의 전형적인 부르주아 민족운동단체였던 이 단체에는 종로를 중심으로 활동 중이던 白完爀, 趙鎭泰, 韓相龍, 閔大植, 金漢奎, 白樂元, 白樂承, 張斗鉉, 朴承稷 같은 거물 실업인과 許憲 변호사 같은 저명인사, 그리고 金潤秀, 邊相昊, 許澤, 金鍾淳, 孫鍾洙, 金熙俊, 金潤冕, 朴承夒, 金永俊, 李世賢, 趙鍾國, 金淳悅, 趙漢用 같은 시내의 유력 포목상들까지 대거 참여하였다.[173] 김태희 역시 그런 분위기에 편승하여 이 운동에 참여했던 것으로 보인다.[174]

---

170)『매일신보』1921. 1. 16. 1921년도 사업은 1. 남녀敬稱으로 氏를 쓸 것, 2. 2인칭 대명사 연구(연구위원 劉文煥, 張燾 등), 3. 深色의복 장려, 4. 잡지경영 방법 연구(연구위원 姜藩, 吳相鉉, 李升雨, 尹定夏, 金東成) 등이었다.

171)『原簿』1918. 3. 21, 漢陽俱樂部入會金 5원 ; 1920. 12. 29, 漢陽俱樂部12月分迄月捐金 4원 ; 1921. 6. 30, 啓明俱樂部金 6원 1~6月分 ; 12. 23, 계명구락부捐金 6원 1921년 하반기.

172)『産業界』3호, 1924. 3.

173)『産業界』1호, 1923. 12 ; 2호, 1924. 1 ; 3호, 1924. 3 ; 4호 1924. 7 ; 5호, 1924. 9.

150

　김태희는 일제강점 이후 전개된 새로운 정치현실에도 적극 대응하였다. 1916년에 총독부가 朝鮮物産共進會를 개최하자 그는 백완혁이 그 京城協贊會 부회장으로 피선된 가운데 이웃 상인들과 함께 경성협찬회 贊助회원이 되어 찬조금을 냈다.175) 그리고 1917년 음력 10월에 일제가 京城神社에서 新嘗祭를 열자 역시 인근상인들과 함께 추렴에 응했고, 1918년 음력 10월에는 경성신사 神社祭의 提燈행렬비를 냈으며, 1921년에는 소액이지만 경성신사에 보조금과 출연금도 냈다.176) 1919년 9월에는 前度支長官에 대한 기념품 기부에 참여하였고, 초대 정무총감 山顯伊三郎(1910. 10~1919. 8 재임)의 귀국송별회비도 냈다.177) 같은 해 10월에는 신임 경기도지사의 환영회비를 냈고, 관내에 점포가 있었던 종로경찰서에는 署長은 물론이고 警視, 警部, 警官 등의 부임과 이임을 환영·환송하는 경비를 내고 경조사도 부조하였다.178) 종로파출소에는 동절기 연탄 값도 기부하였다.179) 경기도 警務部長의 부임을 환영하고 그의 宴會費도 지원하였다.180) 종로상인에게

---

174) 김태희를 비롯한 포목상의 상당수는 직접 또는 간접으로 일본, 중국 등 외국산 물품을 수입 판매한 무역상이었다. 따라서 이들의 물산장려운동 참여는 오랫동안 지속되기 어려웠을 것이다.

175) 京城協贊會殘務取扱所, 『施政5年記念朝鮮物産共進會京城協贊會報告』, 京城協贊會殘務取扱所, 1916, 46쪽.

176) 『原簿』 1917. 10. 18, 神社 新嘗祭 町受斂金 50전 ; 1918. 10. 14, 神社祭提燈行列費 1원 ; 1921. 6. 13, 京城神社補助金 3원 ; 10. 20, 京城神社費出捐 50전. 新嘗祭(양력 11. 23)는 皇靈祭, 神嘗祭와 함께 일본의 국가적 祭日의 하나다.

177) 『原簿』 1919. 9. 4, 元度支長官紀念品寄付 2원(鈴木穆일 것이다) ; 9. 29, 山縣總監送別會費 5원.

178) 『原簿』 1919. 10. 29, 道知事歡迎會費 5원 ; 1916. 10. 15, 鐘路署警部 轉任送別推斂金 1원 50전 ; 1917. 4. 9, 警官送迎會費 2원 ; 5. 29, 警官送迎會費 2원 ; 1920. 10. 26, 黃警視令息婚時 羊支價 6원 50전. 警視, 警部는 경찰서장 급이다.

179) 『原簿』 1921. 11. 24, 鐘路派出所 石炭價捐條 3원.

180) 『原簿』 1917. 8. 12, 警務部長 歡迎會費 2원 ; 12. 2, 警務部長等 宴會費 3원.

요구되었던 일상적 활동에 참여하였던 셈이다.

그는 앞서 언급한대로, 1917년 초부터 大正(實業)親睦會에도 가입하였다. 이 단체는 1916년 11월에 趙鎭泰, 芮宗錫, 洪忠鉉, 韓相龍, 白完爀, 金漢奎, 朱性根, 朴承㬢, 白瀅洙, 劉秉珌 등 한국인 재계인사들이 대거 참여하여 설립한 단체로서 국가경축일 및 京城번영, 경제 및 근검저축, 식산흥업, 法令周知, 납세의무, 위생, 예의질서, 기타 사교문제 등을 주요 활동목표로 삼고 있었다.[181] 그 후 이 단체는 1921년 1월에 韓日인의 상호친목, 산업의 발달과 증식, 교육보급 등을 강령으로 내세우며 친일성격을 크게 강화하였다. 회장 閔泳綺, 부회장 趙鎭泰, 理事 芮宗錫 외 14명, 평의원 白完爀 외 27명, 평의장 韓相龍, 고문 이완용, 閔泳徽, 李允用 등을 선임하고 회원도 250명으로 늘렸는데,[182] 김태희는 백완혁, 김한규 등이 설립에 참여한 가운데 창립직후인 1917년 1월부터 회원으로 활동하였다.[183] 그는 늦어도 1917년부터, 출옥인 보호를 위한 사회사업단체로서 설립된(1913. 9) 京城救護會[184]에도 매월 10전의 회비를 냈다.[185] 그리고 1918년 4월에 경성상업회의소 議員에

---

181) 1916년 11월 29일 귀족, 실업가, 변호사, 의사, 신문기자 등 민간유지 약 50여 명이 참석한 가운데 發起會가 열렸다. 회장 조중응, 부회장 조진태, 고문 매일신보사장 阿部充家, 평의원 21명(한상룡[평의장], 백완혁, 朱性根, 金漢奎, 劉秉珌, 閔裕植, 鮮于日, 朴承㬢, 嚴桂益, 崔鎭, 尹致昊, 白瀅洙 등), 간사 9명(예종석, 홍충현 등)이 선임되었다. 『매일신보』 1916. 12. 1 ; 姜東鎭, 『日帝의 韓國侵略政策史』, 한길사, 1980, 224~225쪽 ; 이승렬, 앞의 글, 267쪽.

182) 『매일신보』 1921. 1. 15.

183) 『原簿』 1917. 1. 9, 大正親睦會入會金 1원 ; 1918. 11. 15, 대정친목회회비 7년도 2원 ; 1921. 5. 24, 대정친목회회비 대정8년 상반기 대정9년도迄.

184) 합병 전부터 경성감옥직원들이 석방자의 교통비, 숙박비 보조를 위하여 만든 京城救護院이 개편된 것이다. 中橋政吉, 「舊韓國時代の監獄に關する思出(三)」, 『治刑』 19-3, 1941. 3 ; 『매일신보』 1913. 9. 13 ; 1915. 11. 25.

185) 『原簿』 1917. 3. 6, 京城救護 1917년 1, 2, 3月會費 30전 ; 1921. 4. 29, 救護會 寄附金 1원 20전 1921年度分. 총독부는 1913년 5월부터 경성구호회에 매년

선임된 직후인 그 해 5월에는 日本歷代天皇圖와 明治天皇儀喪式圖 등을 구입하였다.186) 점포의 어딘가에 걸어두었을 것으로 생각되는데 강점체제가 굳어지는 가운데 이런 식의 대응이 필요하다고 생각했던 것 같다.

김태희는 1910년대 초반 현재 서울의 한국인 京城商業會議所에 가입 중이었고, 1915년 7월에 한국인과 일본인의 경성상업회의소가 합병한 후에도 회원으로 활동하였다.187) 나아가 그는 1918년부터 당시 한국최대의 상공업자 조직이자 경제단체였던 경성상업회의소의 議員에 선임되었다. 그리하여 그 회원 겸 의원(1918. 4~1919. 11)으로서 정기적으로 課金을 납부하고 각종 宴會費, 기부금도 냈다.188) 당시 경성상업회의소 의원은 32명에 불과하였고, 그중 한국인에게 배당된 자리는 9석 뿐이었다. 당연히 선거경쟁이 치열하였다.189) 이런 가운데, 1917년

국고보조금 5천 원을 지급하였고, 회원들은 월 5전~1원의 회비를 냈다.『매일신보』1913. 9. 16 ; 敎誨百年編纂委員會,『敎誨百年』, 京都 : 本願寺, 1973, 312쪽.

186)『原簿』1918. 5. 8, 日本歷代天皇圖1枚 1원 90전 ; 6. 15, 明治天皇儀喪式圖1枚 1원 90전.

187)『原簿』1914. 4. 3, 商業會議所課金 1원 50전 ; 1916. 2. 21, 京城商業會議所大正4년4期課金 5원 ; 1919. 7. 4, 商業會議所課金 6원 1전.

188)『原簿』1918. 5. 2, 商業會議會頭宴會費 3원 ; 1919. 11. 15, 商業會議所公金寄附金 50원.

189)『매일신보』1917. 11. 28. 1917년 議員선거 당시 조선인 1급 유권자는 한성은행(韓相龍), 한호농공은행(白完爀), 조선상업은행(白完爀), 한일은행, 廣藏회사, 大昌貿易 6개 법인이고 그중 3인을 뽑게 되어 있었다. 당시 김한규는 한일은행이사, 廣藏사장으로서 1급 선거에도 나설 수 있었으나 1급보다 2급에 승산이 있다고 보고 京城隆興 전무 자격으로 2급에 출마하였고(경성융흥 사장은 백완혁인데 韓湖農工銀行長 자격으로 1급 의원에 선임되었다), 한일은행과 광장이 후보를 내지 않은 채 김한규를 밀었다. 결국 그는 한일은행, 廣藏, 京城隆興 3社와 종로, 동대문시장 부근회원들의 지원으로 2급 의원에 당선하였다.

부터 京城隆興(株)을 대표[專務]하여 경성상업회의소 2급 議員으로 활동하던 金漢奎가 "1918년 4월(에) 代表變更"을 이유로 물러나자, 마침 그를 이어 그 회사 전무가 된 김태희가 金漢奎의 나머지 임기를 채울 2급 의원에 선임되었던 것이다.[190] 이로써 그는 서른을 갓 넘긴 나이에 白完爀, 趙鎭泰, 韓相龍, 扈根澔, 宋宅洙, 洪殷柱, 金溎然 등과 함께 경성상업회의소의 의원이 되어 종로는 물론이고 서울의 한국인 재계를 대표하는 인물이 되었다.

김태희는 1919년 말부터 서울의 일본인, 한국인 재계 인사들이 한국 유일의 유가증권거래시장으로서 京城株式現物取引市場(株)의 설립을 추진하자 거기에도 참여하였다.[191] 일찍이 유가증권거래업을 경영하여 이 방면에 관심이 있었던 데다, 당대의 증권전문가였던 金應龍과는 경성융흥 중역으로서 함께 일한 터였으며, 무엇보다도 서울의 재계인사들이 이 회사 설립에 대거 참여하고 있었다. 그런 이유로 그 역시 자연스럽게 참여했던 것 같다. 그는 1922년 6월에 京城綿絲布信託(株)의 설립이 추진되었을 때도 창립비를 내고 이에 참여하였다.[192]

2) 生活意識

김태희 家는 일찍부터 서양식 부기를 도입하고, 무역상을 통해서 중국과 일본 등지의 상품을 매입 판매하는가 하면, 電信 전화 소포와 신문광고를 활용하여 장사하는 등 상점경영에 관한 한 첨단의 기법을 적극 도입하였다. 그렇지만 가정에서의 일상생활은 전통적인 의식에서 크게 벗어나지 않았다. 주지하듯이 사업하는 집안이란 사업이 잘되면

---

190) 四方博 編, 앞의 책, 제2부, 81~82쪽.
191) 『原簿』 1919. 12. 10, 取引所創立費 20원.
192) 『原簿』 1922. 6. 12, 綿紗布信託創立費 150원.

154

잘되어서 못되면 못되어서 불안하기 마련이었다. 언제 위기가 닥칠지 모르기 때문이었다. 상인집안은 더욱 그랬다. 그래서 이들은 장사가 잘되길 기원하며 부처님께든 신령님께든 수시로 告祀, 齋, 치성을 드리는데 익숙하였다. 미리 운수를 살피는 占卜에도 치중하였다.

이는 서울상인들 대부분이 마찬가지였다. 종로상인들은 財神이자 武神인 관우를 모신 사당인 종로 네거리 普信閣 옆(中央廟, 小廟로 불림)과 茶洞의 關王廟 그리고 지금의 남산 힐튼호텔 아래편의 南廟를 찾아 치성을 드렸고, 동대문과 남대문 부근 상인들은 동대문과 남대문 바깥의 東廟(종로구 숭인동)와 남묘 또는 장충동의 관왕묘를 찾아 치성을 올렸다.193) 앞서 말한 대로 서울의 관왕묘는 서울사람들이 "數百年來 京城市民의 守護神"으로 생각해 온 곳이었다. "일반시민은 家內의 安泰 子女의 행복을 빌고 사대부는 국가의 태평을 祈"하였으며, "商民은 商運의 隆昌을 祈"해 온 "市民信仰의 중심역할"을 해 온 곳이었다.194)

여기에 더하여 19세기 말에 국가의 존립과 관련된 대외적 위기가 계속되고 또 정부가 상업장려, 상인우대 정책을 편 가운데 급기야 대한제국을 선포하여 새로운 국가체제(제국)의 출발을 알리자, 종로시전의 각급 都家들은 武神이자 財神인 關羽를 모신 관왕묘에 경쟁적으로 참

---

193) 東廟, 南廟와 장충동 關王廟는 서울특별시, 『서울民俗大觀』 1(民間信仰編), 1990, 240, 248, 261쪽 ; 村山智順, 『朝鮮の類似宗敎』, 조선총독부, 1935, 435~443쪽 ; 한국종교사연구회・인하대박물관, 『관우신앙과 관제묘』, 학술심포지움발표논문집, 2003. 茶洞(123번지일 것이다)에 관왕묘가 있었음은 앞 주 157) 참조. 한말에는 關帝를 모시는 崇神團體가 여럿이었고 東廟를 중심으로 한 것만도 30개나 되었다. 특히 "경성의 商工團體인 都家(同業組合 같은 것) 같은 곳"에서는 경쟁적이다시피 "대대적으로 參拜行動"을 하였고, 그 일부는 자기들끼리 關帝의 畵本이나 像을 봉안한 小祠를 따로 만들어 참배하였다는데 茶洞의 관왕묘는 그 일대 종로상인들이 운영한 小祠였을 것이다.
194) 『매일신보』 1916. 7. 29, '사설 夜市와 關羽廟'.

배하였던 것 같다. 1888년에 종로의 白木廛 상인들이 '聖壽萬年'이라
고 쓴 石臺를 東廟에 '進上'하여[195] 고종의 萬壽를 빈 것은 關聖廟가
종로상인들의 신앙중심지였을 뿐만 아니라, 상인들의 사회적 지위가
그만큼 성장하였고 또 그런 집단행동을 통해서 그들의 사회적 지위를
더욱 격상시키고자 했음을 보여주는 예라고 생각된다.

　조선후기 이래 서울의 새로운 상업중심지로서 떠오른 한강주변의
상인들도 마찬가지였다. 마포주변의 상인들은 지금의 마포구 대흥동
동막교회 뒤편의 불당(최영장군)과 용강동 노인정 자리의 불당, 청암동
(지금은 용산구) 노인당 옆의 李成桂堂과 불당, 불교방송국 자리의 불
당 등을 드나들며 치성을 드렸고, 용산주변의 상인들은 지금 용산구
보광동의 武侯廟(諸葛孔明)를 출입하며 치성을 드렸다.[196]

　물론 이 시기 서울에는 문명개화사상이 급속히 확산한 가운데, 미신
타파의 분위기가 늘고 차제에 기독교로 개종한 상인 기업가도 적지 않
았다. 그리고 그 중에는 서울의 상인들이 "商運의 隆昌"을 빌기 위해
서 오래 전부터 關羽廟에서 행해 온 각종 의례에 "參詣"하는 것조차
우상숭배라며 부정한 이도 있었다.[197] 그렇지만 대다수 상인은 그렇지
않았다. 집안에서 告祀를 드리거나, 가까운 무당이나 사당, 절을 찾아
서 致誠, 齋를 올렸으며, 남묘와 동묘를 비롯한 각지의 관왕묘에 나아
가 치성을 드렸다. 1916년에 종로상인들이 夜市를 열었을 때 당시 서
울의 대표적 인사였던 趙重應, 白完爀, 芮宗錫 등의 주재로 보신각 옆
關羽廟에서 "至誠으로 商運의 융성을 祈"한 것이 그런 예였다.[198]

---

195) 石臺에 '聖壽萬年 白木廛進上'이라고 적었다. 東廟의 '顯靈昭德義烈武安聖
　　帝廟 光武壬寅(1902)孟春'이라는 懸板 역시 그 시기에 달았다.
196) 서울특별시, 앞의 책, 270, 305~309쪽. 불당은 화재방지를 기원하여 지은 당
　　집이라고 한다. 마포에는 한강을 통해서 들어온 목재가 많아 화재가 잦았다.
197) 『매일신보』 1916. 7. 29.
198) 『매일신보』 1916. 7. 29. 보신각 옆 관제묘(中央關帝廟)는 17세기 말에 설립된

1904년에 일찍이 고위관리 출신으로서 기업가로 변신하였던 金宗漢, 禹慶善과 당시 한국 굴지의 자산가였던 金敦熙, 崔思永, 그리고 마포 일대에서 객주, 米塵 및 기타 경제활동에 종사하였던 상인들이 주축이 되어199) 지금의 불교방송국 자리에 靈堂(불당)을 건립하고 그 운영을 후원한 것도 같은 예였다.200) 그리고 金宗漢, 禹慶善, 崔思永 등 마포

후 매년 왕실에서 경비를 받았다. 특히 高宗은 하사금 외에 "南大門市場의 賞金中 每朔 35원式을 祭需費로 받아쓰게" 하였고 강점 후 이것이 불가능하자, 1915년에는 여기서도 東廟, 南廟처럼 年中祭享을 계속하라고 命하며 下賜金을 주었다. 그 후 鐘路夜市를 개설하면서 夜市 賞金에서 얼마씩 받아 祭需費로 썼으나 京城府가 鐘路夜市를 관리하면서 제수비를 마련할 길이 없어 곤경에 처했다. 그래서 1920년대에는 南廟를 봉사하는 社員(南廟維持社일 것이다)들의 釀金으로 祭享을 지냈다(1년 7회의 大祭와 朔望祭를 지냄). 1928년에는 趙永熙(70여 세)가 私財를 들여 관리 중이었다.『매일신보』1928. 3. 2.

199) 우경선은 警務官, 仁川港書記官(1886)을 거쳐 초창기 회사인 利運社(1893), 廣通社(1897)에 관여하였다. 金敦熙, 崔思永은『時事日報』가 선정한 資産 50만원 이상 소유자 26명에 속한 사람들이다. 金應善, 金鎭燮, 南仁佑[麟祐], 崔春基는 三湖의 客主다. 金士元, 金昌大, 金賢友, 盧敬烈, 李相鉉[尙賢], 李聖善, 林昌洙, 鄭奉圭, 崔敬天, 崔文圭, 崔文煥은 마포의 미전상인이다. 전우용, 앞의 글, 1997, 35쪽 ; 류승렬, 앞의 글, 1996, 32, 92, 178쪽.

200) 마포 靈堂의 社員은 아래를 참조.「麻浦靈堂社員姓名聯錄幷序」, "凡生民所聚之社 必有守護之靈 今此癸卯季夏 營建堂宇 羅聖元 朴英植 金潤弘 盧敬烈 李完植 柳建實 梁義瑞 崔文煥 李君七 禹慶善 鄭光澤 十一員 齋會商議 鳩聚棟樑 建築神祠 其有功於一社 盛且美矣 齋誠擇吉 以禱以祝 降之吉祥 於萬斯年永享芯芳". 마포 靈堂의 社員은 從一品崇政大夫前行禮曹判書兼弘文館提學奎章閣學士侍講院日講官 金宗漢, 都事 朴英植, 正3品 崔致俊, 羅星元, 正2品 崔春基, 司勇 禹慶善, 出身 金潤弘, 金應烈, 金順益, 幼學 洪光賢, 趙完璧, 李敬祚, 李聖弼, 李昌根, 盧敬烈, 林元英, 尹義善, 白允淡, 金德兼, 張敬均, 金永植, 張舜五, 朴昌漢, 李完植, 洪順澤, 李相鉉, 李錫憲, 張順植, 姜鳳國, 宋俊煥, 曺秉泰, 崔敬天, 鄭光澤, 柳健實, 崔文圭, 李聖善, 姜允玉, 梁義瑞, 崔文煥, 李君七, 李仁容, 高鳳俊, 李仁榮, 金賢友, 李寬燮, 金興燮, 張興基, 金順範, 宋致浩, 張敬化, 康敬實, 崔聖連, 沈洛鼎, 金石雲, 池龍哲. 그리고 마포 靈堂의 '建築保助金' 인원은 平昌郡守 崔義三, 都事 金順

의 상인들은 대한제국기인 1904년에 그곳에 靈堂을 건립하면서 고종 황제 등의 萬壽를 비는 현판을 걸었는데,[201] 이것도 앞서 종로의 白木廛 상인들이 東廟에 '聖壽萬年'이라고 쓴 石臺를 進上했던 것과 같은 성격의 것이었다고 생각된다.

김태희 집안도 마찬가지였다. 장사의 번창과 건강을 비는 고사를 수시로 올리고, 무당이나 절을 찾아 굿을 하고 재를 올렸다. 1908년에 불탄 점포를 재건축하여 입주하면서 고사를 드렸고, 그 후에도 영업번창 등을 비는 고사를 수시로 지냈으며, 1910년에는 병환 중인 김태희의 부친 金相台의 쾌유를 비는 致誠을 드렸다.[202] 일찍부터 남산의 臥龍堂에 다니며 치성을 드렸고, 동막의 김상민, 김수희, 김락희 집안을 포함하여 집안전체가 淸菴寺라는 절에 다니며 齋를 올렸다.[203] 남묘와

五, 五衛將 白宗洙, 鄭基然, 金春根, 正2品 崔昌潤, 正3品 金意順, 金應善, 李秉均, 崔思永, 吳亨善, 監察 梁君實, 主事 宋龍憲, 金鎭燮, 金永源, 金永祚, 吳顯昌, 金秀行, 司果 林泰汝, 出身 金平西, 金士元, 咸永植, 參奉 鄭奉圭, 僉知 金明善, 幼學 韓俊西, 李君三, 崔聖元, 金永讚, 朴容九, 田潤守, 宋駿憲, 金敦熙, 張鎭五, 吳俊成, 朴公淑, 吳弘文, 崔弘圭, 李容直, 南仁佑, 姜仲秀, 孟仁和, 李載萬, 金昌大, 李學先, 洪景烈, 金舜居, 崔鳳來, 黃建中, 張汝成, 林昌洙, 金元順, 金允興, 金永弼, 李秉夏, 林永化, 金世熙, 姜尙彦, 金聖根, 李秉祥, 徐錫浩, 梁君三, 陳順汝, 申斗完, 段致彦, 鄭大善, 李福鉉, 韓聖善, 李順先, 李春敬, 尹敬老, 崔和成, 安敬云, 金應九, 林敬善이고, 畵師는 崇政 朴敏永, 通政 兪鎭泰 등이다.

201) 내용은 "大皇帝陛下聖壽萬歲 明憲太后洪氏殿下聖壽萬歲 皇太子殿下壽千萬歲 皇太子妃閔氏殿下壽千萬歲 皇貴妃嚴氏殿下壽千萬歲 英親王殿下壽千萬歲".

202)『日記』1908. 10. 28, 告祀時肉小價 5냥去 ;『原簿』1910. 3. 3, 營業費 在家告祀時用 38냥 7전 5복去 ; 4. 10, 營業費 在家告祀時用 28냥 7전 5복去 ;『用下記』1920. 11. 20, 告祀時用 2원 ; 1921. 10. 7, 告祀時用 2원.『原簿』1910. 1. 24, 茶洞宅用文致誠錢 230냥去.

203)『日記』1905. 5. 27, 淸庵寺齋錢 100냥下 ;『日記』1905. 1. 6, 釜谷宅借去中納淸菴寺齋錢中 800냥上. 淸菴寺가 어딘지는 불분명하다. 지금의 용산구 청암동(원래 마포구)에 '淸岩洞 불당'이라는 사당이 있었는데(이성계堂도 함께) 그

동묘, 보신각 옆 小廟(關羽廟) 등에서 거행된 儀式에도 參詣하여 商運의 융성을 빌었고, 개인적으로도 그곳을 찾아 치성을 드렸다.204)

이들은 祭禮, 喪禮, 혼례, 관례 등 유교의 각종 의례도 철저히 거행하였다. 수준도 전통 양반가문의 그것과 같았다.205) 이들은 큰댁인 金相悅 家에서 행한 각종 제사에 참사하고 제수비용을 댔다.206) 1903년에 작고한 金相學(後谷宅, 1854~1903. 5. 25)의 제사나 그의 大祥 비용 4천 냥 및 淸庵寺에서 올린 齋의 비용도 마찬가지였다.207) 1908년에 사망한 金在熙(1885~1908. 2. 4)의 삭망과 小祥비용도 댔다.208) 1905년

곳일지도 모르겠다. 臥龍堂은 서울특별시, 앞의 책, 268쪽. 김태희 집안의 신앙은 지금도 마찬가지다. 金命熙의 장손이자 金圭現의 장남인 金德鎔(2003년 작고. 경기고, 서강대 출신)과 그 아들 金永周(연세대, 미국 남가주대학 MBA) 집안은 서울 茶洞에서 '壽南企業'이라는 무역회사를 운영중인데 金圭現 생존시절부터 南山의 臥龍堂(제갈량 모신 곳. 지금의 중구 필동)과 麻浦 불교방송국 뒤편의 石佛寺에 다니고 있다. 집안의 오랜 전통을 따르고 있는 것이다.

204) 『日記』1899. 1. 11, 大宅同隣南廟負役出斂 10냥下 ; 『原簿』1916. 11. 6, 南廟 補助金 1원. 수남상회는 關帝를 모시는 숭신단체인 春秋社의 基金관리도 해주었다. 『原簿』1910. 5. 11, 春秋社留置錢利子中給 180냥 全熙成子去 東廟 致誠錢 ; 6. 21, 春秋社留置利子中給 180냥去 南廟致誠錢 李德鉉去. 당시에는 春秋社, 日誠社, 普成社, 永明社, 敬明社 등 숭신단체가 많았는데, 1908년 享祀整理 때 南廟의 祀典이 폐지되자 그중 일부가 1913년에 南廟維持社를 조직하여 南廟를 維持운영하고 그밖에 여러 행사도 주관하였다(『매일신보』 1914. 5. 30). 南廟에서의 호열자 退治 祈禱祭 때는 初獻이 子爵 趙重應, 亞 獻이 本町경찰서장, 終獻이 阿部였다(『매일신보』1916. 10. 12). 남묘유지사는 1923년에 재단법인이 되었다. 관왕신앙을 가진 이들은 1920년에 關聖敎를 창립하여 李載克이 總管長이 되었다(村山智順, 앞의 책 참조).

205) 지승종 외, 『근대사회변동과 양반』, 아세아문화사, 2000.

206) 『日記』1899. 3. 12, 祭需錢 40냥下 ; 1902. 3. 1, 祭需錢 50냥下 등 참조.

207) 『日記』1905. 5. 27, 後谷大朞時所用文 4천냥下 ; 5. 29, 後谷大朞時眞油價給 44냥下, 又淸庵寺齋錢 100냥下 ; 5. 27, 後谷大朞時油物價畢給 100냥下.

208) 『原簿』1908. 12. 4, 後谷宅朔望時肉種價 35냥去. ; 1910. 2. 3, 後谷宅小朞時 用文 522냥 2전 5복去.

金相敏[釜谷宅] 家의 소상 때도 같았다.209) 돌아가신 분의 초상을 그려두고, 亡者의 생신날 따로 차례를 올리기도 했다.210) 산소도 열심히 돌보았다. 한식, 추석은 물론이고 평소에도 자주 사초, 성묘하였고, 묘지기도 두었다.211) 김태희가 종형제들과 함께 상점을 合資경영하였던 1912년에는 출자금 일부를 '公用基本金'의 이름으로 떼어내 그 배당금으로 집안의 각종 期祭祀와 삭망, 한식, 단오, 추석 茶禮, 묘소의 莎草, 제초 비용과 묘지기 報酬, 祖母의 大祥, 禫祭, 吉祭 비용을 충당하였다.212) 예컨대 1912년의 경우 4월부터 9월까지 朔望茶禮 12회, 期祭祀 11회(3. 13, 4. 22, 4. 27, 5. 10, 6. 29, 11. 8, 11. 19, 11. 22, 12. 19, 1. 7)를 포함한 41회의 祭需費와 寒食 秋夕의 莎草 除草비용, 추석 등에 선형인 汝溪所와 古峴里까지 地師를 모시고 가는 비용이나 고현리 산소의 證明費 등을 모두 거기서 지출하였다.213)

　喪禮에도 철저하였다. 당시 이들은 유교에 불교와 巫俗의식을 섞어

---

209) 『日記』 1905. 11. 6, 釜谷宅小朞時扶助 1천냥下.

210) 『用下記』 1921. 7. 20, 慈母肖像凋筆料 60원 ; 1920. 7. 24, 先考生辰茶禮錢 18원.

211) 『日記』 1902. 2. 24, 汝溪所山所祭需錢 100냥下 ; 1903. 3. 16, 汝溪所山役所費給 226냥下 ; 1905. 2. 22, 汝溪所山所往時人力車雇價 65냥下 ; 1908. 10. 15, 公用 五富子洞石物價 200냥去 ; 『用下記』 1917. 9. 28, 汝溪所省墓人力車雇 1원 ; 1918. 4. 6, 五富子山所沙草費 5원 68전 ; 『日記』 1899. 7. 10, 墓直伊金善寬貸去文 50냥下.

212) 『原簿』(1912) '公用基本金'의 4. 5, 大宅寒食茶禮 12원 ; 4. 7, 汝溪所寒食茶禮 8원 ; 4. 27, 高峴里山所寒食茶禮 5원 ; 6. 20, 大宅端午茶禮 1.96원 ; 9. 23, 汝溪所秋夕茶禮 10원, 延署秋夕茶禮 9.83원, 古峴里秋夕茶禮 6.38원 ; 10. 12, 고현리山所墓直給 2.60원 ; 8. 31, 祖母主大朞 114.51원 ; 10. 11, 大宅禫祭 10원 ; 11. 8, 大宅吉祭 5.02원. 大朞(大祥)는 作故 後 2년 만에, 禫祭는 大祥 다음 달에, 吉祭는 죽은 지 27일 만에 지내는 제사이다.

213) 『原簿』(1912) '公用基本金'의 4. 7, 延署沙草 2.5원 ; 9. 23, 汝溪所地師人力車雇 1원, 古峴里 地師人力車雇 1원, 除草 1원 ; 4. 22, 楊州高峴山所證明費 26전.

상례를 치렀다. 1903년 5월 25일 金相學이 사망하자 상점에서 5천 냥을 냈고, 계속해서 山役費, 山所來往費(轎軍), 地師費用, 山上浮費(初終), 喪轝費用(賃錢轝軍價), 棺槨價, 發引掩土 비용을 냈다.[214] 그리고 死後에 좋은 세상에 나도록 부처에게 공양하는 의식인 淨土善行齋와 49재, 100재(百日齋)를 지냈고, 亡者의 천도를 비는 무속의식인 진오귀굿(陳號鬼賽神, 씻김굿)도 하였다.[215] 1910년 7월 21일 祖母사망 때도 상점에서 臨終錢과 善往齋, 49재(七七齋) 비용을 내놓았다.[216] 혼례도 마찬가지였다. 新婦가 들어오면 유교의식에 따라 祠堂에서 예식을 갖추고 祝神의식도 가졌다.[217] 당연히 친족, 외족, 처족의 혼사도 일일이 부조하였다.[218] 冠禮도 거행하였으며 그 경우도 일일이 부조하였다.[219]

이들은 가문의 유대를 돈독히 하는데도 노력하였다. 친족의 유대를 위해서 孝義禊를 만들어 운영했고, 祖母를 모실 侍奉人도 따로 두었다.[220] 조모와 모친에게 철마다 새 의복을 지어 드리고 인삼 등을 대접하였다.[221] 모친, 숙부, 從兄, 형수, 매부 등은 물론이고 장인, 장모, 外

---

214) 『日記』(1903). 김태희는 姑叔의 喪에도 賻儀를 냈다.『典洞宅用下記』(1912~ 표제는 『辛亥正月住所記』) 1917. 12. 2, 內谷宅 姑叔喪 賻儀金 20원.

215) 『日記』 1903. 윤5. 26, 淨土善行齋所入30냥 ; 6. 5, 半井洞 陳號鬼賽神所入 1천냥 ; 6. 11, 半井洞49齋致成文 1천냥 ; 8. 3, 家用百日齋致誠錢 500냥.

216) 『隆熙4年庚戌7月21日辰時別世 喪需用下記』臨終錢 500냥, 板材4立 505냥并雇, 尸上板等 50냥, 善往齋錢 100냥.

217) 『原簿』 1908. 12. 8, 釜谷婚時扶助文 1천냥去 ; 12. 10, 公用 釜谷新婦現祠時用 117냥 5錢去 ;『日記』1905. 7. 26, 茶洞宅用文 婚姻祝神時 500냥下.

218) 『原簿』 1910. 2. 21, 茶洞宅喪需用合 15,095냥去 ;『用下記』1916. 4. 12, 外從婚姻時引切餅1器 2원 ; 12. 17, 釜谷婚禮時扶助金 20원 ; 1917. 3.,27, *妹弟婚姻扶助3層檻1坐 27원 ; 5. 12, 內谷宅婚姻時扶助 5원.

219) 『原簿』 1908. 10. 20, 大宅冠禮時用文 253량 7전 5복去 ; 1916. 11. 26, 釜谷宅冠禮時扶助金 4원.

220) 『日記』 1905. 10. 6, 孝義禊契錢100냥下 ; 1908. 9. 4, 孝義契錢20냥去 ; 1910. 2. 19, 공용 孝義契錢20냥去 ;『原簿』1910. 1. 7, 公用 祖母侍奉人給 100냥去.

221) 『日記』 1902. 9. 4, 家用人蔘價 210냥下 ; 1905. 5. 12, 다동댁用文 210냥下 人

妹弟 등 처가, 외가의 생일, 회갑, 壽宴, 출산도 열심히 챙겼다.222) 적
어도 일제 때까지는 강렬한 가문의식을 가지고 있었다.223)

　이들은 원래 한복을 입고 망건을 둘렀으나, 1910년대 중반 현재 머
리를 깎고 양복을 입었다.224) 아이들 교육에도 큰 관심을 가졌다. 특히
이들은 아이들을 신식학교에 보내고 또 신식학교를 지원하면서도 막
상 자식들의 한문교육은 포기하지 않았다. 자식들을 신식학교에 보내
는 한편 서당에 보내거나 家先生을 모셔 가르쳤으며,225) 啓蒙篇,『通

蔘價 ;『原簿』1908. 10. 15, 茶洞宅人蔘2斤 500냥去.

222)『用下記』1916.4.24. 慈堂生辰用 24원 ; 5.24. 相洞從兄生日時 送牛臂1部11斤
　　1원 90전 ; 6.7. 南門外家生日助用 2원 ; 6.8 妹氏生辰時加伊一隻 80전 ; 6.22.
　　南門外妹弟生日時送物價 2원 ; 7.31. 叔父生辰時賣物價 5원 15전 ; 8.1. 禁後
　　洞從兄生辰時 牛臂價 1원 30전 ; 10.28. 釜谷從兄生辰時 加里*價 1원30전 ;
　　11.7. 長吉外祖生辰時 牛臂價 1원 90전 ; 1917.3.18. 兄嫂氏生辰用 3원 ;
　　10.12. 牛臂1部 2원 20전 丈母生日送 ; 1919.11.9. 季叔母生辰時 白餠價 1원,
　　肉5斤 90전 ; 11.12. 南門外妹夫生日 4원.『原簿』1919.11.12. 外叔回甲時 5원
　　; 1910.6.29. 公用 釜谷壽宴時扶助等 302냥5전거.『用下記』1916.4.9 圭瓚子
　　37日肉價 65전 ; 8.31. 相洞三七日時 牛心1介 40전 ; 1917.3.20. 姑母獻金 1원.
223) 친족간 유대는 그 후 점차 엷어진 듯하다. 아래 자료(연도 미상)가 그걸 보여
　　준다. “宗親全員모임의 날 制定. 趣旨－우리 宗親은 넘우나 親睦에 等閒하
　　였고 交流에 疏遠하엿다.……우리 宗親相互間에 顔面도 姓名도 잘 모를 地
　　境인 우리 宗門의 앞날은 머지않아 支離滅裂되고 말 것이매 앞으로는 우리
　　의 年中行事인 時祭日을 親睦을 敦篤하고 族誼를 增進키 爲한 時祭奉祀日
　　을 兼한 들노리 모임의 날로 定하였으니……悠久한 우리 宗門의 앞날의 發
　　展과 繁榮을 위하여 男女老幼를 가릴 것 없이 全員 參席하여 주시앞. 모임
　　의 날－음녁으로 10月 첫 공일날, 모임 場所 -蓬萊橋 앞 旧把撥行삐스 始發
　　停留場, 모임 時間－日曜日 上午 9時 正刻(時間嚴守), 時祭 場所－高陽郡
　　神道面 五富者里 汝鷄所 山所. [附]時祭山所墳之略圖, 行列字順”.
224)『日記』1899. 1. 16, 伯兄主網巾價 25냥下 ;『用下記』1916. 3. 21, 이발료 40
　　전.
225)『日記』1902. 3. 13, 劉永浩 家先生外上文 20냥 ;『用下記』1917. 10. 16, 陰8
　　月分兒講錢 1원, 1918. 2. 4, 兩兒12月講錢 1원 40전, 歲儀金 2원 ; 1920. 9.
　　15, 學堂房泥匠里工錢 3원 50전 ; 1921. 1. 31, 先生講錢 40원 ; 9. 30, 先生取

162

鑑』 등을 읽히고 『列國志』, 『三國志』 같은 책도 구입하여 읽혔다.[226] 金相學[典洞宅] 家도 마찬가지였다.[227] 선생님께는 철철이 새 옷감을 선물하였다. 가족이 병이 나면 韓醫는 물론 洋醫도 찾았다.[228] 아이에게 일찍부터 牛乳를 먹였고 가족들은 생명보험에 가입하였다.[229] 소요산, 월미도, 금강산 등을 遊覽하고, 궁술대회와 동물원도 구경하였다.[230] 포목장사답게 의복비로 상당액을 지출하였다.[231] 집에는 하인을 두었다.[232] 大宅, 茶洞宅, 川邊家도 마찬가지였다.[233] 하인의 월급은 2

用給 20원 7전.

226) 『用下記』1916. 6. 16, 列國誌三國誌1秩 1원 50전 ; 1920. 7. 1, 啓蒙篇2卷 70 전 ; 1922. 1. 8, 通鑑2卷2冊 1원 ; 『原簿』1920. 1. 18, 冊7卷價 9원 35전.

227) 『典洞宅用下記』1914. 10. 18, 圭柄 唱歌冊 1卷 25전 ; 1915. 3. 4, 圭柄 月謝金 15전, 國語冊 1券 6전 ; 1917. 5. 2, 善明學費金 1원, 鳳九千字價 34전 ; 1920. 5. 31, 通鑑 1권 60전. 봉구는 김규병, 선명은 그의 누이이다.

228) 『用下記』1916. 4. 30, 英姬洋藥代 45전 ; 1917. 10. 26, 和田醫士 命熙口*風診察料 1원 ; 1918. 2. 8, 乳症診察手術料* 6원.

229) 『用下記』1916. 3. 22, 牛乳3月用 96원. 1914년에 日本生命保險에 1~3회 보험료 59원 70전을 일시불로 낸 후『原簿』에 자세한 내역을 기록한 마지막 해였던 1922년까지 매년 39원 80전씩 냈다.

230) 『用下記』1916. 8. 5, 逍遙山遊覽費 3원 56전 ; 1918. 4. 28, 月尾島遊覽費 1원 50전 ; 1921. 7. 3, 弓術會入場票價 2원, 兒等動物園遊覽費 2원 ; 『典洞宅用下記』1916. 5. 11, 金剛山遊覽路子 10원.

231) 『用下記』1918. 2. 8, 今年度衣次價 276원 33전. 1910년대에 재봉틀도 가지고 있었다. 『用下記』1916. 7. 20, 裁縫機械改繕工錢 1원 20전.

232) 『日記』1899. 7. 28, 家下人永祚 木價興成在文 175 ; 1902. 10. 6, 家下人興成在文 12냥. 하인은 1917년까지 1명, 1918년에는 남녀 각 1명이었다. 아이를 데려다 키우기도 하였는데 하인처럼 데리고 있었을 것이다. 『用下記』1916. 9. 18, 護兒女下人鞋2부 1.40원.

233) 『日記』1902. 4. 6, 川邊家前下人 外上在文 17냥 ; 1902. 4. 15, 茶洞宅下人 廣木10尺 35냥 ; 1902. 8. 2, 大宅下人木價在文 18냥 ; 「戶籍表」, '광무 10년 4월 29일 한성부 중서 서린방 사기전계 사기정동 14통 1호 戶主 金相悅……寄口 女 1口, 雇男 1구, 傭女 1구' ; 「호적표」, '광무 10년 한성부 중서 수진방 증청계 사복동 14통 1호 戶主 金重熙……寄口 雇男 1구, 傭女 1구'.

원이고 衣資를 지급하였으며 애경사도 보조하였다.[234] 가옥을 수시로 보수하고 조명도 1905년경부터 석유에서 전기로 바꾸었다.[235]

4. 맺음말

한말 일제초에 서울 종로 1가에서 수남상회를 경영한 金泰熙 家는 비록 서울의 초일류 상인은 아니지만 무명의 영세상인은 더더욱 아니었다. 종로에 번듯한 점포를 가진 채 문명개화와 일제침략, 근대화와 식민지화의 소용돌이 속에서 경제활동 규모와 영역을 꾸준히 넓혀간 여러 종로상인 가운데 하나였다. 이들은, 서울의 초일류 상인이 아니었던 점과도 관련해서, 문명개화사상이 각 방면으로 크게 확산된 속에서도 수구와 개화, 보수와 혁신, 전통과 근대, 반일과 친일의 어느 편에도 결코 두드러지게 나서지는 않았다. 그렇다고 마냥 처져 있지도 않았다.

당시 종로는 조선왕조 이래의 오랜 수도로서 기존의 문화와 사상, 권력과 경제의 중심지이자 서구근대의 새로운 사상과 문화가 유입되던 중요한 통로였다. 이들은 그런 종로에서 장사를 하면서 그곳에 드나든 다양한 人間群과 접촉하였고 그 과정에서 수구적인 인사, 개혁적인 인사, 친일인사, 반일인사를 모두 만났다. 친일신문으로 불리던 신문과 잡지를 구독하였고 민족지로 불리던 것들도 구독하였다. 광고도

---

234) 『用下記』 1916. 4. 30, 3月分下人月給 2원 ; 1918. 2. 8, 男下人歲饌 1원, 女下人舊12月月給 2원, 女下人歲饌 1원 ; 3. 12, 針母借用給 2원 ; 『日記』 1902. 9. 6, 家下人衣資次給 100냥下 ; 『用下記』 1916. 12. 30, 下人喪補給金 1원 ; 1921. 10. 14, 針母喪賻儀等 13원 80전.

235) 『日記』 1899. 4. 17, 大宅 泥匠工錢 25냥下 ; 4. 21, 大宅 蓋草價工錢幷 30냥下 ; 『用下記』 1916. 9. 22, 壁石50丈 55전 ; 『日記』 1899. 1. 30, 石油 1箱子 80냥下 ; 1908. 11. 5, 公用油燈……21냥 5전去 ; 12. 25, 公用在家油燈來正月代金 25냥去.

양쪽에 모두 실었다. 자강운동의 일환으로서 설립된 각종 사립학교나 광의의 민족운동단체도 지원하였고 친일단체에도 가입하였다. 비록 친일활동을 두드러지게 하지는 않았지만 그렇다고 반일활동은 더욱 하지 않았으며 사회주의 노선과는 애초부터 무관하였다.

이들은 서울에서 오랫동안 살아온 무반계 집안으로서[236] 늦어도 19세기 말에는 종로 1가에서 포목상점을 경영 중이었다. 그리고 1905년 화폐정리사업 직후에는 서울의 한국인 포목상들과 함께 彰信社를 조직하여 대책마련에 부심하기도 하였다. 따라서 당초 이들은, 일찍부터 일본상인들과 사업적으로 긴밀하게 연결되었던 共益社의 朴承稷 등과 일정한 거리가 있었던 것 같고, 서울의 무반계 출신으로서 金宗漢 등 서울의 전통적인 명문양반들과도 거리가 있었던 것 같다. 서북출신 박흥식이나 호남출신 김성수 등과도 거리가 있었던 것 같다.

반면 서울의 武班이나 평민 출신으로서[237] 종로는 물론이고 급기야

---

236) 洪性讚, 앞의 글, 2002. 김태희 집안은 靈光金氏 '京派' 중에서도 '漢陽派'다. 서울토박이인 것이다. 앞서 필자는 이들이 武班系 집안으로서 19세기 후반에 商業에 나선 듯하다고 추정하면서 그 逆일 가능성, 즉 상인으로 富를 쌓아 무반계 관직을 얻었을 가능성도 열어두었는데(洪性讚, 앞의 글, 2002), 아무래도 전자였던 것 같다. 아래는 1937년 7월 24일 張然(原주소 : 漢城 西署 義盈洞. 1894. 7~1895. 3 議政府主事, 1895. 3~1896. 12 日本留學, 1899. 8~ 表勳院技手, 1901. 7~ 典圜局主事, 1904. 12~ 度支部印刷局主事, 1908~ 평양재무감독국 초산재무서 財務官, 1911~1921년 황해도 信川郡守)가 김태희에게 보낸 편지다. "大抵 君我兩家 昔者元來仕宦家 相結親戚之分……君之先親 我之先親 携手入參 于白木廛 多年從事受苦 我之先親 更入官界 而君之先親 仍從商業界 至于君代". 두 집안 다 '元來仕宦家'였으나 그의 선친과 김태희 부친 金相台(1849~1910)가 白木廛에 들어가 '多年從事'하다가 張의 선친은 官界로 들어갔고, 김상태는 '仍從商業界'하여 김태희 代까지 이르렀다는 것이다. 서울의 武班系 집안으로서 金相台 때부터 商業에 나섰던 셈이다.

237) 이 시기 武班의 사회적 지위는 文班보다 극히 낮아 거의 평민과 같은 수준으로 인식되었다. Kyung Moon Hwang, *Beyond Birth-Social Status in the Emergence of Modern Korea*, Harvard University Asia Center, 2004.

서울과 한국을 대표하는 재계인사로 성장한 白完爀, 金漢奎 등과는 사업적으로나 인간적으로 일찍부터 긴밀한 교류를 가졌다. 그리하여 이들은, 당시의 대표적인 한국인 은행이었던 한호농공은행, 한일은행, 한성은행, 대한천일은행(조선상업은행)의 은행장, 이사, 감사, 전무로 활약하였을 뿐만 아니라 서울의 대표적인 한국인 회사였던 京城隆興, 廣藏의 경영자이기도 하였던 백완혁, 김한규 등으로부터 금융상의 편의는 물론이고 京城隆興과 廣藏의 중역 자리와 그밖에 여러 가지 경제정보도 얻을 수 있었다. 그리고 그들의 배려로 당시 한국최대의 상공업자 조직이자 경제단체였던 경성상업회의소 의원에도 선임되었다. 서울 재계에서 일약 자신의 지명도를 높인 것은 물론이고 고급 경제정보에 접근할 엄청난 기회까지 얻을 수 있었던 것이다.

그런데 당시 김태희의 후견인 격이던 백완혁, 김한규 등은 일제의 강점체제가 강화되어 가는 속에서, 그들이 차지하였던 재계에서의 비중과도 관련해서, 정치적으로 친일적 자세를 더욱 강화해 가고 있었다. 이에 그 동안 이들과 사업적 인간적으로 밀착한 채 늘 행동을 함께 해 왔던 김태희 역시 자연스럽게 그들과 정치사회적 입장도 함께 해 갔던 것 같다. 그렇지만 그의 정치적 자세는, 재계에서 차지했던 그의 비중이 백완혁, 김한규와는 비교가 되지 않을 만큼 적었던 점과도 관련해서, 자신의 경제활동 규모와 영역을 확대하는데 필요한 수준에서 크게 벗어나지는 않았다. 말하자면 그는 종로에서 함께 점포를 운영하였던 인근 상인들의 정치적 선택을 보아가면서 크게 보아 대세에 순응하는 자세를 보이는 데 그쳤던 것이다. 이런 점에서 이 시기 김태희의 정치적 자세는 일제강점기에 종로 한복판에 점포를 차려놓고 장사를 하였던 종로상인들이 택할 수밖에 없었던 생존전략의 일단을 보여주는 셈이었다.

한편 이들은 일찍이 서양식 부기를 도입하고, 전신 전보 전화를 이용하고, 각종 신문을 구독하고 신문을 광고수단으로서 적극 활용하였으며, 무역상을 통해서 외국물건을 구입 판매하고, 학교에서 정식으로 상업교육을 받은 사람을 고용하여 상점경영의 근대화를 추구하는 등 상점경영에 관해서는 첨단의 기법을 적극 활용하였다. 그렇지만 가정에서의 일상적 삶은 여전히 전통적인 의식을 견지하는 자세를 보였다. 서울에 문명개화사상이 급속히 확산된 가운데 차제에 기독교로 개종한 상인, 기업가가 적지 않았고 또 미신타파의 분위기가 성숙한 속에서도, 이들은 사업번창을 비는 고사를 드리고, 무당을 찾아 굿을 하고, 절을 찾아 齋를 올렸다. 남묘, 동묘, 小廟(보신각 옆) 등 관왕묘를 찾아 致誠을 다하기도 하였다.

이들은 전통적인 유교의식, 이른바 祭禮, 喪禮, 冠禮, 혼례의 거행에도 철저하였으며, 가문의 결속을 다지는 일에도 적극적이었다. 신식학교를 지원하면서도 자제들의 한문교육은 포기하지 않았고, 교회에 나갈 생각은 더욱 없었다. 전통적인 문화와 의식 속에서 장사를 배우고, 사람을 사귀고, 자녀를 교육하였던 것이다. 당시 보통의 종로상인들이 가졌던 의식세계 역시 이러했을 것으로 생각된다.

일제하 조선인 '중견노무자'와 노동규율

이 상 의[*]

1. 머리말

전쟁은 끊임없이 생산의 확대를 요구하면서 사회 내부의 모든 물적 인적 자원을 동원하고 소비한다. 특히 동원의 대상이 식민지일 경우 그 양상은 재생산에 대한 고려 없이 자원을 최대한 소모하는 형태로 진행된다. 만주사변으로 시작된 일제의 대륙침략 시도는 중일전쟁에 이어 마침내 태평양전쟁으로 확대되었고, 그러한 정국의 변화는 조선 사회에도 적지 않은 변화를 촉구하고 있었다. 최고조로 확대된 전쟁, 그러나 막바지 전쟁이었던 태평양전쟁 이후 시기 조선에서 전개된 일제 정책의 특징은 정책과 법령의 지속적인 개편 과정으로 파악할 수 있을 것이다. 가능치 이상으로 확대한 전쟁에서 불리한 전세와 부족한 자원, '황국신민'의 역할을 요구받은 조선인의 '비자발적'인 태도는 정책의 번복, 축소 혹은 확대를 불가피하게 만드는 요소가 되었다.

중일전쟁 도발을 전후하여 일제는 대륙침략을 위한 논의를 거듭하였고, 그것은 國家總動員法이라는 무소불위의 법률로 정착되었다. 이후의 모든 정책은 그 틀에 맞추어 입안되었다.[1] 그러나 정책의 입안은

---

* 연세대학교 국학연구원 연구교수

1) 이 시기 조선총독부가 취한 정책의 경향에 대해서는 방기중, 「'통제경제'와 '신체제' 인식의 사상 동향」, 『일제하 지식인의 파시즘체제 인식과 대응』, 연

원만한 실행과는 별개의 문제였다. 예컨대 일제는 1939년 조선에 징용령을 적용할 계획을 세웠으나 법령이 제정된 지 5년동안 징용을 실시하지 못하였고, 1944년 전쟁에서 더 이상 밀릴 곳이 없는 상황에 이르러서야 그것을 실행하게 되었다. 징용은 전시 파시즘체제 구축과정에서 점령 지역을 대상으로 일반적으로 요구되는 수준이었으나, '皇國臣民化'해야 하는 조선인의 반발을 우려해 실시를 유보할 수밖에 없었기 때문이다. 또한 위험을 감수하고 결국 징용을 실시하였으나, 조선인의 저항으로 사전에 입안한 대로 원만히 추진할 수 없었던 것이 당시의 현실이다.

전시하에 조선에서 전개된 노동정책은 크게 두 가지로 규정할 수 있다. 그 하나는 노동력 동원을 통한 勞動力의 配置政策이었고, 다른 하나는 태평양전쟁 이후부터 특히 강조된 勞動統制政策이었다. 이 시기 일제는 노동력 배치에 정책의 중심을 두되 그 한계를 극복하기 위해 노동통제를 더욱 강화해 갔다.[2] 노동력에 대한 양적 통제와 더불어 질적 통제를 중요한 정책의 하나로 실시한 것이다.

그간 노동자의 연성 혹은 노동규율에 대해서는 일부의 연구가 진행된 바 있다.[3] 그러나 '중견노무자'의 존재는 주목되지 못했고, 따라서

세대 국학연구원 학술회의 발표문, 2004 참조.

2) 조선총독부는 노동력문제에 대한 방책을 마련하기 위해 1943년 10월 정무총감 田中武雄의 통첩으로 '生産增强勞務强化對策'을 발표하였다. 이는 군 작업청, 군 관리공장, 기타 군의 필요에 의해 총독부에서 지정한 곳과 생산력확충계획산업에 해당하는 공장 사업장으로서 총독부가 지정한 곳, 그리고 총독부에서 필요를 인정하여 지정한 공장의 노동력을 확보하기 위한 조치였다. 그 내용은 遊休·不急 勞動力의 全面的 動員, 重點産業 勞動者의 處遇改善과 勞務管理의 철저한 刷新의 두 가지로 구성되어 있었으며, 징용과 근로보국대 동원 등 이후 노동정책의 준거가 되었다(「政務總監談 - 勞務强化對策要綱決定す」, 『朝鮮』 1943. 11, 95~97쪽).

3) 강이수, 「공장체제와 노동규율」, 김진균·정근식 편저, 『근대주체와 식민지

그들과 일반노동자 간의 상호관계도 검토되지 않았다. 본고에서는 일
제 말기 지배정책의 성격을 노동정책을 통해 고찰하되, 구체적으로 '중
견노무자'의 양성과 그들을 통한 노동규율의 확산 과정에 주목한다. 태
평양전쟁기의 노동통제가 '전시노무관리'라는 이름을 가지고 새로운
형태로 전개되어 가는 과정에서,[4] '중견노무자'는 노동현장의 말단에서
노무관리를 담당할 실무세력으로 양성되었다. 전시하에 절대적으로 필
요한 인력은 기술자와 기능공이었으나, 장기에 걸쳐 기능공을 양성할
경제적·시간적 여유와 의지가 없는 상황에서 총독부는 그에 대신할
응급세력을 육성하였다. 이들은 이른바 '중견'으로서, 새로이 대거 편
입 증가된 노동자들을 새로운 작업에 적응시켜 생산능률을 증대시키
는 역할을 담당하고 있었다. 따라서 이들을 이용한 공장 사업장의 구
조 재편, 재편된 구조 속에서의 노동통제 양상도 본고의 고찰 대상이
다.

　일제지배 말기 조선인은 국가가 없는 상태에서 국가주의적 이데올
로기를 끊임없이 강요받고 있었다. 봉사해야 할 대상 '公'의 존재에 공
감하지 못하는 상태에서 '滅私'를 강요받으면서 조선인 내부에서는 오
히려 공권력에 대한 불신·무시의 분위기가 만연하게 되었다. 그리고
이러한 경험은 현재까지 한국사회에 적지 않은 파장을 남기고 있다.
그러한 의미에서 이 글은 일제하의 노동문제를 통해, 일제의 조선지배
과정에서는 어떠한 성격의 근대화가 지향되고 있었고, 그것은 이후 근
대화의 과정에 어떠한 영향을 미치게 되었는가 하는 의문에 대한 해답

규율권력』, 문화과학사, 1997 ; 곽건홍, 『일제의 노동정책과 조선노동자(1938
~1945)』, 신서원, 2001, Ⅳ-제2장 ; 이병례, 「일제하 전시체제기 노동자의 경
험세계」, 『역사연구』11, 역사학연구소, 2002 ; 이상의, 『일제하 조선의 노동정
책 연구』, 혜안, 2006, 제4장.
　4) '전시노무관리'에 대해서는 이상의, 「일제지배 말기의 '노무관리'와 노동통제」,
『역사와 현실』 50, 한국역사연구회, 2003에서 상세히 언급하였다.

을 얻고자 하는 시도이다.

2. 전시하의 노동력 동원과 노무관리

1) 일제의 노동력 동원과 조선인 노동자 인식

중일전쟁 이후 일제는 국가총동원법에 근거하여 조선의 노동력을 동원하였다. 國民總動員을 명분으로, 전 조선인이 병력으로서 전선에서 총을 쥐거나 노동자로서 전력증강을 위해 挺身하도록, 즉 조선의 모든 구성원이 황국신민 의식을 가지고 자신의 능력을 '국가'에 바칠 것을 요구하였다.[5]

확대되어 가는 전쟁의 수요를 감당하기 위해 총독부는 이른바 遊休·不急 노동력을 전면적으로 동원하고, 중요산업[6] 부문으로 배치하여 노동력을 집중시키고자 하였다. 노동자 수의 증가와 더불어 일제의 생산력은 양적인 면에서 크게 증대되었다. 그러나 전쟁의 수요에 따르기에는 생산력이 늘 부족하였다. 그 원인은 무엇보다 전쟁의 확대와 능력 이상의 생산력 확충 요구에 있었지만, 노동자의 전반적인 노동수준 저하와 저항도 적지 않은 영향을 미치고 있었다.

轉廢業된 '평화산업' 부문의 기술적으로 경험이 없는 노동자가 전쟁과 관련된 중요산업 부문에 배치되었고, 징용이나 이동에 의해 숙련노동자가 감소하여 병역 연령에 해당하지 않는 유년 혹은 노년 남자와

---

5) 沖津主稅,「朝鮮の勞動力再編成」,『朝鮮勞務』4권 1호, 1944. 2, 2~4쪽.

6) 중요산업이란, 국가총동원법 제2조에 의한 총동원 물자의 생산 수리 혹은 국가총동원상 필요한 운수에 관한 업무를 경영하는 공장, 광산 기타 장소에서 총독이 지정한 것을 말한다. 그런데 국가총동원법에서 규정하고 있는 총동원 물자는 극히 광범위하였으므로 중요산업은 전쟁 추진과정에서 필요한 산업 전반에 적용되고 있었다.

여자 노동력으로 대체하게 되었다. 노동력의 양적 부족에 기인하여 노동능력의 저하 현상이 나타났으며, 질적 수준의 저하는 다시 양적 부족 현상을 초래하였다. 이러한 상황에서 더욱이 물자와 식량이 부족한 상태에서 생산을 강행하기 위해 총독부는 노동통제를 강화해 갔다.

파시즘체제하의 노동통제에 조선인은 끊임없이 저항하고 있었다. 전시하의 엄한 규제 속에서 조선인 노동자의 저항은 다소 감소되는 경향을 보이면서도 지속되고 있었다. 특히 일제지배 말기 노동현장에서는 노동자의 도주·이탈이 일상적으로 행해지고 있었다.[7] 예컨대 1942년 1월 한달 간 노동자의 평균 현장이탈 비율은 공장에서 7.5%, 광산에서 10.2%에 달하였고, 출근율은 공장의 경우 매일 평균 80%, 광산에서는 75%에 불과하였다.[8] 월평균 이동률을 1년 단위로 단순 환산할 경우 한해동안 노동자의 대부분이 현장에서 이탈한다는 계산이 나올 정도였다. 더욱이 중요산업 부문의 경우 노동자 이동을 방지하기 위해 從業者移動防止令을 실시하였음에도 불구하고 指定從業者의 이동이 계속되어, 1941년도 전반기 6개월 간 전국 중요공장의 종업원 퇴직률이 25%를 넘어서고 있었다.[9] 이처럼 노동자의 현장이탈은 상당히 높은 비율을 보였을 뿐만 아니라, 그 추세가 점차 더 심각해져 갔다.

---

7) 노동자의 이동 양상에 대해서는 곽건홍, 앞의 책, 2001, 113~125쪽 ; 이상의, 「1930~40년대 日帝의 朝鮮人勞動力 動員體制 硏究」, 연세대 사학과 박사학위논문, 2002(a), 246~269쪽 참조.

8) 朝鮮總督府 司政局 勞務課, 「朝鮮の勞務に就て」, 『朝鮮勞務』 3권 2·3호, 1943. 8, 11~15쪽. 노동자 뿐만 아니라 사무직과 기술직도 1940년 상반기 24%와 9%의 높은 이동률을 보이고 있었다(京城職業紹介所, 『京城職業紹介所所報』 特輯號, 1940, 63쪽).

9) 田村浩, 「勞動の國家的意義」, 『朝鮮勞務』 1권 1호, 1941. 10, 31~33쪽. 이 당시는 일본의 경우에도 1년 내에 공장노동자가 4할 이상, 광산노동자가 8할 5분까지 바뀌고 있었다(厚生硏究會, 『國民皆勞 - 戰時下の勞務動員』, 新紀元社, 1941, 129~131쪽).

뿐만 아니라 노동자들은 조직적인 태업이나 파업, 군수생산력의 저하를 노린 기계파괴 등의 형태로 저항을 계속하였으며, 勤勞報國隊, 官斡旋, 徵用 등의 노동력 동원에 대해 자해를 하여 기피하거나 대리인을 출동시키거나 동원된 후 탈출하는 경우도 적지 않았다. 특히 행선지와 기간이 일정치 않았던 국외 동원을 기피하는 현상은 일제 말기로 갈수록 더욱 늘어나, 소위 經濟事犯이 폭발적으로 증가하였다.[10] 이러한 노동력의 질 저하와 노동자의 저항은 곧바로 노동생산성의 저하로 연결되었다.[11]

그러나 전쟁이 확대되어 갈수록 생산력 확충과 노동력의 필요성은 한층 더 증대되었다. 따라서 조선인 노동력에 대한 일제의 의존도가 점차 높아지게 되면서 조선인에 대한 일제의 평가는 이전 시기에 비해 약간의 변화를 보였다. 노동자로서 조선인의 열등성을 강조하는 주장이 그간의 일반적인 경향이었던 데 비해, 이 시기에는 조선인이 "공영권 내의 우수 노력"임을 강조하는 시각이 일각에서 등장하였다.[12] 이는 대개 일제가 점령하고 있던 지역에 대한 상대적인 평가 속에서 이루어졌다.[13] 여타 지역에 비해 조선에서는 학교교육이 보급되어 조선

---

10) 노동자의 저항에 관련해서는 강만길, 「侵略戰爭期 일본에 강제동원된 조선노동자의 저항」, 『韓國史學報』 2, 고려사학회, 1997 ; 卞恩眞, 「日帝末 조선인 노동자층의 전쟁 및 '軍需生産力'에 대한 인식과 저항 - 서울지역 노동자를 중심으로 - 」, 『鄕土서울』 57, 1997 ; 변은진, 「일제 침략전쟁기 조선인 '강제동원' 노동자의 저항과 성격 : 일본 내 '도주'·'비밀결사운동'을 중심으로」, 『亞細亞研究』 108, 아세아문제연구소, 2002 ; 이상의, 앞의 책, 2006, 제4장 제2절 등 참조.

11) 朝鮮經濟社 編, 『朝鮮經濟統計要覽』, 1949, 69~70쪽 참조.

12) 東洋經濟新報社 編, 「新使命を擔ふ農業の再編成」, 『朝鮮産業年報昭和十八年版 - 朝鮮産業の決戰再編成 - 』, 1943, 60쪽.

13) 총독부 노무과에서는 일본의 노동력 동원은 거의 한계에 달했고, 중국대륙과 남방 제지역의 노동력은 아직 완전한 활동을 기대하기 어렵고, 대만과 조선에서만 노동력이 여유를 보이고 있다고 분석하였다. 특히 조선의 노동력은

인의 일어 해독능력이 상대적으로 높고 정신면이나 생활면에서 '황국
신민화'가 진전되었다고 보았다.[14] 수송능력의 한계와 자원의 한계에
닥쳐 노동력에 의지하여 생산력을 증대시켜야 하는 상황에서 부족한
일본인 노동력을 보충할 세력으로 조선인이 가장 적합한 조건을 갖추
고 있다고 판단한 것이다.

그러나 여전히 대부분의 자본가들은 "반도노동자의 비능률성을 탄
식"하고 있었고, 총독부 관료를 비롯한 일본인들은 "유래 조선인 중에
는 무위도식을 귀히 여기고 근로를 천히 여기는 인습이 여전히 매우
뿌리깊다. 최근 시국의 추이와 국민개로운동 등으로 상당히 각성되었
지만 아직 모든 공장 광산에 그 효과가 미치지는 못하였다"고 보고 있
었다. 이들은 그 원인에 대해 공장·광산의 노동자, 특히 하급노동자의
지위가 사회적으로 최하위에 있어, 노동자가 자기 직업에 대해 하등의
감격도 느끼지 못하고 노동의 의의와 희망을 찾지 못하므로 향상심이
일어나지 않는다고 보았다. 또한 조선인 노동자는 기초 교양이 부족해
조금만 어려운 훈련을 실시하면 생각지 못한 곤란이 따르고 효과가 거
의 없으며, 질적 향상을 추구해도 결국 공중에 누각을 짓는 것과 같다
고 하였다.[15] 그리하여 대부분의 일본인들은 조선인 노동자는 작업능
률이 낮고 이동률은 높은 것이 최대 문제라고 판단하고 있었다.

조선인 노동자에 대한 이러한 평가는 새로운 형태의 노무관리의 필

　　그 질적인 면과 더불어 입지의 우월성, 풍부한 부존물자와 동력원으로 인해
　　활용이 촉망된다고 보았다(宮孝一, 「朝鮮の勞務狀況と管理の問題」, 『朝鮮』
　　338, 1943. 7, 14쪽).
14) 東洋經濟新報社 編, 「朝鮮經濟の戰力寄與と再編成」, 『朝鮮産業年報昭和十
　　八年版 - 朝鮮産業の決戰再編成 - 』, 1943, 21~22쪽 ; 「座談會 - 朝鮮の決戰
　　生産增强對策」, 같은 책, 165쪽.
15) 竹田兼男, 「朝鮮に於ける勞務管理の基本課題,」, 『朝鮮勞務』 2권 3호, 1942.
　　6, 27~31쪽.

요성 주장으로 이어졌다. 조선인의 우수성은 상대적인 것일 뿐 현실적인 필요성에 비추어 또 일본인과 비교해 그 자질이 열등하다는 이유에서였다. 이는 일본어 해독자의 비율이 1943년 현재 전체 인구의 16.6%에 불과하고, 무엇보다 그간 심혈을 기울여온 황국신민화의 진전도가 낮아 노동자의 이동률이 높고 노동에 적극적이지 않다는 인식에 근거하였다. 따라서 '決戰的 增産'에 지장을 초래하고, 기업생산비에서 저렴한 임금을 상쇄하고도 남을 정도의 능률임금을 지불해야 한다는 것이다. 또한 조선인 노동자는 육체노동의 작업능률은 일본인 노동자에 비해 손색이 없지만 지능과 기술을 요하는 작업에서는 열등하다고 보았다. 그런데 기능노동자로서 조선인이 열등한 것은 교육이 충분히 보급되지 않았고 광공업의 역사가 짧아 기술을 전습할 여유가 없었기 때문이라고 하였다.16) 결국 일제는 이러한 면을 극복하기 위해서는 노무관리를 쇄신하여 황국신민화를 심화시키는 것이 유일한 대안이라고 보았다.17) 전시에 맞는 새로운 노무관리를 시행하여 노동자를 황국신민화하기 위해 '皇國勤勞觀'을 주입하는 것이 새로운 과제로 등장한 것이다.

2) '전시노무관리'의 시행

전시하의 대대적인 노동력 동원으로 새로이 등장한 노동자들은 '시국산업' 곧 전쟁과정에 필요한 '중요산업' 부문으로 전업해 갔다. 이 시기 중점산업은 대개 근대적 산업기술을 사용하는 대규모 공장으로서,

---

16) 朝鮮總督府 勤勞指導課,「朝鮮人勞務者ノ長短如何」,『日帝下 戰時體制期 政策史料叢書』(民族問題研究所 編) 23, 韓國學術情報株式會社, 2000, 284~285쪽.

17) 東洋經濟新報社 編,「朝鮮經濟の戰力寄與と再編成」,『朝鮮産業年報昭和十八年版 - 朝鮮産業の決戰再編成』, 1943, 23쪽.

일부의 숙련과 기술을 요하는 작업 외에는 상당한 정도의 탈숙련화된 작업으로 구성되어 있었으며, 테일러리즘을 광범위하게 도입하고 있었다.[18] 그러나 주로 농업종사자였던 신규 노동자들은 새로운 노동에 무지하였고 무엇보다 노동자와는 생활습관이 전혀 달랐다. 이에 자본가들은 "공장에 전기도 가스도 증기기관도 전혀 모르는 노동자"가 적지 않다고 하거나, "유리를 본적도 없는 노동자가 유리를 잘 자르기 어렵다"고 지적하고 있었다.[19]

생산력 증강을 위해서는 이들이 오랫동안 익숙했던 자신의 생활습관을 철저히 변화시키고 광공업 노동에 맞는 새로운 노동습관을 익혀야 했다. 이들에게는 '근로자'로서 공장세계에 적응하기 위한 새로운 환경의 규율에 순응할 것이 요구되었다.[20] 한말 일제하에 걸쳐 노동자가 증가하면서 서서히 진행되던 이 과정은 1930~40년대 특히 전시하에 들어 대규모 공장이 증가하고 노동자가 급증하면서 급격히 추진되었다. 국가총동원 체제하에서 생산력을 확충하기 위해 노동자 개개인에게 엄격한 규율습득과 훈련이 요구되었다. 각종 규율이 노동자 스스로 습득할 여유도 없이 일방적으로 주입되고 있었으며, 더욱이 '황국신민'의 의식을 가지고 노동을 자신의 의무로 받아들이는 정신자세가 요구되었다. 그러한 작업은 '노무관리'라는 이름으로 행해지고 있었다.

일제는 전시하의 생산력 증강을 위해서는 노무관리가 자본주의 경영의 합리적 처리를 위한 개별적 사항이 아니라 '國民協同體'의 생존을 위한 公的 사항이 되어야 한다고 하여, 노무관리를 총독부 권력의 직접 관여, 통제 속에서 실행하고자 하였다. 이러한 형식의 노무관리를

---

18) 강이수, 앞의 논문, 1997, 126쪽.

19) 東洋經濟新報社 編, 「新使命を擔ふ農業の再編成」, 『朝鮮産業年報昭和十八年版 – 朝鮮産業の決戰再編成』, 1943, 60쪽.

20) 근로자와 노동자의 차이에 대해서는 이상의, 「일제지배 말기의 파시즘적 勞動觀과 '勞資一體論'」, 『東方學志』118, 연세대 國學研究院, 2002(b) 참조.

176

두고 총독부는 '경영의 노무관리'에 대비하여 '국가의 노무관리'라고 칭하였다. 그리고 이를 "국가가 노동입법으로 일국의 노동력을 정치적으로 지배하여 관리하는 경우, 즉 국가 스스로 노동력의 유지 보전을 권력적으로 행하는 경우"라고 풀이하였다. 종래 자본가가 담당했던 자본주의적 노무관리를 '국가성을 부여한 노무관리'로 전환시켜 '공적'인 차원에서 추진하는 이른바 '戰時勞務管理'를 실시한 것이다.[21]

조선에서의 전시노무관리는 조선인을 대상으로 황국신민의 신념에 철저하게 '鍊成'하고, 노동능률을 최고도로 발휘하게 하여 전력을 증강시키는 방향으로 행해졌다. 노동자를 "국가의 役에 따르게 교육"하여 노동생산성을 높이는 것이 노무관리의 목표로 설정된 것이다. 곧 조선에서의 노무관리에는 애초부터 전시하의 생산정책적인 의미의 노무관리만이 도입, 시행되고 있었다.[22] 이 시기 일제가 조선에서 전개한 전시노무관리의 체계화 과정은 노동력 동원의 방식을 量 위주에서 質 위주로 전환하는 것을 의미하였다.[23] 여기에서 '量的主義에서 質的主義로의 전환'은 조선인 노동자의 질, 즉 기술능력의 향상을 의미하는 것이 아니었다. 노동자의 양적인 한계 속에서 연성을 통하여 똑같은 조건에서 더 높은 생산성을 올리도록 노동생산성을 향상시키는 것이 그 내용이었다.

이러한 노무관리의 방식과 내용은 일본 본국과는 사뭇 달랐다. 일본 내에서 권력이 노무관리를 통해 노동을 통제한 최고단계는 1942년 2월부터 「重要事業場勞務管理令」을 실시한 것이다. 이 법령은 중요 사업장의 피징용자에 관련된 종업규칙, 임금규칙, 후생시설 등의 노무관리

---

21) 森戶辰男, 「戰勝のための勞務管理」, 『朝鮮勞務』 3권 1호, 1943. 2, 6~10쪽.
22) 전시노무관리에 대해서는 이상의, 앞의 논문, 2003 참조.
23) 竹田兼男, 「朝鮮に於ける勞務管理の基本課題」, 『朝鮮勞務』 2권 3호, 1942. 6, 27~31쪽.

의 책임을 일본 厚生省의 감독하에 두도록 규정하고 있었다.[24] 한정된 노동력을 가능한한 보전하여 장기전에 대비한다는 취지로 제정된 이 법령은 일본에서 이미 시행되고 있던 工場法의 연장 선상에서 일정부분 노동력 보존을 꾀하는 측면을 지니고 있었다. 이 법령에 의하면, 일단 從業規則이 정해지면 사업주는 그 규칙에 의해 노동자를 종업시켜야 하고, 노동자는 종업규칙에 기초해 사업주의 지시에 따라 종업할 의무가 있었다. 그런데 종업규칙은 '국가'가 인가 또는 명령하는 것으로서, 종래는 사용자와 피사용자가 私的으로 계약을 맺어 왔지만 이제는 公的인 관계에서 '국가'에 대한 의무로 생산에 종사하지 않으면 안 되었다.[25]

이 법령은 일본 내에서의 시행만 고려되었을 뿐 '외지' 시행 규정을 마련하지 않았으므로 조선은 그 시행 범주 밖에 있었다. 국가총동원법에 기초한 제 칙령 예컨대 국민직업능력신고령과 국민징용령, 노무조정령 등 노동력의 배치를 통제하는 제 법령이 일본과 동시에 혹은 약간의 시차를 두고 조선에서 시행되고 있던 데 비해 이 법령은 처음부터 시행이 계획되지 않았다.[26] 일본에서는 일찍이 1916년 공장법을 제정하여 시행하고 있었지만, 조선에서는 1930년대 農工倂進 정책이 추진되고 노동자가 증가하는 가운데서도 끝내 공장법을 시행하지 않았던 것을 비롯하여[27] 강점기 내내 노동력 보전을 위한 법률이 전혀 시행된 적이 없었던 것과 같은 맥락이었다.[28] 조선인은 단지 소모적인

---

24) 厚生省勞働局 編, 『重要事業場勞務管理令解說』, 1942, 1쪽.

25) 위의 책, 4~5쪽.

26) 後藤淸, 「重要事業場勞務管理令」, 『時局と社會政策(2)』(日本學術振興會 第四小委員會), 日本評論社, 1943, 150~155쪽.

27) 공장법 적용 관련 논의에 대해서는 宣在源, 『近代朝鮮の雇用システムと日本 : 制度の利殖と生成』, 東京大學出版會, 2006 ; 이상의, 앞의 책, 2006, 제2장 제2절 참조.

인적자원에 불과하다는 인식에 기반하여, 노동정책에서 사회정책의 성
격을 외면하고 생산정책에 입각한 방향만을 추구하고 있었음이 잘 드
러나는 대목이다.

조선총독 小磯國昭는 '國體本義의 투철' '道義朝鮮의 확립'을 강조
하였고, 이는 1943년 3월 1일 '수양연성의 철저한 실천요강'으로 발표
되었다. 조선의 관민 각계 지도자에게 일본정신과 일본적 세계관에 투
철하도록 연성하고, 그들을 통해 조선인 전반을 연성하고자 한 것이다.
이에 앞서 小磯國昭 총독은 1942년 11월 증산관민간담회에서 "부족한
것은 물자가 아니라 사람의 노력이다. 반도에는 사람이 많아도 단련을
가하지 않아 시국의 요청에 적합한 인물을 얻기 어렵고, 특히 대동아
의 지도자로서 황국신민의 근본을 이루는 국체관념의 파악 면에서, 또
그에 기초한 국가적 생산활동을 행하는 면에서 유감스러운 점이 적지
않다. 그러나 원래 반도동포의 피에는 잠재적으로 일본혼이 약동하고
있어 한번 철저한 단련을 가하면 그 지력과 체력의 우수성이 어울려
이상적 황국신민이 될 것임은 사실이 증명하는 바"라고 피력하였다.[29]
노동자 연성의 필요성을 주장하는 내용이었지만, 동시에 이 자리는 자

---

28) 1939년 3월 일제는 성년 남자노동자의 장시간 노동을 억제하는 工場就業時
間制限令을 제정하고 그 해 8월부터 조선에서도 이를 실시하였다. 중일전쟁
이후 생산력 증강에 목표를 두고 노동강화가 극심해지자 노동자의 이동과 불
량품 제작률, 결근율이 증가하는 한편 노동력의 '조기 마멸'이 우려되는 상황
에서 나온 노동력 보전 방안이었다. 그러나 공장법이 일정하게 노동자 보호
의 역할을 하고 있던 일본의 상황과는 달리, 조선의 경우 사회입법이 시행되
지 않는 상태에서 노동시간만을 제한하는 조치로는 실질적인 노동력 유지 배
양의 효과를 거두기 어려웠다. 취업시간이 제한되자 절대시간 속에서 노동의
강도를 강화하는 결과를 가져왔으며, 빈번하게 법령의 위반이 행해졌고, 태평
양전쟁 이후에는 생산력 증강이 더욱 강조되면서 법령 자체가 유명무실해지
고 말았다.

29) 東洋經濟新報社 編, 「朝鮮經濟の戰力寄與と再編成」, 『朝鮮産業年報昭和十
八年版 - 朝鮮産業の決戰再編成』, 1943, 23쪽.

본가들을 앞에 두고 연성이 정신운동을 넘어 본질적인 경제성도 겸하고 있음을 강조하는 자리였다. 당장의 생산력 증대를 위해 노동자의 기능을 연마시킬 여유가 없는 상태에서 황국신민화에 바탕을 둔 연성이 가장 적은 비용으로 빠르게 효과를 얻을 수 있는 방법으로서 채택된 것이다.

3. '중견노무자' 양성과 규율 훈련

1) '중견노무자'의 양성

노무관리의 근본적인 개선을 주장하는 과정에서 총독부는 '중견노무자'의 양성을 강조하고 있었다. '중견노무자'의 양성은 조선 내외의 여러 가지 필요에 의해 추진되었다. 우선 공장, 광산은 물론 제반 산업에 걸쳐 숙련노동자가 부족한 상태에서 일본인 숙련노동자가 계속해서 자국으로 귀국하면서 그들의 역할을 대신할 노동자를 양성할 필요가 있었다. 1943년 제국의회에서 총독부 노무과가 설명한 바에 의하면, 광공업 부문에서 기술자가 부족하여 신규 졸업생 중 7,153명을 求人 신청하였지만 일본 기획원에서 조선에 할당한 졸업생 수는 약 1,700명으로 수요자의 21%에 불과한 실정이었다.[30] 또한 중요산업 부문으로 노동력을 집중시키면서 轉廢業 부문의 노동자, 여성·유년노동자 등 미

---

30) 朝鮮總督府 勞務課,「朝鮮ニ於ケル鑛工關係技術者ノ需給計劃及實績如何」,『日帝下 戰時體制期 政策史料叢書』(民族問題硏究所 編) 19, 韓國學術情報株式會社, 2000, 622쪽. 이 해의 理工科 관계 학교 졸업생은 대학 131명, 전문학교 571명, 중등학교 2,157명, 공업보습학교 500명으로 총 3,359명이었다(朝鮮總督府 學務課,「朝鮮ニ於ケル技術者(理工農系統)養成ヲ目的トスル學校數, 卒業者數及之ニ對スル需要狀況ヲ承リタシ」,『日帝下 戰時體制期 政策史料叢書』(民族問題硏究所 編) 19, 韓國學術情報株式會社, 2000, 651쪽).

경험노동자의 비율이 증가해가자 이들을 지도할 능력을 갖춘 노동자를 양성할 필요가 있었다. 이와 더불어 일본으로의 조선인 송출이 급격히 증가하면서 이들을 통솔할 노무지도자를 양성하는 일이 더욱 시급한 문제로 등장하였다.

총독부는 이러한 문제를 해결하기 위한 방법의 하나로 노동현장 말단에서 일반노동자와 직접 접촉하는 伍長이나 班長 세력의 양성을 계획하였다. 일제가 원하던 생산력 증강을 위해서는 공출한 노동자 전원에 대한 근로보국 정신의 확립, 일본어 습득, 규율훈련 등이 요구되던 터였다. 이를 위해서는 대규모의 설비와 막대한 경비가 필요하였으므로 총독부는 "도저히 급속한 실현은 곤란"하다고 판단하고 있었다. 이에 1941년 7월 조선노무협회 전라남도 지부의 결성과 더불어 '중견노무자' 즉 공출된 노동자의 반장, 조장, 단장으로 될만한 인물의 훈련을 계획하였다.31) 많은 노동자를 동원하여 북부지방 혹은 일본 등지로 송출하고 있지만 "취로지방 노동자들과 서로 언어 풍속 습관이 다르고, 규율 통제된 노동의 경험이 부족하여 노무관리와 내선일체상 곤란이 많은"32) 상태에서 단기간의 훈련을 통해 소수의 노동자를 훈련하고, 그들을 통해 다시 다수의 노동자를 통제하기 위해 마련한 장치였다.33) 광공업 분야에 노동경험이 없는 새로운 노동자를 끊임없이 동원해야 했지만 이들을 훈련시킬 여유가 없는 상태에서 반장을 훈련·양성시켜 일반노동자의 통제 역할을 담당시키고자 계획한 것이다.

'중견노무자'의 양성은 이들에게 특권의식을 부여하여 노동현장 최말단의 협력자를 조직해내기 위한 방책이기도 하였다. 총독부는 이미

---

31) 朝鮮勞務協會全羅南道支部, 「全羅南道支部勞務指導員訓練所の槪況」, 『朝鮮勞務』 2권 3호, 1942. 6, 69~80쪽.

32) 荒金賴治, 「全羅南道勞務指導員訓練所を視る」, 『朝鮮勞務』 2권 2호, 1942. 4, 86~88쪽.

33) 朝鮮勞務協會全羅南道支部, 앞의 글, 1942. 6, 69~80쪽.

國民總力朝鮮聯盟을 통해 각 地域聯盟의 애국반 조직을 확대하는 한편 조선인을 전시체제 내로 흡수하기 위해 총독부와 조선인 대중 사이에서 매개역할을 충실히 할 만한 중간지도자 육성을 추진하고 있었다. 애국반장대회 등을 통해 반장을 훈련시키고 이들의 역할을 증대시켜 말단의 행정기구를 충실히 활용하고자 하였다.[34] 이러한 구상이 職役聯盟 내에서도 공장 사업장 내의 반장층을 조직적으로 육성·활용하는 방식으로 반영되었던 것이다.

'중견노무자' 양성을 위한 여러 대책이 제시되는 가운데 조선노무협회를 통한 양성책이 구체화되었다. 조선노무협회는 '중견노무자'의 훈련을 위해 1942년 전남지부와 경남지부에 노무지도원훈련소를 설치한 이래, 일본으로 노동력을 송출하는 주요 지역인 남부지역 7개 도의 道支部 사업으로 中堅勞務者訓練所를 운영하여 일부 노동자를 양성하였다. 훈련을 수료한 자에게는 수료증서를 수여하고 반장 또는 단장의 자격을 주도록 사업장에 알선하였다. 특히 중견노무자훈련소 중 1942년 2월 가장 먼저 '全羅南道 勞務指導員訓練所'를 설치한 전라남도의 경우, 이 훈련소의 수료증서를 소지한 자가 아니면 도내에서 반장 또는 단장에 알선하지 않을 것을 규칙으로 제정하고 있었다.[35] 이 훈련소에서는 2월 14일 개소한 후 4월 11일까지 약 2개월만에 445명의 수료자를 배출하였다.[36] 이를 통해 이 훈련소뿐만 아니라 각 도의 훈련

---

34) 이종민, 「도시의 일상생활을 통해 본 주민동원과 생활 통제 - 경성부의 애국반을 중심으로」, 방기중 편, 『일제 파시즘 지배정책과 민중생활』, 혜안, 2004, 446쪽.

35) 荒金賴治, 앞의 글, 1942. 4, 86~88쪽.

36) 수료자 수는 지역별로 차이를 보여, 나주·담양·순천·화순·장성 등지에서는 30명 이상의 수료자가 나온 데 비해, 목포·광주·여수 등의 도시지역에서는 수료자가 10명 이하로 상대적으로 적었다(朝鮮勞務協會全羅南道支部, 앞의 글, 1942. 6, 76쪽).

소를 통해 적지 않은 '중견노무자'가 양성되었을 것임을 짐작할 수 있
다.[37)]

'중견노무자' 혹은 '노무지도자'라고 불린 이 훈련생들은 "양적으로
부족하고 이상은 높지만 일면 저급하여 工員의 의도 조종에서 가장 중
대한 지위에 있는 職長級 즉 助工"으로 인식되고 있었다.[38)] 이러한 면
에 주목하여 훈련소의 운영방침에 대해 "훈련의 중점은 어디까지나 혼
백의 침투에 둘 것, 즉 근로전선에서 용약할 기풍을 작흥하는 데 훈련
의 중심을 두어야" 한다는 의견도 제기되었다.[39)]

이 시기 일본에서도 '중견공' 양성 프로그램을 진행하고 있었다. 「工
場事業場技能者養成令」에 근거하여[40)] 대공장에서 14~17세의 고등소
학교 졸업생을 견습공으로 모아 이들에게 3년간 학과교육과 실습, 정
신훈련을 병행하여 '모범직공'으로서 육성・확보하고자 한 것이었다.[41)]
이에 비해 조선노무협회에서는 국민학교 6년을 졸업한 25~39세의 조
선인 남자를 한 장소에 수용하여 2주 정도 훈련시킬 것을 계획하였
다.[42)] 일제가 조선에서 양성하고자 했던 '중견노무자'는 "군대에서의

---

37) 조선노무협회는 1942년 10월 경성부 연희정에도 경기도 지부 노무훈련도장을
　　설치하여 중견노무자 양성 훈련을 개시하였다. 이를 통해 매기 50명씩을 수
　　용하여 15일 정도 훈련하기로 하는 등 계획을 확대하고 있었다(「朝鮮勞務協
　　會 京畿道支部 勞務訓練道場 開所」, 『朝鮮勞務』 2권 6호, 1942. 12, 79~80
　　쪽).

38) 本江四郎, 「半島に於ける輕金屬部門の勞務に就て」, 『朝鮮勞務』 4권 2호,
　　1944. 3, 14~15쪽.

39) 荒金賴治, 앞의 글, 1942. 4, 86~88쪽.

40) 後藤淸, 『改訂增補 勞務統制法』, 東洋書館, 1944, 260~261쪽.

41) 淡路圓治郞, 『職工養成の常識』, 千倉書房, 1941, 39~54쪽 참조.

42) 국민학교 졸업생 이상으로 자격을 제한했던 이유는, 국민학교에서 교육된 각
　　종 규율은 '근대적 산업노동'의 원리에 속하는 것으로서, 국민학교를 통해 훈
　　련된 규율에 대한 복종이 산업노동자에게 요구되는 규율과 크게 다르지 않았
　　기 때문이다(김진균・정근식・강이수, 「일제하 보통학교와 규율」, 『근대주체

병장 혹은 하사관급"에 해당하는 노동자, 곧 공장 조직의 말단에 해당하는 최하위직 간부노동자에 해당하는 존재였기 때문이다.[43]

노동력 부족에 대한 대책으로 마련된 '중견노무자'의 양성은 장기적인 교육과정이 요구되는 일이었다. 이러한 필요에서 '중견노무자'의 양성은 기능자 양성과 마찬가지로 3년 정도에 걸쳐 생산기구에서 독립된 시설에서 이루어져야 한다는 견해가 제기되기도 하였다.[44] 이러한 가운데 미경험노동자의 연성이 각 사업장 내에서 일상생활을 통해 이루어졌던 데 비해 '중견노무자'의 연성은 일정한 장소에서 일정 기간을 정하여 이루어졌다. 그러나 현실적인 필요성에도 불구하고 연성기간은 3년이 아닌 15일 전후로 책정되었으며, 그마저도 실행과정에서는 노동력의 "공출이 충분치 않다"는 이유로 대부분 만 1주일로 축소되어 시행되었다. '중견'보다는 반장층의 육성에, 기능의 훈련보다는 정신훈련 규율훈련에 초점을 두고 있었기 때문이다.

2) '중견노무자'의 규율 훈련

국민총력조선연맹은 1943년 9월 발표한 「鑛山·工場 仕奉隊組織에 關한 準則」에서 '중견노무자'의 연성 목적에 대해, ① 황국근로인의 지도자로서 인격, 식견, 신념과 지도력을 배양하고 ② 직장 지도자의 기능과 산업관리에 관한 능력을 습득하며 ③ 상급지도자와 부하노무자 간의 連鎖 역할에 필요한 자질을 함양시키는 것이라고 규정하고 있었다.[45] 그런데 '중견노무자' 양성을 실행한 조선노무협회 중견노무자훈

와 식민지 규율권력』, 문화과학사, 1997, 104~105쪽).
43) 竹田兼男, 앞의 글, 1942. 6, 27~31쪽.
44) 村田幸達, 「勞務管理의 基本課題」, 『朝鮮勞務』 3권 4호, 1943. 9, 5~22쪽.
45) 「仕奉隊의 編成 - 國民總力朝鮮聯盟의 職域聯盟改造さる」, 『朝鮮勞務』 3권 4호, 1943. 9, 68~71쪽.

련소에서는 각 공장 사업장에서 종사시킬 반장급의 노동자를 양성하고자 하였으므로, 그 교육의 정도는 단원대를 인솔하는 데 필요한 상식과 황국신민으로서의 각오와 노동자로서의 책임관념 양성에 맞추어져 있었다.[46]

조선노무협회에서는 우선 농업 종사자가 많은 전라남도와 경상남도에 노무지도원훈련소를 설치하고, 이어 경성부와 경상북도 등에 차례로 시설을 확대해 갔다. 구체적인 사례를 통해 중견노무자훈련소의 교육내용과 운영목표 등을 살펴본다.

全羅南道 勞務指導員訓練所에서는 노무협회 지부 분회장인 전남 각지의 부윤, 군수, 직업소개소장에게 입소자 모집 할당 통지를 보내 대상자를 모집하게 하고, 신체검사와 구술시험을 통해 그들 중 매기마다 70명 정도를 선발하여 입소시켰다. 훈련생들은 출입이 통제되고 엄격한 규율이 적용되는 상태에서 만 1주일동안 훈련을 받았다. 훈련은 일상에서의 생활습관에 대한 훈련과 학과, 교련을 통한 정신훈련과 군사훈련으로 진행되었다.

훈련생들은 매일 오전 6시에 기상하여 사내 외를 청소한 후, 7시 조회에서 각 반별로 점호, 神殿에 대한 인사, 宮城을 향한 인사, 묵념, 황국신민서사 제창을 하고 구보를 마친 후 7시 40분에 식사를 하였다. 오전 9시부터 정오까지 학과, 12시 점심식사와 묵념, 오후 1시부터 5시까지 소정의 훈련수업을 받고, 5시부터 6시까지 사내외 청소, 6시 저녁식사, 7시부터 9시까지 과외학습 또는 상회, 좌담회, 지시주의, 자습을 하였다. 오후 9시 다시 점호와 신전에 대한 인사, 궁성을 향한 인사, 황국신민서사 제창을 하고 10시에 취침하였다. 훈련기간 중에는 시국인식을 심화시키기 위한 영화를 감상하였고, 한두차례 목욕을 하였다.

---

46) 渡邊勇,「朝鮮の勞務者政策と土建界」,『朝鮮勞務』, 2권 4호, 1942. 8, 58~65쪽.

이 중 오전 9시부터 오후 5시까지 진행된 학과, 훈련에서는 國體觀念과 敬神思想 함양, 시국인식과 방첩사상 함양, 簡易簿記, 구급법과 보건위생, 노무지도자의 마음가짐, 예의범절, 교련, 號令調整, 실습 등을 수업하였는데, 그 중에서도 교련의 비중이 상당히 컸다.[47] '중견노무자'를 양성하고자 했으면서도 노동자에게 필요한 기능 훈련이 아닌, 철저히 황국신민 양성교육과 군사훈련에 초점을 맞추어 훈련이 진행되었다.

경상북도 노무지도원훈련소에서도 '황국신민의 자각과 견실한 국가관념을 공고히 하고 산업전사로서의 자질을 갖추게 할 목적으로' 교과훈련, 군사훈련, 생활훈련, 작업훈련, 황민훈련, 체련의 6개 분야에 걸친 훈련을 실시했다. 教科訓練은 황국신민의 자질을 갖추는 데 필수적인 상식과 교양을 훈련하기 위해 修身 公民을 중심으로 일본어, 일본사, 지리, 산수 등을 수업하였는데, 그 중 수신 공민과는 훈련생의 긍지와 마음가짐, 국가에 대한 존경, 시국과 노무의 관계, '대동아전쟁'의 의의, 단체생활 마음가짐, 향토 근로보국대의 지도정신 등을 내용으로 하였다. 軍事訓練은 맨손 각개훈련, 부동자세, 좌우향후, 경례, 행진, 예배, 대열 맞추기, 복명복창, 군가, 행군 등이었고, 生活訓練에서는 단체생활, 규율훈련, 입욕훈련, 위생훈련, 식사훈련, 청결정돈, 근검저축, 전시생활 등에 대한 훈련을 하였다. 作業訓練은 근로의 신성함, 작업규율, 작업지식, 작업능률 향상에 관한 사항 등이었으며, 皇民訓練은 국민의례, 황민행사, 시국인식, 종교심 계발을 내용으로 하였고, 體鍊은 맨손체조와 교련 등을 포함하고 있었다.[48] 이러한 노무지도원에 대한 훈련 요령과 각자에게 습득된 훈련의 결과가 그대로 일반노동자의 훈련으로 연결되어 정신훈련을 통한 생산력 증강이 이루어지기를 기

---

47) 朝鮮勞務協會全羅南道支部, 앞의 글, 1942. 6, 69~80쪽.
48) 慶尙北道勞務指導員訓練所, 『訓練要領』, 1943 참조.

대하였던 것이다.

'중견노무자'의 훈련을 담당하는 사람들은 대개 군대식 규율에 입각하여 일제의 정책을 충실히 수행할 만한 인물로 구성되었다. 전라남도 노무지도원훈련소의 경우 소장은 조선노무협회 전라남도지부 부지부장인 鳥山進 전라남도 내무부장이 담당하였고, 감사는 전남지부 상무이사인 安田 전라남도 사회과장, 주사는 전남지부 주사 糸井喜大治, 서기는 전남지부 서기 高島弘光이 맡았으며, 그 외에 2명의 보도원이 배치되었다. 이 중 소장은 전직 전남 강진의 경찰서장이었으며, 전임직원 중 1명은 서대문형무소의 간수장을 지낸 인물이고, 다른 1명은 전직 군인이었다. 학과와 훈련을 담당한 강사에는 전라남도의 고등경찰과장 井家伊作, 위생과장 田中從之, 사회주사 北崎志賀都, 屬 前田春海과 道田一男을 비롯하여 鐘淵紡績株式會社 전남공장장 牛島隆一, 광주신사 신관(禰宜) 押村堯文, 군사원호회 주사 中村直次郎, 체육협회 주사 藤村修平 등이 배정되었다. 中村直次郎 주사는 국체관념과 경신사상의 함양에 대한 수업을 하였고, 糸井喜大治 주사는 시국강화와 내선일체의 이념을, 井家伊作 고등경찰과장은 방첩사상의 함양과 渡航時 주의사항 등에 대한 수업을 담당하고 있었다.[49]

그런데 훈련기간이 예정보다 축소되어 진행되었던 상황과도 관련하여, '중견노무자' 훈련시설은 임시적 성격이 강하였다. 위 훈련소의 경우 독립된 정식 시설이 아닌 예전 사범학교의 교사 중 교실 4칸을 이용하였는데, 그 중 2실에 가마니 80장을 덮어 교실 겸 침실로 하고, 1실을 식당으로, 1실을 사무실과 훈련생의 침구 기타 물건을 두는 장소로 사용하고 있었다. 이렇게 급조된 미비한 시설은 '중견노무자'의 훈련을 기능습득이 아닌 정신훈련으로 국한한 원인의 하나로도 작용하

---

49) 荒金賴治, 앞의 글, 1942. 4, 86~88쪽 ; 朝鮮勞務協會全羅南道支部, 앞의 글, 1942. 6, 70・77쪽.

고 있었을 것이다. 또한 훈련 대상자에 대해서도 "소작농이나 극빈으로 생활이 곤란한 계급만을 노리지 말고 적어도 생활이 안정되고 보통교육도 받은 계급을 목표로 노무자의 충족을 꾀하되, 가능하면 육군병지원자훈련소의 입소전형시험에 합격한 자 혹은 징병검사에 합격하고 나아가서는 병역을 종료한 자로 채용하는 것이 바람직하다"는 지적이 제기되기도 하였다.[50] 짧은 기간의 훈련을 통해 '중견노무자'를 양성해야 하는 필요성에 비해 훈련생들의 노동경험과 이른바 시국인식이 기대에 미치지 못하는 경우가 대부분이었기 때문이다. 도시와 농촌을 불문하고 이 시기 모든 정책의 밑바탕이 되던 황국신민화 정책을 실행에 옮길 만한 능력을 가진 노동력 부족이 문제되고 있었던 것이다.

따라서 1943년 시점에도 총독부 노무과에서는 조선의 공장, 광산은 물론 제반 산업에서 '중견노무자'가 두드러지게 부족한 것이 큰 결함이라고 지적하였다. 이에 총독부가 징용령 시행을 앞두고 생산력확충계획산업에 해당하는 공장 사업장의 노동력을 확보하기 위해 그 해에 발표한 「生産增强勞務强化對策」에서는 '중견노무자'의 육성을 위해 ① 공장사업장기능자양성령에 따른 양성의무를 가진 공장 사업장은 양성시설을 확충 강화할 것 ② 공장 사업장에서는 징병제 시행을 위한 준비훈련과 겸하여 근로자 훈련을 행하는 시설로서 만들어진 조선청년특별연성령에 의한 사립훈련소를 상당수 설치할 것 ③ 조선노무협회 도지부가 설립한 도중견노무자지도훈련소를 확충할 것 등의 방침을 세우고 있었다.[51] 또한 이 해 각 도 사회과장 회의에서도 노동자의 연성을 위해 각 공장 사업장 노무관리의 실정에 맞는 연성계획을 수립 실시하고 工場事業場技能者養成令에 기초한 기능자의 양성과 조선노무협회의 중견노무자훈련소 운영에 특별히 노력을 기울일 것을 촉구

---

50) 竹田兼男, 앞의 글, 1942. 6, 27~31쪽.
51) 朝鮮總督府 司政局 勞務課, 1943.8, 앞의 글, 11~15쪽

하였다.[52] 사립연성소의 설치와 함께 '가능한한 다수의' '전도 유위한 청년근로자'를 도중견노무자지도훈련소에 입소시켜 지도훈련할 것이 여전히 강조되고 있었다.[53]

요컨대 일제는 '중견노무자' 곧 반장세력을 양성하여 새로운 방식의 노동자 통제를 구상하였다. 이들에 대한 양성 훈련은 짧은 기간 내에 정신·군사 훈련 중심의 연성으로 실시되었다. 이들에게 '중견'으로서 특권의식을 부여하여 일반노동자에 대한 통제를 직접 담당하게 하는 한편 노동현장의 말단 협조자로 흡수하기 위한 것이었다.

4. 노동조직 재편과 노동규율의 확산

1) 노동조직의 군사조직화

총독부는 필요에 의해 급조한 '중견노무자'를 현장에 배치하고 각 사업장의 규율을 강화시켜 나갔다. 그 과정에서 우선 사업장을 군대식 조직으로 재편하였다. 각 사업장을 産業軍團으로 만들어 사업주 이하 모든 직원과 노동자를 결집하여 생산증강에 挺身하게 하는 조치를 강구한 것이다.[54] 전시체제하에 사회의 모든 조직을 군대식의 隊 조직으로 편성하고자 했던 취지와 일맥상통하는 것이었다.

1943년 4월 도지사회의에서 小磯國昭 총독은 "天皇을 중심으로 받드는 국민의 一大 가족적 구성인 皇道國家觀 필연의 귀결로서, 각 단

---

52) 「道社會課長事務打合會議開催さる」, 『朝鮮勞務』 3권 2·3호, 1943.8, 40~42쪽

53) 「決戰下生産戰力增强 勤勞管理の刷新決る」, 『朝鮮勞務』 3권 4호, 1943.9, 66~68쪽

54) 近藤釰一 編, 「最近に於ける朝鮮の勞務事情」, 『太平洋戰下の朝鮮(5)』, 友邦協會, 1964, 173쪽.

위산업은 勞資의 대립을 허락하지 않고 국가의사를 실행하는 산업군
단의 성격으로 되고 있다. 중역 직원 기능자 등은 각각 將官 佐尉官
下士官 등에 해당하고, 일반노무자는 兵士에 해당하는 전투조직"이라
고 하여, 노동현장 조직의 군사조직화를 강조하였다.55) 그 연장선상에
서 그 해 8월 정무총감 田中武雄은 각 도지사에게 「勤勞管理의 刷新
強化에 關한 件」이라는 통첩을 통해 중요 공장 사업장과 상시 100명
이상의 노동자를 사용하는 공장 사업장에 대해 '隊' 조직 편성에 의한
노동자 연성의 필요성을 강조하였다.56)

　여기에서 말하는 공장 사업장 내의 隊組織은 곧 仕奉隊 조직을 일
컫는 것이었다.57) 「生産增強勞務強化對策」에서는 생산력 증강을 위
한 노무대책의 하나로 연성을 제시하면서 특히 "공장 사업장에서 사봉
대를 철저히 조직하고 연성요강을 실천할 것"을 주요 과제로 제시하였
다.58) 사봉대라는 명칭에는 종래의 奉公隊나 報國隊와는 달리, 직장이
곧 사봉의 장소라는 의미가 포함되어 있었다. 그 명칭에 대해서는 "직
장에서 일을 통해 陛下에게 仕奉한다"고 하는 정신을 드러내고자 다
양한 논의를 거쳤다. 논의 결과 예전부터 詔, 宣命에는 '仕奉'이라고
써서 '섬긴다'고 읽는 것이 많았으므로 그것을 취해 사봉대라 이름하기
로 결정하였다.59)

---

55) 「卷頭言 - 戰鬪組織の産業軍團」, 『朝鮮勞務』 3권 2・3호, 1943. 8, 1쪽.

56) 통첩에서 정무총감은 "皇軍이 軍團組織에 의해 한명의 最高指揮官 아래 上
　下 혼연일체로 군대정신 발양에 매진하듯이……상하간의 인격적 결합을 기
　조로 하는 産業軍團 精神을 앙양하고, 지휘자는 솔선진두에 서고 부하는 지
　휘자의 지휘 아래 질서에 따라 服從을 重히 하고, 각자의 職分에서 그 능률
　을 최고도로 발휘하는 데 힘쓰게 할 것"을 노동자 연성의 요령으로 적시하였
　다(「決戰下生産戰力增強 勤勞管理の刷新決る」, 『朝鮮勞務』 3권 4호, 1943.
　9, 66~68쪽).

57) 사봉대 조직에 관해서는 곽건홍, 앞의 책, 2001에서 상세히 언급한 바 있다.

58) 「勞務強化對策要綱決定す」, 『朝鮮』 1943. 11, 95~97쪽.

1943년 이후 패전의 기미가 짙어지자 일제는 생산에 총력을 기울일 것을 요구하였다. 이에 국민총력조선연맹에서는 職域奉公을 더욱 강조하는 한편, 관공서, 학교, 회사, 은행, 공장, 광산, 대형상점 등에 결성된 직역연맹이 중간에 단계적 조직이 없이 이사장 아래 바로 애국반만 있기 때문에 강력한 연성지도 아래 높은 능률을 발휘하기 어렵다고 판단하고 조직을 개편하고자 하였다. 그 결과 각 직역연맹의 애국반을 군대조직의 형식을 띤 사봉대로 재편성하였다.60) 이에 중요산업 혹은 종업원 100명 이상의 대규모 공장 광산에 소속된 모든 노동자들은 사봉대에 포함되어 '國民總力某鑛山(工場)聯盟仕奉隊'로 지칭되었다.61)

그 해 9월 국민총력조선연맹에서 직역연맹을 군대식으로 편성하기 위해 발표한 「鑛山・工場 仕奉隊組織에 關한 準則」에 따르면, 사봉대는 광산・공장연맹 내부의 직장 실천조직으로서, 각 연맹의 직원을 포함한 전 종업원으로 조직하도록 하였다. 사봉대의 조직은 직무상 작업부문 조직에 의한 편대를 기본으로 하고, 거기에 종합연성을 목적으로 하는 鍊成的 編隊를 취하였다. 그리하여 남자대원은 연령별로 25세 이하와 26세 이상으로 구분하여 편대하고, 여자대원은 별도로 편성하였다. 대의 조직은 인원수와 작업기구의 실정에 따라 다시 대대・중대・소대・분대로 구분하였다.62)

---

59) 「各種職域聯盟の內部を軍隊的組織に改正し仕奉隊を編成す」, 『朝鮮勞務』3권 4호, 1943. 9, 71쪽.

60) 『每日新報』1943. 8. 22, '愛國班을 仕奉隊로, 主要工場炭鑛서 改編'; 『每日新報』1943. 12. 14, '工場에 仕奉隊結成, 京城府聯盟에서 工場主召集'.

61) 「仕奉隊の編成 - 國民總力朝鮮聯盟の職域聯盟改造さる」, 『朝鮮勞務』3권 4호, 1943. 9, 68~71쪽.

62) 표준 인원은 대개 분대는 10명, 소대는 2~3개 분대, 중대는 2~3개 소대, 대대는 2~3개 중대로 편성하였다. 또한 仕奉隊에는 대장 1명, 부대장 2명, 隊附 몇명을 두되, 대장은 연맹 이사장이 담당하고, 부대장은 종업원의 지도감독자인 간부 중에서 선정하며, 대부는 대원 중 가장 우수하고 오랜 노무지도

이 준칙은 바로 앞서 정무총감이 각 도지사에게 노무관리의 쇄신을 강조하면서 노동자들의 연성방법을 전달했던 「工場事業場勤勞者 鍊成要綱準則」에 사봉대와 관련된 조항을 추가한 것이었다. 여기에서는 특히 사봉대 常會를 통해 上意下達 下情上通을 꾀하여 대원 전체가 일심일체로 되도록 철저히 강제하고, 간부 간담회를 수시로 개최하여 작업능률을 증진시키도록 하였다. 또한 체육과 국방에 관한 연성을 포함시켜 군대식 규율훈련과 무술정신을 고취하는 데 무게를 두었으며, 매일 체조를 실시하여 정신통일과 체력향상을 꾀하도록 하였다. 이외에도 병영생활과 견학, 耐熱耐寒行軍 야간훈련 비상동원 분열식 등을 행하여 국방의식과 규율관념을 끊임없이 주입하고, 직장기밀의 보호, 유언비어 박멸, 첩보감시 등의 교육을 통해 방첩관념을 함양시킬 것을 규정하였다.

일제가 전시노무관리 시행과정에서 긴급 대책으로 주로 지적한 내용은 노동자의 이동방지와 출근율 향상, 그리고 노무조직의 강화였다. 노동자 이동방지와 출근율 향상은 노무관리의 체계화와 관계가 있었고, 노무조직의 강화는 사봉대 조직의 강화를 의미하는 것이었다. 1943년 12월 1일 사봉대를 결성한 흥남 某공장의 사례를 통해 보면, 사업주 이하 '과장→계장→조장→반장→오장→일반노동자'로 구성되었던 공장의 조직을, 사업주인 대장 휘하에 '대대장→중대장→소대장→분대장→오장→병사'의 군대식 수직구조로 재편성하였다. 이 중 특히 제일선 말단부의 지휘자인 伍長과 班長을 基幹工員이라 하여 연성의 중점대상으로 삼았다.[63] 군대식 위계질서를 노동현장에 적용하여 上命下

경험을 가진 자 중에서 선정하였다. 仕奉隊 간부 대중소분대장은 이사장이 命免하였다. 이외에 仕奉隊의 연성을 위해 노무관리 관계 행정관과 연계하고, 연성편대의 鍊成에 대해 청년훈련소와 긴밀히 연락하게 하였다(「仕奉隊の編成 - 國民總力朝鮮聯盟の職域聯盟改造さる」, 『朝鮮勞務』 3권 4호, 1943. 9, 68~71쪽).

192

服의 노동규율을 확립하고자 한 것이었다.

곧 일제는 각 사업장이 사업주를 정점으로 일반노동자에 이르기까지 강한 인적 결합관계를 유지하도록 하였다. 그리고 '국민' 모두가 노동의 의무를 지니고 '국가'의 필요에 기초해 배치되므로, 이 배치된 노동자의 훈련과 관리는 기업의 최고책임자가 담당해야 한다고 보았다. 이를 위해서는 사봉대를 통한 연성과 '인적유대 확립'을 위한 직장교육이 중요함을 강조하였다.64) 연성은 곧 노동자에게 '皇國勤勞觀'을 함양시키기 위한 것이었고, 직장의 재교육은 기업 내에서 군대적인 수직질서 위계질서의 확립을 목표로 한 것이었다.

2) 노동규율의 확산과 노동통제 강화

노동능률의 향상을 위해 일제는 규격화되지 않은 새로운 노동자가 사업장에 배치될 경우 질이 열등한 노동력을 훌륭한 산업전사로 육성하는 것이 노동력부족 대책의 하나이고 자본가의 지도적 임무의 일부라고 하였다. 성숙한 노동력의 감소를 보충하기 위해 老幼의 열등한 노무자를 사용할 때 사업장 자체가 교학기관이 되어야 한다는 것이었다. 곧 훈련 연성에 의해 미경험자나 기술이 미숙한 노동자 중에서 그 직장의 생산기술에 적응할 능력을 가진 다수를 만들어내고, 부적성으로 인정되는 자도 충분한 연성과 지도로 능력을 가진 자로 만들어 적정배치하는 것이 새로운 노동과학의 이념이라고 강조하였다.65) 여기에서 노동자 연성이 중요 과제로 등장하게 되었다.

연성이란 1935년 일본 문부성에서 敎學刷新을 목표로 창출한 조어

---

63) 「職場の聲 - 美英擊滅生產力非常增强期間實施報告」, 『朝鮮勞務』 4권 2호, 1944. 3, 20~22쪽.

64) 本江四郎, 앞의 글, 1944. 3, 14~15쪽.

65) 沖津主稅, 「朝鮮の勞動力再編成」, 『朝鮮勞務』 4권 1호, 1944. 2, 2~4쪽.

로서, 1941년 3월 '國民學校令' 규정 이후 줄곧 전시하 교육의 최고 목표로 사용되었다. 이는 "황국신민으로서의 자질을 연마·육성하는 것"을 의미하였는데, 사회의 모든 부문에서 '총력전체제'에 부응하는 '모범적인 인간형'을 양성하기 위해 강조되었다.[66] 특히 법률적 행정적으로 外地人이자 非國民의 성격이 강했던 조선인의 경우, 이 말이 한층 더 중요한 의미를 지니면서 사용되었다.[67] 그것이 노동자에게 적용될 때는 생산력 확충을 위해 노동규율을 강화하고, '황국근로관'을 소유한 인간형을 만드는 것이 되었다.[68] 이 시기 정책당국에서는 중요산업 부문의 노동력 확보와 노동자의 이동 방지를 위해 마련한 법제상, 행정상의 강력한 조치와 노무관리 강화 등의 대책을 수행할 때 연성이 바로 그 근간이 된다고 보고 있었다.[69]

연성은 노동현장 내에서 군대식의 일상생활과 천황에 대한 충성심, 무조건의 복종심을 자아내기 위한 강도 높은 정신훈련으로 실시되었다. 정신훈련은 단지 정신적 통제의 효과뿐만 아니라, 시간별로 특정한 의식과 동작을 반복하게 함으로써 신체적 반복을 통한 복종의 습관을 체화시키고자 한 것이었다.[70] 이러한 과정을 통해 일제는 조선인 노동자를 '産業戰士'로 만들어내고자 하였다.[71]

---

66) 寺崎昌男·戰時下教育研究會 編, 『總力戰體制と教育 - 皇國民'鍊成'の理念と實踐』, 東京大出版會, 1987, 2∼20쪽.

67) 변은진, 앞의 논문, 2002, 37쪽.

68) 皇國勤勞觀이란 노동의 목적을 임금에 두지 않고 '국가'에 대한 봉사 혹은 의무로서 받아들일 것을 요구한 파시즘적 노동관이었다. 이에 대해서는 이상의, 앞의 논문, 2002(b) 참조.

69) 「道社會課長事務打合會議開催さる」, 『朝鮮勞務』 3권 2·3호, 1943. 8, 40∼42쪽.

70) 강이수, 앞의 논문, 1997, 136·160∼161쪽.

71) 『每日新報』 1942. 12. 18, '무엇보다 精神訓練, 增産은 産業戰士의 天賦의 使命, 高 京畿道知事談 發表'.

194

　총독부는「工場事業場勤勞者 鍊成要綱準則」을 통해 노동자에 대한 연성 요령을 규정하여 각 도지사에게 전달하였다. 이 준칙은 노동자에게 "國體의 본의에 기초해 황국근로관에 철저"하게 하고, 그것을 업무와 일상생활에서 실현하게 함으로써 노동능률을 증진하고 생산력 증강에 이바지할 것을 목적으로 만들어진 것이었다.[72] 그 내용은 일반연성과 특별연성으로 구분되었는데, 그 중 일반노동자를 대상으로 한 일반연성은 다음 <표>와 같이 행사를 통한 연성과 각종 시설에 의한 연성, 일상생활을 통한 연성, 직장을 통한 연성으로 세분하여, 출근해서부터 퇴근하기까지, 나아가 퇴근 이후의 일상생활 등 노동자 생활의 모든 면을 규정하고 통제하고 있었다.

　행사를 통한 연성은 작업개시 전마다 宮城을 향한 인사, 묵념, 황국신민의 서사 제창, 공장 사업장 訓 낭독을 하고, 작업 종료 후에도 전원일동 또는 각 직장마다 궁성을 향한 인사와 귀가 인사를 하도록 하였다. 일본의 4대 명절과 大詔奉戴日로 정한 매달 8일에는 일장기 게양, 궁성을 향한 인사, 일본국가 제창, 칙어·칙서 낭독, 필승기원 묵념, 훈화, '천황폐하만세' 제창을 하고 일장기를 내리도록 절차를 마련하였다. 각종 시설에 의한 연성에서는 매달 한번씩 명사를 초빙해 강연회를 열고 청강할 것, 사업장 내에 도서실을 두어 도서·신문·잡지 등을 비치하고 열람하게 할 것, 게시장 등에 시국에 관한 각종 자료를 게재하여 열람하게 할 것, 확성기를 통해 작업 전후와 휴식시 라디오·음반 등으로 음악을 방송할 것, 매달 한번씩 영화회를 열어 뉴스영화, 문화영화 등을 보게 할 것, 무술을 통해 정신훈련을 할 것을 정하였다.

---

72)「決戰下生産戰力增强 勤勞管理の刷新決る」, 『朝鮮勞務』 3권 4호, 1943. 9, 66～68쪽.

<표> 工場事業場勤勞者鍊成要綱準則의 일반연성 실시요령

행사를 통한 연성	始禮 : 매 작업개시 전 전 원일동 또는 각 직장마다 행할 것	宮城을 향한 인사, 묵념 황국신민의 서사 제창, 공장사업장 訓 낭독
	終禮 : 작업종료 후 전원 일동 또는 각 직장마다 행할 것	궁성을 향한 인사, 귀가 인사
	4大節과 매달 8일(大詔奉 戴日)	일장기 게양, 궁성을 향한 인사, 일본국가 제창, 칙어 칙서 낭독, 필승기원 묵념, 훈화, 천황폐하 만세 제창, 일장기 하강
각종시설에 의한 연성		매월 1회 명사를 초빙해 강연회를 열고 청강할 것 사업장 내에 도서실을 두어 유익한 도서, 신문, 잡지 등을 비치하고 열람 하게 할 것 게시장 등에 시국에 관한 각종 자료를 게재하여 열람하게 할 것 각 직장에 확성기를 두어 작업 전후와 휴식시 등에 라디오, 음반 등으로 음악을 방송할 것 매월 1회 영화회를 열어 뉴스 영화, 문화영화 등을 보게 할 것 武道場을 두어 무술을 통한 정신훈련을 할 것
일상생활을 통한 연성		신전에 대한 인사, 조기 조침 강조, 무결근 무지각 강조, 통근반 결성에 의한 훈련, 소비생활 규제, 저축 장려, 경례를 분명히 할 것, 정리정돈, 건 전 오락
직장을 통한 연성		매월 1회 각 직장마다 간담회를 열어 과거를 반성하고 이후 실시사항에 대해 협의 간담할 것 직장 규율 확립, 직장의 정리정돈 미화, 작업공정의 공부 개선, 기계공 구·전력·열·자재의 애호 절약, 기술의 향상, 안전 철저

출전 : 「決戰下生産戰力增强 勤勞管理の刷新決る」, 『朝鮮勞務』 3권 4호,
1943. 9, 66~68쪽.

또한 일상생활에서는 神殿에 대한 인사, 조침·조기 강조, 무결근·
무지각 강조, 통근반 결성에 의한 훈련, 소비생활 규제, 저축 장려, 경
례를 바르게 할 것, 정리정돈, 건전 오락 등을 연성할 것을 규정하였다.
그리고 직장생활을 통해서는 매월 1회 각 직장마다 간담회를 열어 과
거를 반성하고 장래 실시사항에 대해 협의 간담할 것, 직장규율의 확
립, 직장의 정리정돈 미화, 작업공정의 공부개선, 기계공구·전력·

열·자재의 애호 절약, 기술의 향상, 안전 철저 등을 연성하게 하였다.[73]

이 준칙에서는 일반연성 외에도 신규노동자와 '중견노무자' 등에 관한 특별연성 항목을 두었다. 우선 신규노동자에 대해서는 반드시 취로예비연성을 하되 가능한 한 합동숙사에서 단체훈련을 하도록 하였다. 강습회를 개최하여 약 10일간 근로보국정신의 환기, 사업의 사명, 작업 기본조작과 작업상 필요한 용어, 작업위생·재해방지, 직장의례, 관계법령, 기타 취로에 필요한 사항을 강습하게 하고, 강습회를 마치면 1개월 정도 표준작업방법을 실습하도록 하였다. 그 외 합동숙사 생활을 통해 단체생활과 규율훈련, 일상의례, 위생·청소·정리정돈, 방화·방공 기타 재해방지, 저금 송금과 수지계산, 휴양오락과 여가지도, 서간의 왕복, 가족과의 연락, 기타 생활훈련상 필요한 사항을 훈련하여 단체생활과 규율생활에 익숙하게 하도록 규정하였다. 이와 더불어 청년을 일정기간 도중견노무자지도훈련소에 입소시켜 '중견노무자'로 지도훈련할 것과, 노동자가 많은 사업장에서는 가능한한 朝鮮靑年特別鍊成令에 의한 사립연성소를 설치하여 군사교련을 통해 규율과 책임관념을 함양시킬 것, 그리고 입소의무자 외에 가능한한 많은 청년 노동자를 지원에 의해 입소시킬 것을 규정하였다.[74]

이 준칙은 철저한 연성을 통해 노동자로 하여금 노동규율을 습득하고 단체생활에 익숙해지게 할 것을 목표로 만들어졌으며, 이러한 입장은 이후 사봉대 조직에 기반하여 더욱 강화되었다.[75] 총독부의 이러한 연성 방침은 곧장 현장에서 반영되었다. 많은 사업장에서 매일 아침

---

73) 위의 글, 67~68쪽.

74) 위의 글, 68쪽.

75) 「仕奉隊の編成 - 國民總力朝鮮聯盟の職域聯盟改造さる」, 『朝鮮勞務』3권 4호, 1943. 9, 68~71쪽 참조.

'국민의례'와 단체훈련, 국민체조를 하고, 별도의 시간에 애국반상회와 시국강연회・종이인형극・영화회 등을 개최하였으며, 신문과 표어・포스터 게시, 수시로 時局講話를 하여, 일본정신과 '근로의 신이념', 산업전사 정신을 강조하고 있었다.[76]

예컨대 株式會社朝鮮製鋼所의 경우, 매일 아침 취업 전 공장 내의 신전 앞에 모여 神殿에 대한 인사, 일장기 게양, 宮城을 향한 인사 등 '국민의례'를 하고 지배인 등이 정신훈화를 하였으며, 산업전사로서 일일 서약을 하여 직역봉공의식을 강화하고자 하였다. 또한 체력단련과 정조도야를 명분으로 매일 전원이 라디오 음악에 맞추어 체조를 하게 하고, 매일 아침 출근 전 20분과 점심시간, 그리고 오후 3시 라디오 체조 후의 휴식시간에 공장 모든 곳에 확성기로 군가를 방송하였다. 이밖에 매달 두 차례씩 군대식의 엄격한 규율훈련과 전력증강을 위한 운동경기를 실시하고, "노동자 전원의 머리를 時局型으로 빡빡 깎"는 등 복장의 통일도 강요하였다. 끊임없이 연성을 행하고 직장이 밝고 즐거운 곳이라는 사고를 갖게 하여야 집단적인 순치 효과가 있다는 판단에 서였다.[77] 곧 노동자 연성은 노동과 일상생활 속에서 군대식의 노동규율을 지속적으로 반복하는 훈련이었다.

이러한 연성에 대해 대부분의 사업장에서는 노동자 이동방지책의 하나로 연관지어 실행하고 있었다. 日本精工業株式會社 사업주의 경우 연성을 실시한 결과, 작업의 실적이 상승하였고 종업원도 증가하였

---

76) 「勞務者移動の主なる原因とその防止策について産業人の意見を聽く」, 『朝鮮勞務』 3권 2・3호, 1943. 8, 16~22쪽 ; 「勞務者移動の主なる原因とその防止策について産業人の意見を聽く(承前)」, 『朝鮮勞務』 3권 4호, 1943. 9, 52~61쪽 ; 「勞務者移動の主なる原因とその防止策について産業人の意見を聽く(完)」, 『朝鮮勞務』 3권 6호, 1943. 12, 42~49쪽.

77) 「勞務者移動の主なる原因とその防止策について産業人の意見を聽く(承前)」, 『朝鮮勞務』 3권 4호, 1943. 9, 52~61쪽.

는데, 이는 무엇보다 노동자의 심리적 작용에 의한 것이라고 분석하였다.[78] 이에 비해 위의 株式會社朝鮮製鋼所에서는 복리시설에 많은 희생을 치르고 있음에도 불구하고, 조선인노동자는 대개 교양이 없고 감사하는 마음이 없이 높은 임금만을 좇아 전전한다고 불평하였다.[79] 또한 일부 사업장의 경우 연성에 비협조적인 태도를 보이기도 하였다. 연성으로 인해 노동시간이 줄게 되고 결국 노동생산성이 저해된다는 인식 때문이었다. 따라서 총독부에서는 자본가측의 '협조'를 강력히 요구하였으며, 노동자가 연성 때문에 불이익을 받지 않도록 연성을 받는 시간도 노동시간에 포함시켜 임금과 수당을 지불하도록 지시하였다. 특히 일정 시간동안 청년 특별연성에 참가하는 노동자들에 대한 불이익이 없도록 적극 협력할 것을 지시하였다.[80]

노동자들 역시 오랜 시간에 걸쳐 되풀이되는 연성과 엄격한 규율·감시에 염증을 느끼게 되고, 이는 장시간 노동이나 저임금과 더불어 노동자들의 불만의 원인이 되었다.[81] 이 시기 강제동원된 노동자들이 항상적인 불만을 가지고 여러 형태로 저항한 데에는 여기에서 기인하는 측면도 적지 않았다. 노동자로 하여금 통제된 "직장에서 죽음으로 임한다는 각오 아래 증산에 매진할 것"[82]을 요구한 이 시기 노동정책의 성격이 노동자의 저항에 영향을 미치고 있었던 것이다.

요컨대 일제는 전시하 노동력 부족문제를 해결하고자 중요산업 부문에 미경험노동자를 배치하고 노무관리를 강조하면서 이들에 대한

---

78) 品川一郎, 「我社の報恩奉行」, 『朝鮮勞務』 3권 4호, 1943. 9, 43~51쪽.

79) 「勞務者移動の主なる原因とその防止策について産業人の意見を聽く(承前)」, 『朝鮮勞務』 3권 4호, 1943. 9, 59~61쪽.

80) 곽건홍, 앞의 책, 2001, 194~195쪽.

81) 변은진, 앞의 논문, 2002, 37쪽.

82) 慶尙南道 鑛工部 勞務課, 「賃金統制令竝二同施行規則中改正二關スル件」, 『勞務關係法令集』, 1944, 221~228쪽.

'연성'을 실시하였다. 그 과정은 노동생산성을 높이기 위해 규율을 반복하여 체화시키고 황국신민의 정신을 체득하도록 훈련하는 것이었다. 군대조직화한 직장에서 노동자에게 상명하복의 위계의식을 주입하여 전체주의에 적응시키기 위한 전면적인 노동통제를 일상적으로 실시하고 있었던 것이다.

5. 맺음말

이상에서 일제지배 말기 전시의 생산력 확충을 목표로 노동능률을 증대시키기 위해 노동자의 황국신민화를 추진한 과정에 대해 살펴보았다. 곧 전시하의 노동력 동원이 극단적인 수탈방식만이 아니라 효율과 국가주의를 내세우면서 일부 노동자에 대한 회유와 훈련의 방식으로도 진행되고 있었음을 고찰하였다. 이하에서는 본론의 내용을 요약하고, 이 시기 노동통제의 대상이자 노동규율 확대의 담당자로 새로이 주목된 '중견노무자'의 존재와 이후 노동계에서의 역할에 대해 고민하는 것으로 글을 마무리한다.

태평양전쟁 도발 이후 일제는 국가총동원법에 입각하여 조선의 모든 인적 자원을 동원하고자 하였다. 노동력 동원이 거듭되면서 전쟁과 관련된 '중요산업' 부문에서도 일본의 징용이나 노동자 이동에 의해 기존의 노동자가 감소하는 속에서 노동경험이 없는 새로운 노동자가 배치되어 갔다. 이로 인해 노동력의 질적 수준이 전반적으로 저하되었고, 이는 다시 노동력의 부족 현상을 확산시켰다. 노동력 동원이 양적인 한계에 달하게 되자 일제는 새로운 방식의 동원 논리를 제기하였다. '국가' 통제하에 노동현장의 규율을 강화함으로써 노동자의 생산성을 최대한 강화하여 생산력을 증강시킨다는 질적인 동원의 논리였다. 노무관리에 '公的' 성격을 부여한 '전시로무관리'의 실시로, 각 생산현장에 임의로 배치된 노동자를 훈련하여 생산성을 증대시키는 과정이 자본가의 임무로 강조되고 있었다.

노동경험이 없는 신규 노동자를 훈련시킬 만한 경제적 시간적 여유가 없었던 총독부는 노동자의 일부를 '中堅勞務者'라 하여 그들에 대한 훈련을 강화하였다. '중견노무자'의 연성은 노동규율의 습득과 정신훈련·군사훈련이 주를 이루었다. 이들을 훈련시켜 '중견'으로서의 특권의식을 부여하면서 노동현장의 말단 협조자로 흡수하는 동시에 일반노동자에 대한 통제를 직접 담당하게 하기 위한 조처였다. 총독부는 급조한 '중견노무자'를 반장 자격으로 현장에 배치하고 이들을 바탕으로 각 사업장의 규율을 강화시키고자 하였다. 이에 군대식 위계질서를 노동현장에 적용하기 위해 우선 각 사업장을 군대식 조직으로 재편하였다. 사업장을 수직구조로 産業軍團化함으로써 모든 노동자를 생산증강에 挺身하게 하는 방책을 강구한 것이다. 전시체제하에 사회의 모든 조직을 군대식의 隊 조직으로 편성하고자 했던 취지와 같은 맥락이었다.

'중견노무자'와 군대식 조직에 기반하여 노동현장 내에서 일상적으로 전개된 노동자 '鍊成'은 군대식 생활과 천황에 대한 충성심, 무조건의 복종심을 자아내기 위한 강도 높은 정신훈련으로 행해졌다. 노동자에게 '産業戰士'임을 자각하게 하고 상명하복의 규율을 습득하게 하여, 파시즘체제 하에서 노동자를 전체 유기체 속의 한 분자로서 위치시키기 위한 것이었다. 곧 노동자를 전체주의에 적응시킴으로써 임의로 배치된 노동현장에서 최대한의 생산성을 발휘하게 하는 전면적인 노동통제를 일상적으로 실시하고 있었던 것이다.

그러나 이러한 통제에도 불구하고 노동력 부족과 노동생산성 문제는 해결되지 못하고 여전히 각 작업현장에서 커다란 문제로 지적되고 있었다. 또한 엄격한 규제 속에서도 노동자들의 저항이 지속되었고, 이는 자본가와의 대립을 넘어서서 일제의 지배와 전쟁에 대한 근본적인 회의로 이어지기도 하였다.

일제하에 조선인 '중견노무자'는 전시의 필요에 의해 급조되어 적지 않은 숫자를 이루었다. 이들은 그 자신이 노동자였으며 연성의 중점 대상이었던 한편, 노동현장 내에서 노동규율과 위계질서를 확산, 정착시키는 제일선 말단부의 지휘자로서 역할하고 있었다. 이러한 상황에서 '중견노무자' 양성책은 일부 노동자의 불만, 이동, 저항을 완화시킬 수 있는 수단이 되기도 하였다. 노동자 중에는 일제의 정책에 저항한 세력도 있었지만, 그 정책에 부응하여 자신의 성장을 꾀한 세력도 존재하였다. '중견노무자'에 대한 훈련이 정신훈련을 중심으로 행해지는 속에서 '중견'이라는 용어는 겉치레에 불과할 뿐, 이들이 현실에서 중견이 되는 것은 기대하기 어려운 상황이었다. 그러나 이들은 일본식 교육과 훈련을 받았고 군사적 위계질서에 익숙한 비교적 젊은 세대로서, 자신의 경험을 활용하여 해방 이후 노동계에서 명실상부한 '중견'의 역할을 맡았을 가능성도 적지 않다.

'중견노무자'를 활용하여 노동현장에서 확대된 노동규율은 군사적 위계질서를 바탕으로 정신훈련을 반복하여 정신적 신체적으로 노동자를 통제하는 것이었다. 노동자들에 대한 규율 훈련은 이 시기 일제가 가장 적은 비용으로 가장 빨리 효과를 얻을 수 있는 방법으로 채택한 것이었다. 그러나 이는 어디까지나 미봉의 대책이었을 뿐 '장기전'에 대비한 방책도, 노동문제에 대한 근본적인 해결책도 될 수 없는 것이었다. 그러면서도 이 시기에 형성 강화된 노동규율과 노동현장 내의 상명하복 구조는 근대화된 사업장과 근대적 노동자의 한 상징으로서 많은 관료와 자본가, 노동자의 기억 속에 남아 있었다. 그리고 그러한 경험의 영향은 해방과 분단 이후 노동현장에서 군사적인 노동규율이 일상적으로 적용되는 배경으로 작용하기도 하였다.

일제하 도시 소시민의 일상에 관한 소고찰

신 명 직[*]

1. 머리말

서구의 근대적 제 현상들이 일상에 뿌리를 내렸다면, 그것은 '태어나 늙고, 병들어 죽어가는' 일상사의 근본적인 형태가 바뀌었음을 의미할 것이다. 그렇다면 일상의 일부이면서도 일상의 중요한 분기점이라 할 수 있는 '관혼상제'는 어떤 모습을 하고 있었을까.

지금도 크게 다르지 않지만, 1920~1930년대의 '관혼상제' 역시 다른 일상에 비해 상대적으로 '전통'이 강조되는 '특수한 일상'임에 틀림없다. 하지만 '결혼'제도만은 좀 차이가 난다. 서구 근대문물을 가장 왕성하게 흡수하는 시기의 산물인만큼, 관혼상제의 다른 예식과 달리 서구 근대문화를 받아들이는 속도가 특히 남다르다.

물론 신학문을 받은 쪽과 그렇지 않은 계층을 한묶음으로 설명할 수는 없을 것이다. 하지만 신학문을 받고, 일제시대 '도시 소시민'으로 자리잡기 시작한 계층에게 '결혼'이란 그 자체가 '근대'를 호명하는 것과 다를 바 없었다.

신학문을 습득한 '사나희(남편)'와 이른바 '신여성 아내'의 결혼은 늘 신문의 사회면 한 구석을 장식하였으며, 언제나 사회문제를 야기시키

---

* 일본 구마모토가쿠엔 대학교 조교수

면서, 뭇 세인들의 호기심을 자극하곤 하였다. 이처럼 신학문을 습득한 이른바 일제시대 '도시 소시민'의 결혼이 문제가 되었던 것은 다른 무엇보다도 전근대적인 결혼제도인 '조혼제도'와의 충돌 때문이었다.

신학문 세례를 받은 '사나희'들은 '옛 아내'와 '신여성 아내'를 함께 거느릴 수밖에 없었는데, 따라서 신여성들은 어쩔 수 없이 '첩 아닌 첩'의 신세로 전락할 수밖에 없었다. 그들은 가장 왕성하게 근대적 문물을 받아들이고자 하였지만, 역설적이게도 근대적 덕목으로 제기되었던 '일부일처' 제도와는 가장 거리가 먼 선택을 할 수밖에 없었다.

이 같은 '결혼'은 기존의 전근대적 윤리로 무장된 가족관계 역시 변모시켰다. 온몸을 노출시키는 며느리의 해수욕복은 시아버지로 하여금 '삼강오륜'을 바닷가에 던져버리게 하였고, '여필종부'란 더이상 '신여성 아내'에겐 통하지 않는 수식어가 되어버렸음에 틀림없다. 하지만 신여성 '아내'의 목소리가 '사나희'들을 설복할 만큼 분명해졌다고 할 수 있을까. 당대의 만문만화는 '신여성 아내'들의 목소리가 하늘을 찌를듯 높았던 것으로 묘사하고 있지만, 그 내면을 보다 깊숙이 들여다보면 반드시 그렇지만도 않다.

이 글에서는 당대의 만문만화들을 통해, 일제시대 도시 소시민 결혼문화의 변모과정과 가족관계의 변모과정을 살펴보고자 한다. 만문만화는 종종 과장된 포즈로 당대를 그려내곤 하지만, 그 과장된 포즈를 통해 도시 소시민 속내를 들춰내 예리하게 포착해내기도 한다. 근대는 만문만화를 통해 스스로의 모순과 허위의 겉옷을 벗게 된다.

2. 도시 소시민의 결혼문화와 상품화

1) 조선에는 '허스'감이 없다

근대가 시작되면서 도시 소시민의 생활 패턴 가운데 가장 크게 변한 것은 자유연애에 따른 결혼문화일 것이다. 하지만 당시 광범위하게 존재했던 '조혼제도'는 이러한 자유연애와 결혼을 어렵게 했다. 신여성들은 어쩔 수없이 '노라'의 길이 아니면 '제2의 부인'[1]의 길을 택할 수밖에 없었다. 대부분의 남성들은 이미 조혼한 상태였기 때문이다.

그 결과 "어떠한 결혼이든지 거기에 연애가 있으면 도덕적"이라는 엘렌 케이(Ellen Karolina Sofia Key)의 자유연애·자유결혼론은 신여성 사이에 급속하게 퍼져나갔고, "연애 없는 결혼은 사람으로 하여금 자기의 존재를 무의미하게 할 뿐 아니라, 민족의 발달, 인류의 진화에 큰 장애를 주는 것"이라는 구리야가와(廚川白村)의 '근대연애관'은 신교육을 받은 남성들에게 널리 퍼져나갔다.

> "조선에는 허스 남편 감이 잇서야지요. 참 큰일 낫서요." / "왜 그럿탄 말입니가?" / "자-, 드러보서요. 갈만한 데는 조혼을 해버려서 이제 겨우 소년을 면한 사람도 며누리나 사위를 보게 되엿지요. 또 잇다고는 젓내나는 어린 사람이지요. 그 외에 잇다고 해도 인물다운 사람이 잇나요?" / ……그러나 그 녀자는 나희 삼십여에 스물 세살 먹은 미소년과 결혼을 하야 그 사나희에게는 삼십여의 자긔동갑네의 안해가 잇섯고, 다섯 살 먹은 아들에 젓먹이 아이가 잇섯든 것이다.……[2]

---

1) 봉건적 유습에 의해 계속 존속해오던 '첩'과, 신여성들이 불가피하게 들어가는 '첩'의 상황과는 구분되어야 한다는 점에서 '제2의 부인'이라는 호칭을 써야 한다는 주장이 당시 있었다(서형실, 「일제시기 신여성의 자유연애론」, 『우리역사의 7가지 풍경』, 역사비평사, 1999, 67쪽).

2) 「半洋女의 歎息 - '허스'감이 업서요」, 『漫文漫畵』-4, 『조선중앙일보』 1933. 9.

그 사나희는 그 녀자를 처녀로 미덧고, 그 녀자는 그 사나희를 총각 (점잔케 말하자면 미혼남자)으로 미더 왓스며, 그들의 사랑은 기퍼만 갓다. / ……저는 벌서 孕胎를 하얏서요. 그러니까 집에서 반대를 하드래도 동모들이라도 불러노코 결혼식 흉내만이라도 내던지 그도 어려우면 다라나십시다. 안XX씨하고 김XX양하고 「하르빈」으로 가듯키. …… / 현대녀성은 적어도 사랑의 결정이라는 것은 사나희 편의 것으로만 생각하야서는 안될 것입니다. 그리고 나는 현대 녀성이 그 한 사나희에게만 정열을 바칠 수가 업다는 것을 생각하고 잇다는 것을 안 까닭에 나는 그 아이를 내 아이라고 보증할 수가 업다는 것입니다. 당신은 나 보담도 젊고 아름다운 사나희를 만히 알지 안습니까?…… // 그 이듬해 봄 P라는 훌륭한 인격자의 가정이 모 지에 소개되엿슬 때, 이미 나히만혼 안해가 잇서고 아들 딸 합해서 三남매가 잇섯든 것이다. R이라는 녀자는 무사히 산아제한이 되엿스나 가슴에 그 상처는 새록새록 아퍼지는 터에 소개된 그들의 가족사진까지 보앗슬 때는 또 다시 울어슬 것이다.[3]

외국에서 유학하고 온 한 신여성이 "조선에는 허스 남편 감"이 없다고 난리다. "갈 만한 데는 조혼을 해버려서 이제 겨우 소년을 면한 사람도 며누리나 사위를 보게"된 상태이기 때문이다. 그녀 나이 '삼십여'가 되어 겨우 고른, "스물세살 먹은 미소년"의 남편 역시 "삼십여의 자기 동갑네의 안해"와 "다섯 살 먹은 아들에 젓먹이 아이"까지 있었다. 이 같은 자유연애와 자유결혼을 가로막는 '조혼'의 비극은, 구여성과 신여성 그리고 그 곁에선 '사나희'의 모습을 담은 그림에 잘 반영되어 있다. 중절모에 양복까지 빼입은 '사나희', 양풍의 스커트 차림을 한 '반양녀(半洋女)'의 신여성, 그리고 초가집과 돼지를 배경으로 가슴을

21.

3) 「童貞의 惡戱로 이즈러진 女人像」,「明滅하는 人生의 일루미네-슌」,『조선중앙일보』 1933. 9. 23.

<그림 1> 「半洋女의 歎息 -'허스'감이 업서요」, 「漫文漫畵-4」,
『조선중앙일보』 1933. 9. 21.

드러낸 채 젖을 물리고 있는 사나의의 구식 '안해'가 그것이다. '제2의 부인'이 된 신여성이나, '조혼'으로 자기보다 열살 정도 많은 옛 '안해' 보다 '사나희'의 키는 머리하나 만큼의 차이가 난다. 아직 '미소년'이란 메시지를 담고 있다. 구여성은 화가 난 듯 찌푸린 표정이고, 신여성은 놀라는 표정, 신식 '사나희'는 고개를 떨군 채 면목이 없는 듯 '뒷모습' 으로 처리(<그림 1>)되어 있다. 근대가 가져다 준 '자유연애'란, 구여 성, 신여성, 신식 '사나희' 삼자 모두의 고통을 의미하는 것이었다.

두 번째 인용문의 신여성과 신교육을 받은 '사나희' 모습도 이와 크 게 다르지 않다. '자유연애'는 자연스레 "석달전 칠월 보름날 한강 건너 편 XX섬 층층다리 겻방에서"의 사건으로 이어졌고, 그 결과 그녀는 "잉태를 하야", 고민 끝에 '사나희'더러 "동모들이라도 불러노코 결혼 식 흉내만이라도 내자"고 이야기한다(<그림 2>). 이도 저도 여의치 않 으면 "안XX씨하고 김XX양하고 「하르빈」으로 가듯키" 멀리 도망가자

<그림 2> 「童貞의 惡戱로 이즈러진 女人像」,
『조선중앙일보』 1933. 9. 23.

고까지 한다. 자유연애를 인정하지 않는 현실의 벽에 막혀 '해외'로 도피하던 경우가 많았음을 알 수 있다. 하지만 사나희에겐 조혼한 "나희만은 안해"와 "아들 딸 합해서 三남매가 잇"었고, 고민 끝에 그는 "산아제한 약"을 그녀에게 보내고 끝내 헤어지고 만다.

'조혼'이라는 전근대의 벽을 넘기에 '자유연애·자유결혼'의 힘은 아직 미약했다.

그렇기에 '모던'의 세례를 받아 '조혼'의 벽을 넘고자 하는 '자유연애·자유결혼' 주의자들은 구시대적 통념을 넘어설 수 있는 이론적 후원자들을 갈구하게 되었고, 그 결과 발견해낸 것이 엘렌 케이와 구리야가와의 근대연애론이었다. 어떠한 결혼이든지 거기에 '연애'가 있으면 '도덕적'이며, '연애' 없는 결혼이란 자기의 존재를 '무의미'하게 만든다는 얘기는 그들의 고통과 불안을 위로하기에 충분하였다.

2) 엘렌 케이의 근대연애론과 '화폐'

하지만 근대 결혼문화의 등장과 더불어 무엇보다도 가장 크게 변한 것은 역시 연애와 결혼의 '상품화'일 것이다. 모던걸·모던보이들에게 자본주의적 가치관이 급격히 스며들면서, 그같은 현상이 두드러지게 되었음은 물론이다. 작품「웃키는 사람-4」를 보자.

> 『피아노를 프레센트로--』S양은 H로부터 온 편지 중에 이러한 구절을 열번이고 스무번이고 읽고서 그는 무한히 즐거워하엿다. / 그리고 H에게 대하야 평소에 너무도 야멸지게 군 것을 후회하엿다.……그는 그 편지를 뺨에다 문지르며 눈물이 눈에 글성글성하엿다…… // H는 다시금 자긔의 거츠른 얼굴을 S양의 집에 나타낫다. / ……그 뿐만이 아니라 이러서서 양춤도 추엇다. / 이리하야 밤은 이윽하엿다. 불쩌진 S양의 방에는 두가지 戀人노래가 놉고 낫고 하엿다. // 며칠 뒤 H에게서 이러한 편지가 왓다. /『S여-. 피아노는 나의 안해에게 부탁하엿습니다. 그리고 나는 십년위 한한고서 먼길을 쩌납니다.……』/ S양은 한달이나 넘어 울엇다.[4]

‘연애’가 있으면 어떠한 결혼이든지 ‘도덕적’이라 하더라도, ‘상품’ 혹은 ‘화폐’를 매개로 한 연애와 결혼은 정당화되기 힘들다. 앞에 인용된 글은 물론 희화화되어 다소 과장된 감이 없진 않지만, ‘피아노’를 결혼 선물로 주겠다는 H의 말에, 그의 연인이 되고자 노력한 S양의 사랑은 끝내 파국으로 귀결되고 만다. 신여성들이 사랑보다 남성의 ‘경제적 능력’을 더 우선해 판단했을 때, 결과는 이별 아니면 ‘제2의 부인’이 될 수밖에 없다. 상당한 재력을 갖춘 집안의 젊은 남성이 조혼 또는 정혼한 상대가 없는 경우는 드물기 때문이다. 다음은 피아노로 상징되는 ‘욕망’을 채워줄 ‘경제적 능력’ 앞에서 그 기회를 갖지 못한 여성이 자신의 ‘욕망’ 실현을 위해 노력하고 있는 모습(<그림 3>)을 담고 있다.

---

4)「漫話-웃키는 사람-4」,『조선일보』1929. 2. 13.

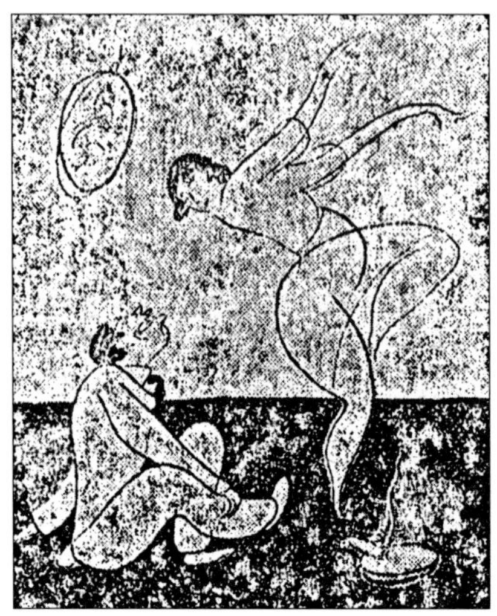

<그림-3> 「漫話-웃키는사람-4」, 『조선일보』
1929. 2. 13.

시골로 장가를 갔엇다. / 안해가 품을 팔어 공부를 시켰더니 / 錦衣還鄕이 요 모양이라. / 돈 떠러지자 사랑도 떠러지기에 / 세상에 面目이 없어 염나부로 떠났더니 / 그래도 무덤을 지키는 이는 오즉 本妻뿐일 터라.5)

구여성의 눈으로 본 신식 교육을 받은 '사나희'와 '신여성'의 관계란 '사랑'에 앞서 '돈'이다. 근대를 떠받치고 있는 '화폐'가 '사랑'에 우선하고 있음을 '구여성'의 시선을 통해 보여주고 있다(<그림 4>). 구여성이 '최후의 승자'가 될 수 있었던 것은 그가 근대가 보여주는 화폐의 마술에서 자유롭기 때문이다.

이 같은 모습을 보다 희화화하여 보여주고 있는 작품들은 「여성 선전시대가 오면」 시리즈이다. '여성'들이 마음속에 품고 있는 '물질'을 매개로 한 자유연애, 혹은 자유결혼의 속내를 '선전'이라고 하는 상상의 장치를 통해 드러낸 작품들이다.

근일 녀성들의 행동은 넘우도 로골화하여 간다. 『돈만 잇스면 아모라도 좃타』는 말을 거침업시 말하는 녀성이 만타. 이것은 반드시 타락된 경향이다. 「모던썰」들의 標語는 『돈만 잇스면 아모라도 조타』는 것이다. 이리하야 미구에 「녀성 푸로파간다」 시대가 오면 이러한 괴상한 쫄을 볼 것 갓다.6)

---

5) 이주홍, 「最後의 勝利」, 『신동아』 1936. 9.

『녀성 푸로파간다 - 시대가 오면』 하고서 생각해보면 여러가지 괴상한 일이 만흘 것이다. / 요사이 사람 사람의 신경이 劣端的으로 발달되어 가기 째문에 눈을 주는 곳이 별스럽다. / 다리 —녀자의 다리는 더욱더 사나희의 눈을 끌기에 너무도 아름다워진다. 그래서 지금에는 얼골보다도 그 다리가 정을 끌고 야릇한 충동을 준다. 그러기 째문에 만약 『녀성 푸로파간다 - 시대가 오면』 다른 곳보다도 그 다리를 광고판 대신 쓸 것 갓다. 그래서 설궁(?) 잘하는 조선 「모던-썰」들을 위하야 그 다리가 사명을 다하는

<그림 4> 이주홍, 「最後의 勝利」, 『신동아』 1936. 9.

날이 오지 안켓다고 누가 말하랴.7)

모던걸의 가슴과 손 혹은 다리에 내건 '광고' 문구를 바라보는 작가의 시선 속엔 물론 남성주의적 시각이 묻어있는 것은 사실이다. 하지만 자신의 가슴과 다리 같은 신체부위에 결혼상대를 찾는 광고문구를 매달아 건 모던걸의 모습은, 당시 상품화된 연애·결혼 풍속도를 여실하게 보여주는 것이라 할 수 있다. 어깨에 걸칠 '쇼루(숄)' 혹은 '손가방

---

6) 「女性宣傳時代가 오면-1」, 『조선일보』 1930. 1. 11.
7) 「女性宣傳時代가 오면-2」, 『조선일보』 1932. 1. 12.

(핸드백)', '쵸코-렛'과 같은 일용품에서부터, '집세' 아니면 '문화주택', '피아노'와 같은 혼수용품에 이르기까지(<그림 5·6>), 연애 혹은 결혼과 '상품'을 치환하려는 식민지 조선 여성들의 의지는 무척 강했다.

이들은 자신의 상품가치를 높이기 위해, '독신'이라거나 '처녀'라는 사실을 강조하기도 한다. '나이어린 미모를 지닌 미혼 여성'이라는 사실이 가장 큰 상품가치이기 때문이다. 값진 '상품'과 교환될 수만 있다면, 상대가 '일흔 살'이든 '늬그로가튼' 양반이든 별로 문제되지 않는다.

<그림 5> 「漫話-웃키는사람-4」, 『조선일보』 1929. 2. 13.

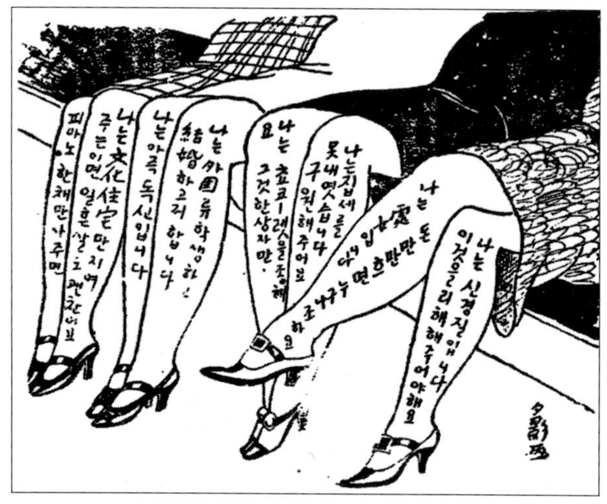

<그림 6> 「女性宣傳時代가오면-2」, 『조선일보』 1930. 1. 12.

3) 여성 상품화 비판과 '붉은 연애'

상품화된 이 같은 근대적 연애·결혼 풍토를 제일 강하게 비판한 것은 '사회주의' 입장에 선 허정숙·정종명과 같은 자유연애·결혼론자들이었다.[8] 자본주의 사회에서는 여성에게만 정절을 강요하는 '형식상의 일부일처제'만이 존재하며, '경제적인 힘'이 없는 한 노예와 같은 처지에서 벗어나기 힘들다는 엥겔스 논리에 힘입어, 이들은 여성의 '경제적 능력'이야말로 자유연애·결혼의 선결조건이라 주장하였다. 그렇지만 식민지 근대 하에서의 조선의 상황은 '여성'들에게 경제적 능력을 보장할 만한 아무런 조건도 마련해 놓고 있지 못했다. 그같은 상황을 무시한 그들의 주장은 비현실적인 것이긴 했지만, 적어도 당시 장안의 자유연애가 "퇴폐적·향락적·감각적인 아메리카니즘화"하여, 심하게는 "공리적·타산적으로 연애를 하려고 덤비는 경향이 있다"[9]고 했던 그들의 주장마저 퇴색되진 않는다.

'공리적·타산적'인 자유연애·결혼의 가장 전형적인 모습은 '의사'로 대변되는 풍족한 생활이 보장되는 대상을 만나는 것이었다. '의사'와 결혼하기 위해 온갖 노력을 아끼지 않던 20~30년대 모던걸의 모습은 연민의 정마저 느끼게 한다. 작품 「1931년이 오면-1」과 「지사표정·신여성표정」을 살펴보자.

……첫재로 근일 녀자들 더욱 녀학생들 가운데서 의사를 모르는 사람이 만치 안을 것이다. 돈 만히 생기는 의사, 압흔 살을 잘나 시려 씨

---

8) 허정숙은 "자유연애를 주장하기에 앞서, 경제적 독립이 근본"(『동아일보』 1924. 11. 3.)이라고 했고, 정종명은 "전통적인 삼종지도의 관념에서 벗어난 독립된 결혼을 위해서는 경제적인 능력이 있어야 한다"(『조선일보』 1930. 1. 1.)고 했다(서형실, 앞의 책, 76쪽).

9) 이석훈, 「신연애론」, 『신동아』 1932. 12.

슨 듯 부신 듯 낫게 하는 의사, 수수썩기가튼 붓그러운 뱃속의 증명도 칼로 북북 쌔여서 쑤어 매는 걸로 수술 잘하는 의사-. 그야말로 녀자 들의 초점이다. 1931년에는 길로 다니는 모던썰들의 裝身具의 일대 혁 명이 이러날 지니, 그림을 보시는 바와 가티 의사의 武器를 달고 들고 다닐 것 갓다. 요사히 모던썰의 그 배우자는 의사라야 하되, 약간 음악 의 상식도 잇서야 한다니 입에 마진 썩이 그리 만흘나구.10)

　……딸을 시집보내고 아들을 장가를 보내는데, 財産調査부터 하고 医師가 아니면 시집 안 간다는 것 等, 이것이 뒤트러진 朝鮮의 表情이 다. 万若 医師에게 시집을 가면 첫날밤에 虛榮주머니를 버혀 버리느라 고 생짜로 手術을 한다면, 『빈대, 벼룩 가튼 生物도 죽여보지 안는 이 에게 나는 시집가요』할 女子가 만흘지도 모른다. 朝鮮의 모든 表情은 그 環境이 맨드러 준 것이나, 너무도 醜隨하여만 간다.11)

의사가 '녀학생'들에게 인기있는 가장 큰 이유는 역시 "돈 만히 생 긴"다는 데 있다. 따라서 결혼하기 전에 모던걸들은 상대방의 "재산조 사부터 하고, 의사가 아니면 시집 안 간다"고 강짜를 부린다. 의사이면 서 동시에 "약간의 음악 상식도 잇"는 사람을 찾아 인텔리 여성들은 경성 장안을 헤맨다. 작가는 '의사병'에 걸려있는 모던걸들의 패션을 희화화하여, "의사의 무긔를 달고 들고 다니"는 '모습으로 그림 속에 형상화해 놓고 있다. 한 손엔 주사기, 또 다른 손엔 청진기, 허리엔 수 술칼, 가위, 링겔병을 달고, 양 팔에 붕대를 내려뜨린 패션이 그것(<그 림 7>)이다.

또 다른 작품에서는 "의사가 아니면 시집 안 간다"는 이른바 '의사 병'에 걸린 모던걸들의 '허영 주머니'를 시집간 첫날밤에 "버혀 버리"

---

10) 「1931년이 오면-1」, 『조선일보』 1930. 11. 18.
11) 「志士表情·新女性表情」, 「人間表情-4」, 『조선일보』 1934. 7. 11.

<그림 7> 「1931년이 오면-1」,
『조선일보』 1930. 11. 18.

기 위해 생짜로 수술을 해야 될 정도로 '의사병'이 심각한 당대 조선의 표정을 그리고 있다. 모던걸들의 이 같은 '의사병'은 역으로 결혼을 빙자한 의사들의 여성유린으로 이어지기도 했는데, 이 같은 행태는 비단 의사만이 아니라 해외유학파, 혹은 언론계, 문인 등 사회에 이름 있는 사람들 사이에 비일비재했다.

쑤쟁이를 노아 여염집에서 묵고 잇는 처녀를 꾀여다가 왼밤을 끼고 다니며 결혼을 하자고 발라 마치고, 헤여질 때 십전어치 「귤」을 사주어 돌려보내고는 뭇쵀 생색을 내인 점잔은 어쩐 의사 한 분이 계시다. 이 의사 량반은 본부인이 게시고 아들딸도 잇는 터에 나희 사십에 파우스트의 꿈을 쑤엇든지 어린 처녀를 데리고 사러 볼 수심(獸心)이 동하야 처녀는 어덧스나 량심에 쩌리끼든지 『당신은 얼골이 좀 잘 못생겨서』하고 배앗는 수작을 붓치고는 귤몃개로 하룻밤 신세를 진 갑슬하엿다. 그 녀자는 치명상을 당하고 모욕을 당햇다.⋯⋯12)

H는 사오년전에 구미시찰을 하고 도라와서 나희 사십세에 삼사명의 자식과 일금 이만원과 안동하야 자긔 안해와 리혼하엿다. 이는⋯⋯어

12) 「점잔은 의사」, 「時代相」, 『조선일보』 1932. 11. 30.

<그림 8> 「점잖은 의사」,
『조선일보』 1932. 11. 30.

<그림 9> 「漫話-웃키는 사람-3」,
『조선일보』 1929. 2. 12.

느 잡지에 발표한 구미시찰한 紀行文 맨끗에 씌워잇는 것이다.…… // 몃칠 뒤에 H는 결혼식을 거행하게 되엿다. / 목사는 이 늙은 신랑과 쎄잇쎄 신부의 얼키인 손우해 썰리는 손을 언고서 쏘한 한결튼 그 승거운 문구를 외우는 것이엿다.……13)

위에 인용된 글 가운데 앞의 글은 부인과 아들딸도 잇는 "점잖은 어쩐 의사"가 "나희 사십에 파우스트의 쑴을 쑤"어, '어린 처녀'를 희롱하다 차버린 이야기(<그림 8>)이고, 뒤의 글은 "구미시찰을 하고 도라"와 잡지에 '긔행문' 같은 것을 기고하는 돈많은 이가 역시 나이 사십에 "자긔 안해와 리혼"한 뒤, '쎄잇쎄신부'와 결혼하는 모습(<그림 9>)을 담고 있다.

의사 혹은 "잡지사 일동을 초대하야 성대한 연회를 열"정도의 재력을 갖춘 이들의 이 같은 유린행위는 당시로선 아주 흔한 풍

---

13) 「漫話-웃키는 사람-3」, 『조선일보』 1929. 2. 12.

경이었는데, 이는 잡지『별건곤』에 투고한 한 여성의 글에도 잘 나타
나 있다. "현재 조선의 신문잡지의 대가리되는 측과 花形기자 浪人의
지사, 웅변가, 양행ㅅ군, 인기 스포츠맨, 음악가, 문인……이들 중에서
대략 30%를 제하고는 남어지 70%는 남의집 처녀를 3~4인으로부터 X
인까지 바려준 놈들"14)이라 하였다. 당시 유행하던 자유연애·결혼은
물론 모던걸들로부터 제기된 것이긴 하지만, 그 시대에 엄연히 잔존해
있던 남성중심주의적 성격까지 극복된 것은 아니었다.

이 같은 자유주의식 연애·결혼관의 한계를 뛰어넘으려는 시도는
당시 사회주의적 연애·결혼관에서 찾아볼 수 있는데, 이른바 '콜론타
이'의 '붉은 사랑'이 그것이다. 그녀의 소설『붉은 사랑』에 나오는 남녀
의 사랑은 동지적 사랑, 즉 사상적 결합을 전제로 한 것이다. 하지만
연애나 육체적 결합은 '개인사'로 매력을 느끼면 언제나 자유롭게 결합
할 수 있는 것이 바로 '콜론타이'식 붉은 결혼이다.

> ……그러나「코론타이」의 붉으던 애가 조선와서는 매춘부의 비질이
> 되는 셈가티 양키-썰이 해수욕복을 입고 연단에서도 창을 한다면 조선
> 에서는 한 급 더 쮜여서 빨가벗고 연단에 나서서 독창을 할 만큼 나른
> 데는 고양이 본 쥐이지만, 그러한 제 六感 칠감 팔감 구감에는 남보담
> 더한 술 쓰는 그 심사를 누가 알랴? / 신녀성이란게……결국 자본주의
> 세계가 제삼긔라는 위긔에 다닥첫다는 말과 가티 조선의 모-던 썰들은
> 성격으로나 생활로나 화류병으로나 임이 제삼긔의 파산긔를 훨신 넘
> 어스고 잇는 것이다. 당자들은 얼마나 깃버할 일일지 / 제삼긔 녀성만
> 세 ─ 15)

---

14) P.M.S.,「一無名女性의 名士罵倒錄」,『별건곤』1930. 2, 54~58쪽.

15)「모썰第3期-1932년모썰시위행렬」,「漫畵子가 予想한 1932」,『조선일보』1932.
    1. 20.

‘코론타이’식 붉은 사랑은 그러나 식민지 조선에선 극히 소수의 사회주의운동 여성들의 전유물에 불과했다. 송봉우, 최창익 등 네 명의 남자들을 거쳐가면서도 동지적 결합이었음을 강조했던 허정숙을 비롯, 주세죽, 박원희, 박진홍과 같은 이들을 제외한 대다수 모던걸들에게, ‘콜론타이’식 붉은 사랑은 일종의 패션처럼 스쳐 지나가는 하나의 유행에 지나지 않았다. 오히려 ‘콜론타이’식 붉은 사랑에서 ‘동지·사상’적 결합은 제거된 채, 매력을 느낄 때면 자유롭게 육체적으로 결합한다는 육체결합의 ‘무정부주의’적 성격만이 강조되어 버렸다. “코론타이의 붉으던 애가 조선와서는 매춘부의 비질이 되”어 버린 것이다.16) 조선 ‘모던썰’들이 “성격으로나 생활로나 화류병으로나 임이 제삼긔의 파산긔를 훨신 넘어”서게 된 배경에는, 얼치기 ‘콜론타이’식 붉은 사랑의 유행도 한 몫을 했음을 알 수 있다.

3. 도시 소시민 가족관계의 변화

자유연애·결혼으로 전근대적인 결혼문화가 변모됨에 따라, 가족관계 역시 서서히 변모되었다. 이른바 ‘여필종부’로 대표되는 전근대적인 부부관계에서 벗어나, ‘녀편네(아내)’의 발언권이 크게 늘어났기 때문이다. 아직 전근대적인 가부장제가 온존하긴 했지만 아내가 자신의 주장을 펼친다는 것 자체가 당시로선 획기적인 일이었다. 안석영도 이처럼 변화된 가족관계를, 희화화된 글과 그림으로 형상화해냈다.

---

16) 당시의 ‘콜론타이’식 붉은사랑에 대해, “더욱이 요 근자에는 ‘러시아’에 ‘코론타이’의 ‘붉은 사랑’이라는 것이 조선에도 쫙 퍼치자 녀자들은 離婚을 물마시듯 밥먹듯 한다.”(冷血洞人, 「쓸개빠진 놈은 男子다」, 『별건곤』 1930. 8, 72~73쪽)고 하였다.

1) '신여성 아내'와 '화수분 사나희'

우선 제일 눈에 띄는 변화는 남편에 대한 아내의 위상 변화이다. 이른바 '旧女子' 같으면 "아무리 시비를 거러도 반대 한마대가 없"고, "말을 하면 먹엇는지 드럿는지, 욕을 하면 압흔지 쓰린지 감각도 못"[17] 할 터인데, 이른바 신여성 아내는 남자를 화수분으로 알고, 남자 위에 군림하려 든다.

> ……그러나 사나희가 죽을 욕을 보더라도 녀자를 위하여 일을 하다가 한번만 그 녀자의 소망을 듣지 안는 째에는 그 녀자는 발을 통통 굴로고 도라안저 눈물을 죽죽 흘리면서, 종알거리는 녀자도 잇고, 혹은 기다란 가짜 유서를 남겨노코, 한강철교나 대동강을 한 박휘 도라오는 녀자도 잇다. 여긔서부터 마음이 부실한 사나희는 핸드쏘이, 핸드맨이 된 것이다. /……아! 그래 정거장까지 이 짐 좀 갓다 달라는데, 그게 무어 어려워서 싫다고 도래질을 하신단 말삼이요?『쌱터 김하고 海水浴 간다고 할 째엔 그러라고 하더니만 별안간에 이러시우. 사나희가. ########### 지 안켓서요? 나를 죽지 안케하랴면 지금 단김에 정거장으로 뛰여가서 나를 긔대리고 잇슬「쌱터 김」에게 시간이 느저 못나왓다고 말하구 -쏘 오늘 저녁차로는 꼭 간다고 말해주어요!』……[18]

'눈물'과 '가짜유서'로 "마음이 부실한 사나희" 위에 군림하게 되면, '녀자'는 '사나희'를 자기의 수족, 즉 '핸드쏘이'처럼 부리게 된다. 외간 남자와 '해수욕'하러 갈 '짐'도, 죽는 시늉 한 번이면, 정거장까지 날라다 준다. 이 같은 전도된 남녀관계는 그림에서 허리를 꼿꼿이 세우고 손가락으로 명령하고 있는 '녀자'와, 모자를 벗어들고, 고개도 약간 숙

---

17) 朴O漢, 「男子잡어먹는 旧女子」,『별건곤』1927. 8, 72쪽.
18) 「핸드·쏘이」,「漫文漫畵-都會風景-2」,『조선일보』1929. 6. 5.

220

<그림 10> 「핸드·쏘이」, 『조선일보』 1929. 6. 5.

인 채, 무거운 짐을 들고 가는 남자로 묘사되고 있다(<그림 10>).

남편은 아내의 손을 대신하는 '핸드쏘이'일 뿐 아니라, '화수분'이기도 하다. '녀자'가 '사나희'를 꼬집어 대기만 하면, '사나희'의 주머니에선 무엇이고 끊임없이 나온다. 작품 「화수분인 사나희」와 「현대풍경-2」를 보자.

녀자는 남자만 만나면 화수분으로 아는 수가 만타. / 금이 나오너라, 은이 나오너라 하면 부르는대로 쏘다저 나아오는 것은 사나희의 주머니로 안다. 그 뿐인가? 사나희를 꼬집으면 꼬집는대로 돈이고 옷이고 양말이고 구두고 무에고 다 나아오는 줄로만 안다. / 사나희는 집에 도라갈 쌔에 길바닥의 조막돌이라도 주서서 호주머니가 묵직하거든 집에 드러가라?……19)

남편은 공장직공으로서 피쌈을 흘리며 햇빗을 못보고 질식할만한 공장속에서 열시간식 열두시간식 로동을 하고 집으로 도라오면 안해는 몸을 쏘고 드러누어서 담배나 피우고 잡스런 책만 읽고 잇는 녀자도 잇다. 이것을 보는 남편의 마음은 어쩌할지. 사나희는 공장에서 로동을 착취당하면서 긔생충을 기르는 것이 아닐가?20)

---

19) 「'화수분'인 사나희」, 「사나희와 녀편네-1」, 『조선일보』 1928. 9. 21.
20) 「現代風景-2」, 『조선일보』 1930. 3. 9.

<그림 11> 「'화수분'인 사나희」, 「사나희와 녀편네-1」,
『조선일보』 1928. 9. 21.

'사나희'의 주머니에선 "돈이고 옷이고 양말이고 구두고 무에고" '녀자'가 부르는대로 쏟아내야 하기 때문에, '사나희'는 집에 돌아갈 때, "길바닥의 조막돌이라도 주서서 호주머니가 묵직하"게 해서 돌아가지 않으면 안 된다. 남편을 이처럼 화수분 취급하는 아내는 한 손으론 남편의 볼을 꼬집고, 다른 한 쪽 손은 바닥의 돈을 가리키고 있는데, 그 손엔 '팔뚝시계'가 채워져 있다. 치마도 무릎 위까지 올라간 '쌍둥치마'이다. 한 눈에 신여성 출신의 아내라는 것을 알 수 있다(<그림 11>).

　남편을 '화수분' 취급하는 아내에 대한 묘사는 작품 「현대풍경-2」에 이르면 실로 '점입가경'에 이른다. "공장직공으로서 피땀을 흘리며, 햇빗을 못보고 질식할만한 공장 속에서 열시간식 열두시간식 로동을 하고 집"으로 돌아오지만, "안해는 몸을 꼬고 드러누어서 담배나 피우고 잡스런 책만 읽"고 있기 때문이다(<그림 12>). 변모된 부부관계에 대해 아무런 가치판단 없이 단지 객관적인 풍경만을 제시하고 있던 안석영도 이 대목에 이르면, 그 표현이 사뭇 거칠어진다. "사나희는 공장에서 로동을 착취당하면서 긔생충을 기르는 것"이 아니냐며 목소리를 높인다. '공장'과 '가정'에서 '남편'은 이중으로 '노동착취'를 당하고 있고, 이처럼 남편을 '가정'에서도 착취하고 있는 '안해'는 '긔생충'으로 묘사

<그림 12> 「現代風景-2」, 『조선일보』 1930. 3. 9.

된다.

하지만 신여성 출신 '안해'들의 왜곡된 '여성해방', '남녀평등' 주장을 희화화한 만문만화에는 어딘지 남성 중심주의적 시각이 묻어 있음을 부인하기 힘들다. 기존의 전근대적 부부관계가 역전된 것에 대한 심한 위기감마저 엿볼 수 있다. '안해'가 단지 화수분인 남편의 단물을 뽑아내고, 마침내 '긔생충'으로까지 전락하게 된 배경에, '카-페 외추레스' 이외에는 달리 경제적 능력을 마련할 길이 없었던 당시 사회경제적 환경을 그는 전혀 고려하지 않고 있다. "오랫동안 남자들이 압박을 하고, 가두어놋코 하야 무리로 그럿케 병신을 맨들어 노"[21]았기 때문이지, 결코 여성들 자신만의 문제는 아니라는 '안해'들의 항변이 이유 있는 것도 바로 그 같은 연유에서이다.

2) '신여성 아내'와 가부장적 권위

신여성 출신 '안해'들의 발언권이 전보다 강해진 것만은 분명하다. 그들은 이미 "朝飯夕粥이나 하면 더 업는 幸福으로 알고, 남편이 술이

---

21) 姜O煥, 「第二号人間들?」, 『별건곤』 1927. 8, 68~69쪽.

나 투전이나 안하면 더업는 행복으로 알"22)고 지내던 전근대 여성들이
아니다. 남편의 잘못을 그냥 넘어가는 법이 없다. 안석영은 하나도 빠
짐없이 따지고 넘어가는 '안해'들의 모습을 '딱따구리(啄木鳥)'에 비유
하기도 한다.

　　남편을 공경한다는 것은 남편만 보면 달달 복는 것으로만 아는 녀자
가 잇스니, 그는 남편이 밧게 나아간 동안은 의례히 남편을 복거대일
조건을 두루마지나 치부책에 죽- 적어 가지고 남편이 드러오는 때에는
그것을 펴놋코서 차례차례 고문(拷問)하다십히 복거대는 것이다. 이 그
림은 그것을 련습하는 시간이니 이 꼴을 만약 남편히 드러오다가 보는
째에는 그 밤을 어쩔 곳을 차지러 내 집을 나아가는 수 밧게 업지 안을
가?……23)

<그림 13> 「탁목조(啄木鳥)」, 『조선일보』
1928. 9. 26.

　　싀집만 가면 먼저 남편부
터 들복는 「모던-썰」이 만타
악을 고래고래 질러 동내방
내 써들석하야 밤에 잠을 못
이루게 하나니 만약 「녀성
푸로파간다- 시대가 오면」
유리집을 짓고 남편을 들복
는 광경을 오는 사람 가는
사람에게 보히는 째가 올지
도 모른다.……24)

　　남편을 들볶는 '녀자'들의

---

22) 朴O漢, 앞의 『별건곤』, 73쪽.
23) 「탁목조(啄木鳥)」, 「사나희와 녀편네-5」, 『조선일보』 1928. 9. 26.
24) 「女性宣傳時代가 오면-4」, 『조선일보』 1930. 1. 15.

<그림 14> 「女性宣傳時代가 오면-4」, 『조선일보』
1930. 1. 15.

모습을 그린 두 편의 글이다. 그러나 '녀자'들의 모습을 더욱 희화화하여 보여주고 있는 것은 그림이다. 앞에 놓인 남편의 사진을 손가락질해가며, '두루마지'에 적어놓은 항목들을 소리높여 외치는 장면이 그 하나(<그림 13>)라면, 또 다른 장면은 남편의 멱살을 쥔 채 무언가를 외쳐대고 있는 형상(<그림 14>)을 하고 있다. 사진을 향해 외쳐대고 있는 '안해'의 모습은 퇴근하다 그 장면을 보고 놀라해 하는 남편의 모습과 오버랩되고 있다. 또 남편의 멱살을 쥐고서 들볶고 있는 광경은 '유리집' 덕택에 "오는 사람 가는 사람" 모두에게 공개된다. '부부싸움' 모두가 공개되고 있기 때문에, 낮과 밤에 그들의 말을 엿듣던 '새'와 '쥐'도 그만 무색해진다.

카페-娘子國에서는 소시민국(小市民國) 공주들의 「스윗하-트」들을 홀려다가 「칵텔」과 「폭스트로트」에 소위 「곤약구」를 맨드는 한편, 자막대기를 잠결에도 휘두르며 꿈속에서도 늦게 술취해 드러오는 남편을 벼르는 녀성들은 그 동안 이만저만하게 남편과 쟁의를 해보지 안은 게 아니지만, 33년에는 「매담」병대를 조직하야 몽둥이를 제각기 들고 카페- 문전에서 공략을 취할 것이다. 「카페-」광들 카페- 출입에 「매담」

<그림 15> 「카페-城郭占領」, 「33年式 家庭爭議-1」,
『조선일보』 1933. 1. 15.

의 몽둥이를 당해내일 전략을 생각하엿는가?25)

'안해'들이 남편을 들볶는다는 것은 신여성 출신 '안해'들의 발언권이 강해졌다는 것을 의미하기도 하지만, 다른 한편 여전히 왜곡된 남녀관계가 유지 온존되고 있다는 것을 의미하기도 한다. 첫 번째 인용문에 해당되는 그림에서 카페 내부와 외부 풍경은 나뉘어져 묘사되어 있다(<그림 15>). '머니(money) 카페' 안쪽엔 단발에 양장을 하고 있는 '외추리스'를 희롱하는 남자들의 모습이, '카페' 바깥쪽엔 몽둥이를 등 뒤로 감춘 이른바 '매담 병대'의 성난 모습이 그려져 있다. '매담' 병대의 눈초리는 하나같이 매섭다. 카페 안팎의 오버랩된 풍경을 통해 '녀자'들이 왜 '사나희'들을 그토록 들볶았는지 유추해 보는 것은 그리 어렵지 않다.

가정불화는 남편이 밤늦게 드러오는 째부터이니 여긔서 아씨님의 질투가 잇다. 33년에는 한동리, 동리마다 아씨님들이 모혀서 놀대로 놀고 늦게 드러오는 남편들을 증치하기 위하야 쓸番을 내여 그 당번이 밤이면 집집마다 대문을 잠을쇠로 잠거두면 그 동리 남편들은 露天에서 밤을 새인다. 어시호 쟁의는 확대되여, 사나희의 대책은 어썬 것이 나올

---

25) 「카페-城郭占領」, 「33年式 家庭爭議-1」, 『조선일보』 1933. 1. 15.

226

<그림 16> 「乃妻-牙家封鎖」, 「33年式 家庭爭議-2」,
『조선일보』 1933. 1. 16.

가?26)

두 번째 인용문에 해당되는 그림도 이와 크게 다르지 않다. "놀대로 놀고 늦게 드러오는 남편들을 증치하기 위하"여, 한 동네의 '안해'들이 담합해 "집집마다 대문을 잠을쇠로 잠"갔기 때문에 '사나희'들은 땅바닥에 들어눕기도 하고, 다리에 머리를 묻고 졸거나, 서로 머리를 맞대고 길거리에 잠들어 있다. 스틱과 가방은 내동댕이친 채 전봇대를 껴안고 졸고 있고, 서로 이야기를 나누는 축들도 있다(<그림 16>). 근대로 들어서면서, 여성의 목소리가 아무리 높아졌다 한들, 경제력을 독점한 채 여전히 외도를 즐기고 있는 것은 '사나희'쪽이다. '녀자'들은 단지 예전보다 조금 더 큰 목소리로 이를 비판할 뿐이다.27)

사내들처럼 승거운건 업지! 베르고 벨러서 동부인을 해 가지고 곳구경을 왓든 곳이나 보며 마누라의 말대답이나 눈치빠르게 하여 주면 그 날밤엔 집안이 화락할 것을 제 버릇 개못준다고 안해 엽헤서 노는 계집들과 눈짓을 하다가 당치안아는데 곳에서 내외싸홈! /『사내들이 좀 그리기도이사지. 그까짓걸 가지고』/『몰나요. 잘 놀다와요. 난 먼저 갈

---

26) 「乃妻-牙家封鎖」, 「33年式 家庭爭議-2」, 『조선일보』 1933. 1. 16.
27) 이갑기, 「夫婦싸홈-8」, 「街頭風景」, 『중외일보』 1930. 3. 17.

<그림 17> 이갑기, 「夫婦싸홈-8」, 「街頭風景」,
『중외일보』1930. 3. 17.

<그림 18> 김상욱, 「歲末보너스 풍경」,『조광』1937. 12.

테야요……』28)

십이월달 月給날- /
新婚酣夢에 눌렷든 毛
短女史의 히스테리 發
作史의 첫 페지가 始作
되였다.29)

‘안해’의 목소리는
밤벚꽃놀이 가는 날,
혹은 ‘보너스’를 받는
날 에스컬레이트되기
도 한다. “안해 엽헤서
노는 계집들과 눈짓을
하”다가(<그림 17>),
혹은 ‘보너스’를 축내
다가, ‘사나희’는 ‘안해’
의 추궁을 받게 된다.
‘신여성’의 패션이 한
복일 경우엔 다소곳한
목소리로, 양장일 경
우엔 아주 격한 포즈로 ‘사나희’를 향해 목소리를 높인다. ‘모던’한 ‘신
여성’을 단발한 조선여성이란 의미에서 ‘毛短女史’로 묘사한 재치가 돋
보인다(<그림 18>).

---

28) 이갑기, 「夫婦싸홈-8」, 「街頭風景」,『중외일보』1930. 3. 17.
29) 김상욱, 「歲末보너스 풍경」,『조광』1937. 12.

<그림 19> 「사나희와 녀편네-9」,
『조선일보』 1928. 9. 30.

<그림 20> 이주홍, 「鐵拳主婦 暴風日記」,
『조광』 1936. 11.

신식 '녀자'들의 높아진 목소리에도 불구하고 여전히 가부장적인 신식 '남편'들의 태도를 더욱 직접적으로 비판한 작품들도 있다. 작품 「사나희와 녀편네-9」에서 밤에 외출하는 남편을 향해, "꼭 열시에" 들어오고, "술은 일절" 하지 말라는 아내의 호통에 '사나희'는 "암, 암"을 연발한다(<그림 19>). 하지만 외도는 안된다는 '안해'의 말에 남편은 웃음으로 거절을 대신한다.30) '사나희'에겐 '안해'와 자신의 위치가 뒤바뀔 경우를 한번 생각해보라는 비판이 주어지기도 한다.

'전문학교 출신'이면서도 "반찬 한 가지도 올케 못"하느냐고 구박하는 '사나희'에게, "예-끼 비러먹을 자식, 너하구 않 살면 그만

---

30) 「사나희와 녀편네-9」, 『조선일보』 1928. 9. 30.

않이냐"[31]며 가슴팍을 열어 제낀 채 남편의 **뺨**을 갈기기도 한다(<그림 20>). 전근대적인 남녀관계가 외형적으로는 변한 것 같아도 내용적으로는 그다지 바뀌지 않았음을 보여준다.

더욱이 '안해'가 근대교육을 받은 신여성이 아니라 이른바 '구여성'일 경우에 그 전근대성은 더욱 왜곡된다.

길에서 이 그림과 가튼 꼴을 볼 수 잇스니, 이것을 보아서는 어쩐 집 서방님짜리가 계집하인을 덥울이고 덩거당을 향하야 나아가는 것 가트나 긔실은 동부인으로 野外散步를 나아가는 꼴악선이다. 이러한 神経이 업는 자들, 녀자는 직히 필요가 업다.[32]

<그림 21> 「사나희와녀편네-8」,
『조선일보』 1928. 9. 29.

근대교육을 받은 신여성 출신의 안해가 아니라 이른바 '구여성'일 경우에 그 왜곡은 더욱 심각하다. 어린아이 하나는 업고, 하나는 끌리우고, 또 다른 한 손엔 피크닉 가방을 들고 남편을 따라 '야외산보'를 떠나는 '안해'의 치마는 이른바 '쌍둥치마'가 아니라 '긴 치마'이다. 구여성이란 것을 쉽게 알 수 있다(<그림 21>). 양복에 스틱을 치켜 든 신식 남편과 교육혜택을 받지 못한 '구여

---

31) 이주홍, 「鐵拳主婦 暴風日記」,『조광』 1936. 11.
32) 「사나희와 녀편네-8」,『조선일보』 1928. 9. 29.

성'의 관계는 "어떤 집 서방님짜리"와 "계집하인"의 관계 이상이 아니다.[33]

3) 무너지는 '삼강오륜'

이처럼 전근대적인 가부장제가 온존하긴 했지만, 일단 신여성 아내들에 의해 균열이 생기기 시작한 가부장제의 권위는 변화의 흐름을 거스를 수 없게 되었다. 따라서 전반적인 가족관계는 서서히 전근대적 외피를 벗고 삼강오륜이라는 주술로부터 벗어나기 시작했는데, 부모와 자식 혹은 며느리와의 관계도 마찬가지였다. 근대 이전에는 특히 어려웠던 시아버지와 며느리의 변화된 관계를 그리고 있는 작품 「1930년 녀름-2」와 「노름쑨 도시」를 살펴보자.

요사히 와서는 아비의 쌤을 치고 며느리의 종아리를 짜리는 세상이지만 모든게 해방되는 녀름에는 쏘한 모든게 가관이다. 더구나 구 가정에도 1930년 여름 「모던」풍(風)이 부러 드러오고 시어머니의 담배 댓통으로 잿도리를 쑤드리는 소리도 尖端化하엿지만 이 不具의 가정이 海水浴場으로 移動이 될 때에는 며느리가 종아리만 드러내여도 『엑! 집안 망할게 드러와서……』 하든 시아버지가 드러낼 대로 다 드러내노혼 얄팍한 해수욕복 입은 며느리의 섬섬옥수를 휘여 잡고 쎔박질을 하는 광경을 볼 수 잇다. 시아버지가 안경 밧그로 며느리를 겻눈

---

33) 신식 남편은 구식 '안해'를 "男便이라는 나와의 관계보담도 媤父母 더욱히 시어머니에게 屬한 사람"으로 생각하고 있고, 구식 '안해'는 "남편이 따로 장가는 열ㅅ번 百번을 다시 들더래도 離婚만은 말아달라"며, "자기 아이들을 쎄앗기지 안이하고 자기 손으로 길우는 것, 그러고 그것들이 자란 뒤에 一身을 의지하여 老來의 자미를 볼 것을 唯一한 樂으로 알고 살아간"다고 한다(韓O鳳, 「짝한일, 큰일날問題」, 「新旧家庭生活의 長点과 短点」, 『별건곤』 1929. 12, 22~25쪽).

으로 보고하는 말『얘야! 바다가 조쿠나! 나보다 살날이 창창한 너들은
깃부겟다-』/ 며누리의 대답 좀 보소. /『애고! 무얼요? 시아버지쎄서도
마음만 점게 가지시면 그만이지요!……』/ 이리하야 소위 오륜삼강을
흐르는 바다에 내동댕이 치는 것이 1930년의 녀름은 그들 가족에게는
긔념될 시절일진저 -호로쇼-34)

    ……가정부인이 맛장구락부에 가서 언제 본 긔억도 업는 놈의 무릅
을 맛대고「마쌍」을 하고……애들 작란감가튼 마쌍 쪽을 업펏다 재첫
다 하면서「베풍! 일만, 빠치」하며……코무든 일전내기를 하는 판이다.
/ ……서울의 파멸이 다른데도 큰 원인이 잇겟스나 이 마쌍으로 하여
서「스피-드」적으로 해무더지는 것이다. / ……시애비와 메누리가 마쌍
쪽을 속엿다고 대드러 싸호는 갸륵한 풍습을 맨드러내는 판이다.
……35)

<그림 22> 「1930년 녀름-2」, 『조선일보』 1930. 7. 15.

신식가정은 물론이
고 '구 가정'에도 1930
년 무렵이면, 이른바
'모던풍(風)'이 불기 시
작했는데, '구 가정'에
서도 가장 완고했던
시아버지를 변화시킨
것은 다름아닌 '해수
욕복'이었다. "며느리
가 종아리만 드러내여도 '엑! 집안 망할게 드러와서……' 하든" 시아버

---

34) 「1930년 녀름-2」, 『조선일보』 1930. 7. 15.
35) 「노름꾼都市 - 사람의 姓도 麻雀으로」, 「漫畵子가 予想한 1932」, 『조선일보』
    1932. 1. 24.

<그림 23> 「노름꾼都市-사람의 姓도 麻雀으로」,
『조선일보』 1932. 1. 24.

지가 해수욕장에서 "며누리의 섬섬옥수를 휘여잡고 씸박질을 하"게 만든 것은 '해수욕복'이라는 '모던풍'의 '노출' 패션이었다(<그림 22>). '모던풍'의 해수욕복이 전근대적 윤리의 상징인 "소위 삼강오륜을 흐르는 바다에 내동댕이쳐"버리게 만든 것이다. 해수욕복만 걸치고 시아버지와 며느리가 '씸박질'하는 수준을 넘어, 아예 "대드러 싸호는 풍습"까지도 생겨났는데, 그것은 당시 크게 유행했던 노름 '마작'36) 때문이었다. "호열자와 가튼 세력으로" 근대도시 경성에 침입하여, "거리거리에 마쌍구락부의 간판이 보히지 안는 곳이 업슬" 정도로 "마쌍열이 백도를 넘어"서게 되면서(<그림 23>), '마쌍'은 전근대적 가족관계의 틀을 깨는 것은 물론, 인간관계의 전반적인 황폐화를 초래하였다. 하지만 '마쌍'과 같은 근대적인 '오락'문화와, 피서·해수욕과 같은 근대적인 '휴가(여가)'문화가, 경성 사람들의 '일상' 속에 자리를 잡아가기 시작하면서, '전근대적'인 가족관계 역시 왜곡된 형태나마 조금씩 변모되어 갔던 것 또한 사실이다.

---

36) 마장(麻雀=마작)이 국내에 소개된 것은 갑오개혁 전후로 이는 개화문물의 하나로서 유입되었고, 일본에는 다이쇼(大正) 말인 1920년대 초반에 소개되었는데, 이후 일본에 마장이 대유행하기 시작하면서, 식민지 조선에서도 크게 성행하였다.

4. 맺음말

일제시대 '신여성'의 등장에 대해 당대의 많은 이들이 주목하였던 것은 그들이 남성중심의 전근대적 가치관과 대립하는 최전선에 서 있기 때문이었다. 특히 '결혼'문제와 관련하여 '신여성'은 근대가 그녀들에게 안겨준 업보와도 같은 천형을 늘 품고 살아가지 않으면 안 되었다. 결혼 적령기에 달한 '신여성'에겐 '허스(남편)'를 고를 권리가 없었다. '신여성'이 고를 수 있는 권리란 기혼의 신식 '사나희'에게 농락당하거나, '제2의 부인'이 되는 길밖에 없었다.

어떠한 결혼이든지 거기에 '연애'가 있으면 '도덕적'이며, '연애' 없는 결혼이란 자기의 존재를 '무의미'하게 만든다는 엘렌 케이나 구리야가와의 근대연애론은 따라서 당대 신여성들의 고통과 불안을 위로하기에 충분하였다.

하지만 신여성이 받은 근대 자본주의 교육이란, '연애'만 있으면 어떤 결혼도 용인될 수 있는 환경까지 허락한 것은 아니었다. 그곳엔 반드시 '상품' 혹은 '화폐'가 매개되어야만 했다. 희화화된 한 만문만화에서처럼, 어깨에 걸칠 '쇼루(숄)' 혹은 '손가방(핸드백)', '쵸코-렛'과 같은 일용품에서부터, '집세' 아니면 '문화주택', '피아노'와 같은 혼수용품에 이르기까지, 연애 혹은 결혼과 '상품'을 치환하려는 식민지 조선여성들의 의지는 무척 강했다. 예나 지금이나 마찬가지일 터이지만, 의사가 '신여성'들에게 결혼상대로 가장 인기가 있었다는 사실은, 당시 '신여성'들의 결혼관을 가장 잘 대변해 주는 대목이라 할 수 있다.

이 같은 상품화된 근대적 연애·결혼 풍토를 가장 강하게 비판한 것은 '사회주의' 입장에 선 허정숙·정종명과 같은 자유연애·결혼론자들이었다. 자본주의 사회에서는 여성에게만 정절을 강요하는 '형식상의 일부일처제'만이 존재하며, '경제적인 힘'이 없는 한 노예와 같은 처지에서 벗어나기 힘들다는 엥겔스 논리에 힘입어, 이들은 여성의 '경제적 능력'이야말로 자유연애·결혼의 선결 조건이라 주장하였다. 하지만 그들의 주장과는 달리 식민지 조선에서 당시 '여성'들에게 '경제적 능력'을 보장할 만한 여건이란 거의 전무했다고 하는 표현이 사실에 더 가까울지도 모른다.

상품화된 연애·결혼관을 비판하면서 등장한 이 같은 사회주의적 연애·결혼관을 대표하였던 것은 이른바 콜론타이의 '붉은 사랑'이었다. 그 소설에서 남녀의 사랑은 동지적 사랑, 사상적 결합을 의미하는 것이었다. 따라서 연애나 육체적 결합이란 단지 '개인사'에 불과한 것으로, 매력을 느끼면 언제나 자유롭게 결합할 수 있다는 것이 '콜론타이'식 붉은 결혼의 핵심이다. 하지만 대다수 신여성들에게 콜론타이식 붉은 사랑에서 '동지·사상'적 결합은 제거된 채, 매력을 느낄 때면 자유롭게 결합한다는 육체결합의 '무정부주의'적 성격만이 강조되었다. 얼치기 '콜론타이'식 붉은 사랑이 '신여성'들의 마음을 사로잡았던 것이다.

결혼이 어려웠던 것에 비해, 결혼한 '신여성 아내들'의 목소리는 점점 커져만 갔다. 이른바 '구여자' 같으면 "아무리 시비를 거러도 반대 한마대가 없"고, "말을 하면 먹엇는지 드럿는지, 욕을 하면 압흔지 쓰린지 감각도 못"할 터인데, 이른바 신여성 아내는 남자를 화수분으로 알고, 남자 위에 군림하려 들었다.

'사나희'들은 주머니에서 "돈이고 옷이고 양말이고 구두고 무에고" '녀자'가 부르는 대로 쏟아내야 햇으며, 특히 "마음이 부실한 사나희"를 '신여성 아내'는 마치 자신의 수족처럼, '핸드뽀이'처럼 부린다. 남편을 향해 손가락질을 해가며, '두루마지'에 적어놓은 항목들을 소리높여 외치는가 하면, 남편의 멱살을 쥔 채 무언가를 외치기도 한다. 이미 "朝飯夕粥이나 하면 더 업는 幸福으로 알고, 남편이 술이나 투전이나 안하면 더업는 행복으로 알”고 지내던 전근대 여성들이 아니다. 그들은 ‘사나희’들의 잘못을 하나도 빠짐없이 따지고 넘어가는 ‘딱따구리[啄木鳥]’와 같았다.

하지만 목소리가 높아진 ‘신여성 아내’를 향한 비아냥 속에는 흔들리기 시작하는 남성중심 사회에 대한 불안감이 묻어있는 것도 사실이다. 당대 만문만화들은 불가능에 가까운 ‘신여성 아내’들의 경제활동은 전혀 고려하지 않은 채, ‘사나희’들을 들볶는 ‘안해’들의 목소리만 클로즈업해 놓았기 때문이다. 카페에 출입하는 ‘사나희’들을 징치하기 위해 몽둥이를 들고 카페 앞에서 기다리는 ‘신여성 아내’의 화난 얼굴도 그렇지만, “놀대로 놀고 늦게 드러오는 남편들을 증치하기 위하”여, 한 동네의 ‘안해’들이 담합해 “집집마다 대문을 잠을쇠로 잠”가 놓은 풍경은, 경제력을 독점한 채 여전히 외도를 즐기고 있는 쪽은 ‘사나희’임을 여실히 보여준다. 아무런 경제활동을 할 수 없는 ‘신여성 아내’들의 목소리가 단지 조금 높아졌을 뿐, 여전히 세계는 남성을 중심으로 돌고 있었다. 하지만 당대의 ‘사나희’들은 그것조차 받아들이기 쉽지 않았음에 틀림없다.

당대 ‘신여성’들의 일거수 일투족은 언제나 화려한 스포트라이트를 받았지만, 그들의 결혼도, 결혼 이후의 생활도 생각만큼 화려한 것은 아니었다. 결혼에 성공한 ‘신여성 아내’와 이른바 ‘신식 사나희’란 이상의 ‘날개’에 등장하는 부부만큼이나 절름발이 부부였다. 일제시대의 도시 소시민층을 형성했던 이들의 결혼과 결혼 이후의 일상이란, 무너지는 ‘삼강오륜’과 막 피어나기 시작하던 ‘여성성’이 마주치던 바로 그 지점에 위치하고 있었음에 분명하다.

찾아보기

연구참여자

홍성찬 | 연세대학교 상경대학 경제학부 교수

우대형 | 친일반민족행위자재산조사위원회 조사연구관

신명직 | 일본 구마모토가쿠엔 대학교 조교수

이상의 | 연세대학교 국학연구원 연구교수

연세국학총서 99 (일제하 한국사회의 근대적 변화와 전통 1)

일제하 경제정책과 일상생활

홍성찬·우대형·신명직·이상의 공저

2008년　2월　29일 초판 1쇄 발행

펴낸이·오일주

펴낸곳·도서출판 혜안

등록번호·제22-471호

등록일자·1993년 7월 30일

⑨ 121-836 서울시 마포구 서교동 326-26번지 102호

전화·3141-3711~2 / 팩시밀리·3141-3710

E-Mail hyeanpub@hanmail.net

ISBN 978 - 89 - 8494 - 335 - 3 93910

값 21,000 원